文库编委会

主　编：李建平
副主编：廖福霖　苏振芳　何贻纶　李建建
编　委：(按姓氏笔画排列）

　　　　　王岗峰　刘义圣　何贻纶　李建平
　　　　　苏振芳　陈少晖　陈永森　陈桂蓉
　　　　　吴有根　张华荣　杨立英　林　卿
　　　　　林子华　林旭霞　林修果　郑又贤
　　　　　郑传芳　赵麟斌　郭铁民　黄晓辉
　　　　　俞歌春　蔡秀玲　廖福霖　潘玉腾

福建师范大学省重点学科建设项目

马克思主义理论与现实研究文库
主编 李建平

中国社会主义市场经济研究专辑
专辑主编 李建建

李碧珍/著

平潭岛两岸『共同家园』示范区的构建战略
The Construction Strategy of the "Homeland" Demonstration Area on Both Sides of Pingtan Island

社会科学文献出版社
SSAP SOCIAL SCIENCES ACADEMIC PRESS (CHINA)

2010年教育部人文社会科学重点研究基地基金项目（项目批准号：10JJDZONGHE018）

2010年福建省社会科学规划重点项目（项目批准号：2010A005）

马克思主义理论与现实研究文库
总序

神州大地风雷激荡,海峡西岸春潮澎湃。福建师范大学省重点高校建设项目《马克思主义理论与现实研究文库》与大家见面了。

本文库以坚持、发展和弘扬马克思主义为宗旨。这既是神圣的使命,又是历史的责任。马克思主义问世已经一个半世纪了,尽管她遭遇到各种各样的围攻、谩骂、禁锢、歪曲……但仍顽强地成长、广泛地传播、蓬勃地发展;尽管也有成百上千种理论、学说来与之较量,企图取而代之,但都无法得逞。"苏东剧变"虽然使世界社会主义遭受严重挫折,但无损马克思主义真理的光辉。马克思主义者在认真总结"苏东剧变"的教训后,将使马克思主义理论变得更纯洁、更成熟,朝着更健康的方向发展。

当20世纪即将结束的时候,英国广播公司在全球范围内举行过一次"千年风云人物"网上评选。结果,马克思被评为千年思想家,得票高居榜首。中国共产党人80多年来,坚持以马克思主义为指导,取得了革命和建设一个又一个的胜利,开创了中国特色社会主义道路,把一个贫困落后的中国,变成一个初步繁荣昌盛、欣欣向荣的中国。在进入21世纪后,中国共产党人再次庄严宣告,马克思主义是我们立党立国的根本指导思想,是全党全国人民团结奋斗的共同思想基础,并且以极大的决心和气魄,在全国实施马克思主义理论研究和建设的宏大工程,在马克思主义发展史上留下光辉的篇章。

马克思主义之所以具有如此强大的生命力和竞争力,在于她具有以下五个突出的品格。

一是科学性。一种理论、观点能称为科学,它必须满足两个条件:一是合理地解释历史的发展,特别是其中的一些难题、怪象;二是有效地预见未来,并为尔后的实践所证实。列宁在评价马克思一生中的两大发现之一唯物史观时这样写道:"马克思的历史唯物主义是科学思想中的最大成果。过去在历史观和政治观方面占支配地位的那种混乱和随意性,被一种极其完整严密的科学理论所代替。这种科学理论说明,由于生产力的发展,从一种社会生活结构中发展出另一种更高级的结构,如何从农奴制度中生长出资本主义。"① 中国改革开放20多年的实践已向世人有力地证明中国所选择的建设中国特色社会主义道路及其指导思想马克思主义是完全正确的,而西方一些别有用心的人士所鼓吹的"中国崩溃论"等论调则是完全错误的。

马克思主义是科学,这就要求我们以科学的态度对待马克思主义。针对林彪、"四人帮"肆意割裂、歪曲毛泽东思想,邓小平提出要完整、准确地理解毛泽东思想,这是十分正确的。同样,我们对马克思主义的主要创始人马克思的学说也要完整、准确地理解。在这方面,由于种种原因,我们还做得不够理想。例如,对马克思主义哲学,我们主要通过恩格斯、列宁,甚至斯大林的著作来了解,而对马克思在《资本论》中所应用的十分丰富的辩证法思想,则研究得不多。《资本论》虽然主要是研究资本主义的这一特殊的市场经济,但同任何特殊事物中都包含着一般一样,透过资本主义市场经济这一"特殊",马克思也揭示了市场经济的"一般",这个"一般"对社会主义市场经济也是同样适用的。因此,我认为要从现时代的观点重新解读《资本论》,发掘那些有益于建设社会主义市场经济的东西。学术界有人提出要"回到马克思"、"走近马克思"、"与马克思同行",但最重要的是要完整、准确地理解马克思。恩格斯在《资本论》第二卷序言中写道:"只要列举一下马克思为第二卷留下的亲笔材料,就可以证明,马克思在公布他的经济学方面的伟大发现以前,是以多么无比认真的态度,以多么严格的自我批评精神,力求使这些发现达到最完善的程度。"② 因此,我们对待马克思的著作,对待马克思的一系列"伟大发现",也要采取"无比认真的态度"和"严格的自我批评精神"。只有以科学的精神和科学的态度才能产生科学的结论。

二是人民性。列宁指出:"马克思学说中的主要的一点,就是阐明了无产阶级作为社会主义社会创造者的世界历史作用。"③ 马克思主义从来没有

---

① 《列宁选集》第2卷,人民出版社,1995,第311页。
② 《马克思恩格斯全集》第24卷,人民出版社,1972,第4页。
③ 《列宁选集》第2卷,人民出版社,1995,第305页。

隐讳，她是为无产阶级服务的，是无产阶级认识世界和改造世界的思想武器。但是，无产阶级又是人民群众的一部分——当然是核心部分。无产阶级的利益和广大人民群众的利益是相一致的，而且，无产阶级只有解放全人类，才能最后解放自己。可以说，马克思主义不仅是反映无产阶级利益的学说，同时也是反映最广大人民群众利益的学说。阶级性和人民性本质上是相一致的，只不过在不同的时期强调的侧重点有所不同罢了。在革命战争年代，强调马克思主义的阶级性，是完全必要的，也是十分正确的；在社会主义建设时期，随着社会主要矛盾的转换，在坚持马克思主义阶级性的同时，应该强调她的人民性，强调马克思主义反映最广大人民群众的根本利益要求。"三个代表"重要思想以及科学发展观、"执政为民"、"以人为本"、构建和谐社会、开展荣辱观教育等理论，一经问世就广为流行，受到了人民群众的热烈拥护，就是因为它们具有鲜明的人民性。过去很长一段时间中，由于受"左"的思潮的影响，我们把人权看成是资产阶级的观点，采取回避、批判的态度，结果在国际政治斗争中经常处于被动境地。这一情况在20世纪90年代发生了根本变化。1991年11月1日中国正式公布了《中国的人权状况》（又称《中国人权白皮书》），高度评价人权是一个"伟大的名词"、"崇高的目标"，是"长期以来人类追求的理想"。以此为开端，中国掀起了研究人权、关心人权、维护人权的热潮，人权理论成了马克思主义理论体系的一个重要组成部分。从人权理论在我国所发生的变化，说明人民性的确应该成为马克思主义的一个重要特征。

三是实践性。"强调理论对于实践的依赖关系，理论的基础是实践，又转过来为实践服务。判定认识或理论之是否真理，不是依主观上觉得如何而定，而是依客观上社会实践的结果而定。真理的标准只能是社会的实践。"①毛泽东同志在将近70年前讲的这段话，至今仍十分正确。马克思主义是放之四海而皆准的普遍真理，因为她揭示了人类社会发展的客观规律，为人类进步、社会发展，为全人类的最后解放指明了正确方向；但在实际运用马克思主义的理论时，又要同各国的具体实践相结合，不能生搬硬套，不能搞教条主义。实践在发展，马克思主义本身也要随着实践的发展而发展。马克思主义虽然诞生于19世纪，但她没有停留在19世纪。作为一个开放的理论体系，150多年来，她始终与时代同行，与实践同步。党的十六大把"与时俱

---

① 《毛泽东选集》第1卷，人民出版社，1991，第284页。

进"作为中国共产党新时期思想路线的重要内容，把能否始终做到实践基础上的理论创新当做我们必须长期坚持的治党治国之道，正是对马克思主义实践性的高度重视和深刻体现。

社会实践是检验科学与非科学、真理与谬误的巨大试金石。当苏联解体、东欧剧变时，西方一些人兴高采烈，并且迫不及待地兜售所谓的"华盛顿共识"，把它当成是解决各国社会经济危机、走向繁荣富强的灵丹妙药。但实践表明，推行"华盛顿共识"的国家非但没有摆脱危机，反而陷入了更深重的灾难，"华盛顿共识"不得不宣告失败。与之形成鲜明对照的是，中国坚持和发展马克思主义，走中国特色社会主义道路，取得了令世人瞩目的伟大成绩。中国的成功实践已在国际上逐步形成了"北京共识"，这既是中国20多年来改革开放实践的胜利，也是中国化的马克思主义的胜利。

四是战斗性。马克思在《资本论》第一卷的序言中写道："在政治经济学领域内，自由的科学研究遇到的敌人，不只是它在一切其他领域内遇到的敌人。政治经济学所研究的材料的特殊性，把人们心中最激烈、最卑鄙、最恶劣的感情，把代表私人利益的复仇女神召唤到战场上来反对自由的科学研究。"① 由于马克思主义公然申明是为无产阶级和广大人民群众谋利益的，所以从她一问世，就受到了敌人的百般攻击，在其生命的途程中每走一步都得经过战斗。马克思一生中的主要著作大多是和资产阶级思想家进行论战的记录，就连《资本论》的副标题也是资产阶级"政治经济学批判"。"正因为这样，所以马克思是当代最遭嫉恨和最受诬蔑的人。"② 可是，当马克思逝世的时候，在整个欧洲和美洲，从西伯利亚矿井到加利福尼亚，千百万战友无不对他表示尊敬、爱戴和悼念。恩格斯十分公正地说："他可能有过许多敌人，但未必有一个私敌。"③

在我国，马克思主义已经处于意识形态的指导地位，在马克思主义的指引下，全党全国人民正在为实现第三步战略目标、推进现代化建设而努力。但是，也要清醒地看到，在新的历史条件下，巩固马克思主义在意识形态领域的指导地位面临的形势是严峻的。从国际看，西方敌对势力把中国作为意识形态的主要对手，对我国实施西化、分化的图谋不会改变。从国内看，随

---

① 《马克思恩格斯全集》第23卷，人民出版社，1972，第12页。
② 《马克思恩格斯选集》第3卷，人民出版社，1995，第777页。
③ 《马克思恩格斯选集》第3卷，人民出版社，1995，第778页。

着社会主义市场经济的发展和对外开放的扩大，社会经济成分、组织形式、就业方式、利益关系和分配方式日益多样化，人们思想活动的独立性、选择性、多变性和差异性进一步增强。在这种情况下，出现非马克思主义甚至反马克思主义的思想倾向，也就不可避免了。面对这种挑战，我们不能回避，不能沉默，不能妥协，更不能随声附和、同流合污。苏联、东欧的前车之鉴，我们记忆犹新。我们应该表明态度，应该奋起反击，进行有理有据有说服力的批判，以捍卫马克思主义的科学尊严。例如，有人肆意贬低、歪曲、否定马克思的劳动价值论，企图动摇马克思主义政治经济学大厦的基石，难道我们能听之任之吗？有人千方百计地要把"华盛顿共识"推销到中国来，妄图使中国重蹈拉美、俄罗斯、东欧和东南亚一些国家的覆辙，我们能袖手旁观吗？当然不能！这不仅是党性立场所致，也是科学良知使然！在这一点上，我们应该向德国工人运动的老战士、杰出的马克思主义理论家弗朗茨·梅林学习，他在一个世纪前写的批判各种反马克思主义思潮的论文（已收入《保卫马克思主义》一书中，苏联1927年版，中文版为人民出版社1982年版），今天读来仍然感到新鲜和亲切。

五是国际性。1848年，当马克思、恩格斯出版《共产党宣言》，发出"全世界无产者，联合起来"的号召时，就注定了马克思主义是一种超越地域、肤色、文化局限的国际性的思想理论体系。当今，方兴未艾的经济全球化浪潮正深刻地影响着世界各国的经济社会进程，尽管这种影响有其积极的一面，但也会给许多发展中国家造成消极的甚至是严重的后果。这已为许多事实所证明。如何在经济全球化进程中趋利避害，扬善去恶，除了以马克思主义作指导外，别无其他更好的主义。因此，马克思主义的国际化，现在比以往任何时候都显得重要和迫切。西方垄断资本出于维护其根本利益的考虑，竭力反对马克思主义的国际化，也就不足为奇了。

中国共产党人把马克思主义普遍真理与中国具体实践相结合，产生了中国化的马克思主义，指引中国的革命与建设不断取得新的胜利。随着中国改革开放的不断深入、综合国力不断强大、人民生活不断改善、国际地位不断提高，世界各国对中国的兴趣日益浓厚。因此，"北京共识"、"中国模式"逐渐成为国际论坛的重要议题。看来，中国化的马克思主义正在走向世界，这不仅是马克思主义在中国85年发展的必然，也是当今世界经济社会形势发展的必然。作为中国的马克思主义者，应该感到自豪，因为对马克思主义的发展作出了自己的贡献；应该要有广阔的国际视野，不仅要关注世界的风云变幻,也要了解和研究国外马克思主义研究的动态。要积极推进国际的学术交流与合作,让中国化的马克思主义为世界各国朋友所了解,并与他们一道,共同推进马克思主义的发展。

以上所述马克思主义的五大品格,也是本文库所遵循的指导思想。福建师范大学历来重视马克思主义理论的教学与研究,20多年来在本科生、研究生中坚持开设《资本论》和其他马克思主义原著课程,出版、发表了许多用马克思主义立场、观点和方法分析问题、解决问题的论著。学校把马克思主义理论研究和学科建设紧密结合起来,迄今已获得理论经济学、历史学、中国语言文学等一级学科博士点、博士后科研流动站和马克思主义原理、马克思主义中国化、思想政治教育等二级学科博士点,培养了一大批有志于马克思主义理论教学和研究的学术骨干。2006年初,学校整合相关院系师资,成立了马克思主义研究院。本文库是学校学习、研究、宣传马克思主义理论的重要阵地,也是开展对外学术交流的重要平台。

本文库初步安排10辑。大体是:马克思主义哲学研究;《资本论》与马克思主义经济理论研究;中国社会主义市场经济研究;马克思主义中国化研究;思想政治教育研究;马克思主义发展史研究;社会主义经济发展史研究;国外马克思主义研究;西方经济学与当代资本主义研究;建设海峡西岸经济区研究等。每辑出若干本著作,计划用10年左右的时间,出版100本著作。本文库的出版得到福建省重点高校建设项目的特别资助和社会科学文献出版社的大力支持,在此表示衷心感谢!

胡锦涛同志十分重视实施马克思主义理论研究和建设工程,勉励参与这一工程的学者要进一步增强责任感和使命感,满腔热忱地投身这一工程,始终坚持解放思想、实事求是、与时俱进,大力弘扬理论联系实际的马克思主义学风,深入研究马克思主义基本原理,深入研究邓小平理论和"三个代表"重要思想,深入研究重大的理论和实际问题,为马克思主义在中国的发展,为全面建设小康社会、开创中国特色社会主义新局面作出新的更大的贡献。这段语重心长的话,也是本文库所追求的终极目标。

是为序。

李建平

2006年3月31日

序

随着《海峡两岸经济合作框架协议》的签订和"早期收获计划"的逐步实施，两岸经济关系进入了稳定运行、不断深化的成熟期，两岸经贸合作领域不断拓展，投资贸易更为便利，生产网络的致密性也显著提高，表明两岸经济合作已开始从功能性一体化向制度性一体化层面推进，但与两岸经济深化合作的迫切需求相比，制度性一体化仍然是滞后的。因此，依托两岸产业的分工合作，实现两岸资源的优化重组，消除制度和政策壁垒，加快建构两岸经贸交流制度化通道，更好、更快地推进平潭岛两岸共同家园的建设，不断深化两岸制度化合作环境下的互动水平，增进两岸共同利益和民众福祉，谋求两岸经济的持久繁荣，是区域经济一体化发展的必然要求，也是两岸经贸关系发展必然的、迫切的选择。

平潭是祖国大陆距离台湾本岛最近的地区，地理位置特殊，具备全面开放开发的良好自然条件，具有独特的对台交流合作的优势，在对台交流合作中发挥着重要作用。中共中央、国务院高度重视平潭的开发开放工作，中央领导先后对平潭的规划建设作出一系列重要指示。《中华人民共和国国民经济和社会发展第十二个五年规划纲要》明确提出加快平潭综合实验区开放开发，平潭开放开发建设首次写入国家规划；国务院《关于支持福建省加快建设海峡西岸经济区的若干意见》要求探索开展两岸区域合作试点；国务院批准实施的《海峡西岸经济区发展规划》专辟章节，从"探索两岸合作新模式""构建两岸经贸合作特殊区域""建设两岸同胞的共同家园"三方面，进一步明确了平潭综合实验区"开展两岸区域合作综合实验，努力把平潭建设成为两岸同胞合作建设、先行先试、科学发展的共同家园"的开发建设定位。2011年11月18日，国务院正式批复《平潭综合实验区总体发展规划》，标志着平潭综合实验区的建设迈入了历史的新阶段。

平潭作为中华民族共同家园的综合实验区，因台而设、为台而兴，面向世界，承担着"建设成为两岸同胞合作建设、先行先试、科学发展的共同家园"的历史使命。牢牢把握两岸关系和平发展的主题，以加强两岸交流合作为主线，紧紧围绕构建两岸同胞共同家园的核心功能定位，积极开展两岸合作试点，建设两岸交流合作的先行区；加快平潭在经济、社会、行政管理等重点领域和关键环节的改革创新，建设体制机制改革创新的示范区；健全基础设施和生活服务体系，创新社会管理机制，建设两岸同胞共同生活的宜居区；大力推广低碳技术，优先发展高端产业，创新经济发展方式，建设海峡西岸科学发展的先导区。把平潭建设成为现代化、国际化的综合实验区，建设成为两岸同胞向往的经济发展、文化繁荣、社会和谐、环境优美的共同家园，是时代赋予平潭"先行区"和"实验田"的历史使命。

《平潭岛两岸"共同家园"示范区的构建战略》一书，是李碧珍教授承担的教育部人文社会科学重点研究基地基金项目"创建两岸'共同家园'示范区（平潭岛）的战略构想研究"的研究成果。本书从加快平潭开放开发首次列入国家"十二五"规划，上升为国家战略这一背景出发，以区域分工和区域经济整合理论为依据，借鉴近现代区域贸易分工、区域空间组织和区位理论的科学成分，采用文献研究、实地调查访问、系统分析和比较分析、定性分析和定量分析等科学研究方法，就"平潭建构的两岸共同家园是什么样的家园"、"为什么建设平潭两岸共同家园"以及"怎么建设好平潭两岸共同家园"等问题作了深入的思考研究，回答了两岸关系和平发展不断巩固深化的时代背景下两岸经济合作模式创新的问题，即建构两岸共同家园。全书共分10章，1~3章为建构海峡两岸共同家园的基础理论分析，主要阐述了平潭岛建构两岸共同家园的时代背景、理论基础以及两岸经济一体化的演进与发展；4~5章为平潭岛建构两岸共同家园的条件以及实践探索；6~10章为平潭岛建构两岸共同家园的路径分析，主要从平潭岛两岸共同家园建构的路径设计、路径选择、路径建设和路径保障四个方面着手，在借鉴国际相关区域经济整合经验的基础上，深入分析和挖掘平潭岛建构两岸共同家园的有利因素，以"共同规划、共同开发、共同经营、共同管理、共同受益"作为平潭岛建构两岸共同家园的核心思想与精神，全面、系统地介绍了平潭"智合"智慧岛、国际低碳经济示范岛、国际旅游岛、海洋经济深度合作先行区、人才特区模式建构的有效方案和具体措施，在平潭综合实验区实践"共同规划、共同开发、共同经营、共同管理、共同受益"

的两岸合作新模式，探索实施"放地、放权、放利"的具体形式与办法，探索实施"一线放宽、二线管理、人货分离、分类管理"的海关特殊监管机制。与此同时，积极借鉴国内外先进经验，学习借鉴台湾地区社会管理的先进理念和成功经验，推进社会管理创新，促进两岸文化深度交流、社会融合发展，推动平潭岛两岸共同家园建设。

建构平潭岛两岸共同家园，对两岸关系和平发展而言，是一个新的起点，既充满挑战也充满机遇。书中提出两岸要进一步深化合作，把平潭综合实验区建设成为"两岸共同家园的综合实验区"，加强两岸在平潭"智合"智慧岛、国际低碳经济示范岛、国际旅游岛、海洋经济深度合作先行区、人才特区建设方面的合作与交流等观点，既体现了两岸区域经济一体化理论研究的前瞻性和创新性，又具备解决平潭岛建构两岸共同家园现实和未来问题的实践性和指导性。本书的出版，对理论界和实践工作者在探索建构海峡两岸共同家园和推进两岸经济一体化发展方面具有重要的参考价值。

李建平

2013 年 6 月

目 录

第一章 导论 ··· 1
 第一节 研究背景与意义 ·· 1
 第二节 海峡两岸共同家园研究的兴起与发展 ························· 9
 第三节 研究思路与方法 ··· 14
 第四节 主要创新及有待于深入研究的问题 ···························· 17

第二章 两岸经济一体化的演进与发展 ······································ 19
 第一节 区域经济一体化模式及其经验借鉴 ···························· 19
 第二节 两岸经济一体化发展模式及其成效 ···························· 28
 第三节 ECFA 签署后两岸经济合作模式的调整与创新 ············ 37

第三章 两岸共同家园建构的理论考察 ····································· 46
 第一节 区域和区域经济一体化 ·· 46
 第二节 区域经济一体化理论的发展 ······································ 54
 第三节 两岸共同家园的基本内涵及其理论解释 ····················· 59

第四章 平潭两岸共同家园示范区的建构环境与条件 ················· 65
 第一节 平潭两岸共同家园示范区的建构环境 ························ 65
 第二节 平潭两岸共同家园示范区的建构契机与挑战 ··············· 68
 第三节 平潭两岸共同家园示范区建构的基础条件 ·················· 72

第五章　平潭两岸共同家园示范区的实践探索及其战略推进 …… 75
第一节　平潭两岸共同家园示范区的实践探索 …… 75
第二节　平潭两岸共同家园示范区建设的战略推进 …… 90

第六章　平潭两岸"智合"智慧岛的模式创新 …… 97
第一节　智慧城市的内涵及其基本特征 …… 97
第二节　国内外智慧城市的实践及其经验借鉴 …… 100
第三节　平潭两岸"智合"智慧岛建构的重要性与优势 …… 107
第四节　平潭两岸"智合"智慧岛的建构战略分析 …… 114

第七章　平潭国际低碳经济示范岛的模式创新 …… 124
第一节　国内外低碳经济发展现状 …… 124
第二节　国际低碳经济发展模式及其经验借鉴 …… 129
第三节　两岸共建平潭国际低碳经济示范岛的重要意义 …… 137
第四节　两岸共建平潭国际低碳经济示范岛的战略构想 …… 142

第八章　平潭国际旅游岛的模式创新 …… 150
第一节　海岛旅游研究述评 …… 150
第二节　国际旅游岛开发模式及其经验借鉴 …… 153
第三节　平潭国际旅游岛开发模式 …… 163

第九章　两岸海洋经济深度合作先行区的模式创新 …… 175
第一节　国内外海洋经济发展现状 …… 175
第二节　发达国家海洋经济发展模式及其经验借鉴 …… 185
第三节　平潭打造两岸海洋经济深度合作先行区的优势与挑战 …… 191
第四节　平潭打造两岸海洋经济深度合作先行区的战略分析 …… 197

第十章 平潭人才特区的模式创新·············211
第一节 经济特区与人才特区·············211
第二节 我国部分地区人才特区建设的经验与借鉴·············216
第三节 人才特区：平潭建构两岸共同家园示范区的必然选择·······229

参考文献·············238

附录1 胡锦涛：站在全民族发展高度解决两岸关系问题·············246

附录2 九二共识·············248

附录3 两岸签署的有关协议·············250

附录4 《平潭综合实验区总体发展规划》·············251

附录5 《平潭综合实验区旅游发展总体规划》纲要·············269

第一章
导　论

第一节　研究背景与意义

当前，世界经济已进入"区域经济"发展时代，区域的经济整合与协调发展问题日益凸显。从海峡两岸来看，30多年来两岸经贸关系得到了快速发展，两岸间物流、人流、资金流、信息流规模持续扩大，极大地促进了两岸生产要素的合理流动和优化配置，加快了两岸经济一体化的发展进程，同时也极大地促进了两岸经济的繁荣发展，提高了两岸人民的生活水平，取得了良好的经济效益和社会效益。

在经济全球化和区域经济一体化日趋增强的时代背景下，通过逐步建构各种机制与平台，加速两岸经济社会的一体化进程，实现两岸共同发展，促进两岸民众生活情感融合、建构两岸共同家园，最终完成两岸整合，实现祖国统一，是两岸同胞的共同心声，也是增强两岸发展后劲、提升两岸整体经济实力、实现中华民族振兴的客观要求。

一　研究背景

（一）两岸关系和平发展格局不断深化

改革开放30多年来，祖国大陆不仅在经济社会领域取得了巨大的建设成就，而且两岸关系也发生了重大的变化，取得了重大进展。尤其是2008年5月以来，台湾局势发生重大积极变化，两岸关系实现了历史性的转折。随着两岸关系的全面改善，两岸向更宽领域、更大规模、更深层次、更稳步调迈进，两岸关系逐步呈现"两岸交流全面化、发展步调平稳化、两岸合作制度化、两岸互利协调化"等特征。

1. 两岸政治互信不断巩固

近年来，两岸关系实现历史性转折并取得一系列重要进展，建立了政治互信，形成了良性互动。2008年5月，马英九就任台湾地区领导人以来，抛弃了李登辉、陈水扁的"台独"分裂路线，认同"九二共识"，强调"两岸是非国与国关系"，"两岸人民同属中华民族，都是炎黄子孙"，为两岸累积政治互信奠定了基础。2010年，马英九多次公开表示"九二共识"是1992年开启两岸协商大门的重要共识，是两岸和解、合作、和平的政治基础。如，在2010年元旦讲话中马英九重申："两岸人民同属中华民族，两岸应在中华文化基础上，为两岸争议寻求一条务实可行的路。"2011年，在题为《壮大台湾，振兴中华》的元旦讲话中，马英九表示："两岸炎黄子孙应该透过深度交流，增进了解，培养互信，逐步消除歧见，在中华文化智慧的指引下，为中华民族走出一条康庄大道。"2010年7月台湾"立法院"审议《海峡两岸经济合作框架协议》（ECFA）时，面对民进党"亲中卖台"的攻击，马英九坚持ECFA是符合两岸特色、"非国与国"的经济协议，不适用"条约或准条约"审查，显示了其对"九二共识"的坚持。

2. 国共两党高层互动机制不断深化

2010年7月12日，胡锦涛总书记在北京会见了国民党荣誉主席吴伯雄，双方就两岸增进政治互信及持续发展两岸关系达成共识。2010年4月29日，胡锦涛总书记在上海会见了连战、吴伯雄和亲民党主席宋楚瑜等应邀出席上海世博会开幕式的台湾各界人士。11月13日，胡锦涛总书记在日本出席亚太经合组织（APEC）会议期间会见连战，表明两岸已经在APEC场合建立了稳定的互动模式。在博鳌亚洲论坛2010年年会上，时任国家副主席习近平会见台湾两岸共同市场基金会最高顾问钱复。两岸执政党高层互动热络，沟通顺畅，形成机制，极大地增进了国共两党的政治互信，确保了两岸关系和平稳定发展的正确方向。

3. 两岸沟通渠道与平台越来越多

大陆海峡两岸关系协会（以下简称海协会）与台湾海峡交流基金会（以下简称海基会）的两会制度化协商平台是两岸协商的重要渠道，两岸有关职能部门高层进行"业务沟通"是两会协商的重要补充；两岸经贸文化论坛是增进国共两党互信、推动两会磋商的推动器；海峡论坛等民间交流平台是两岸民众开展交流合作、凝聚亲情友情的新渠道；博鳌论坛、世博会、亚运会、APEC峰会等平台，为两岸高层表达善意诚意、探讨合作事宜提供了重要舞台；两岸官方、半官方智库频频就两岸共同关心的一系列重大问题进行卓有成效的沟通，为两岸高层决策提供服务。

目前，两岸已形成"政党主导、官民结合、多轨并进、多方位沟通"的协商合作机制，对两岸增进了解和互信、规划推进平潭两岸共同家园建设起到了极其重要的作用。

（二）两岸经济交流合作取得重大进展

自改革开放以来，大陆一直积极推动两岸经贸关系的发展，但由于政治原因，两岸一直未能实现直接双向的经贸交流。2008年以来，两岸关系出现了新变化，在"建立互信、搁置争议、求同存异、共创双赢"的共识下，两岸经贸关系的发展进入一个新的历史时期，两岸经济交流合作在多方面取得了重大的进展。主要表现如下。

1. 两岸签署了经济合作框架协议

2010年6月29日，两岸签署ECFA，建立了具有两岸特色的经济合作机制，明确了两岸经济关系向制度化、正常化、自由化迈出历史性步伐，标志着构建两岸关系和平发展框架在经济领域取得重大进展，两岸经济关系进入互利双赢、合作发展的新阶段。ECFA的签署，有利于两岸共同提升经济竞争力，有利于两岸共同增进广大民众福祉，有利于两岸共同促进中华民族整体利益，建设中华民族的共同家园。

2. 两岸贸易大幅增长

据海关总署统计，2011年大陆与台湾贸易额为1600.3亿美元，同比上升10.1%，占大陆对外贸易额的4.4%。其中，大陆对台湾出口额为351.1亿美元，同比上升18.3%，占大陆出口总额的1.85%；自台湾进口额为1249.2亿美元，同比上升7.9%，占大陆进口总额的7.2%。大陆是台湾地区最大的贸易伙伴、最大的出口市场和最大的贸易顺差来源地。据台湾"财政部"统计，2011年，台湾对大陆（含香港）出口额为1240.5亿美元，同比增长8.1%，占台湾出口总额的40.2%；台湾自大陆进口额为452.8亿美元，同比增长20.5%，占台湾进口总额的16.1%；台湾对大陆贸易顺差为787.7亿美元，同比增长2.1%。

3. 大陆企业赴台投资稳步增长

2009年6月30日，台湾正式开放大陆资本赴台投资后，大陆企业赴台投资项目数量和金额稳步增长。据大陆相关部门统计，截至2011年12月31日，台湾对大陆资本总计开放三大领域247个项目，大陆企业在台累计投资项目112个，投资总额2.17亿美元。①

4. 两岸产业合作取得新进展

目前，两岸已在中草药、LED照明、太阳能光电、信息服务、通信、风力发电、流通服务、车辆、精密机械等多个领域展开了产业交流。近年来，两岸还以"优先领域、局部试点"的官方主导模式，积极推进有规划指导、有政策支持和产学研共同参与的新型产业合作。目前，两岸在LED照明、无线城市、冷链物流、TFT-LCD和电动汽车5个优先领域的试点工作已取得初步成果，产业合作向深层次推进。此外，两岸在金融服务业、旅游业、农业等领域的合作试点也在探索中酝酿新的突破，尤其是在文化创意产业合作方面，两岸合作不断深化。

5. 两岸金融合作取得重要突破

2009年，两岸签署《海峡两岸金融合作协议》以及两岸银行、证券及期货、保险业监管合作备忘录后，两岸金融往来日趋频繁。截至2012年6月，已有10家台资银行赴大陆地区设立分行，其中8家已开业，1家获准开办台资企业人民币业务；② 大陆银行在台已设立4家办事处。在证券及期货业部分，已有13家台湾证券商赴大陆设立25家办事处，2家投资信托企业赴大陆设立办事处，4家投资信托企业与大陆证券业者合资申请设立大陆基金管理公司。在保险业部分，有9家台湾保险企业赴大陆地区参股投资，其中6家已营业，并设有15家办事处。③

6. 两岸人员往来日益密切，大陆赴台旅游人数持续增长

随着两岸经贸关系的深入发展，两岸的人员往来也日益密切。2011年6月，大陆以北京、上海及厦门3个城市为试点正式开放赴台个人游，7月两岸又启动了福建居民赴金门、马祖、澎湖地区个人游项目。截至2011年底，大陆赴台旅游约达123万人次，其中团队游110万人次，个人游2.2万人次。大陆游客入台观光为台湾创造外汇收益约达新台币620亿元。④

(三) 平潭综合实验区开放开发取得重大进展

1. 经济建设势头良好

自2010年来，平潭综合实验区通过"平潭模式"，有效加强了实验

---

① 《推动两岸双向投资良性互动》，《经济日报》2012年2月26日。
② 《10家台资银行已获准设立大陆分行》，新华网，2012年6月27日。
③ 《台湾当局：ECFA效应初显 今年关税优惠将更显著》，新华网，2012年1月27日。
④ 张莉：《ECFA签订后两岸经贸关系发展现状及新趋势》，《国际贸易》2012年第7期。

区的投融资力度，为平潭建设两岸共同家园夯实了基础。截至2012年底，国家开发银行、兴业银行总行、农业发展银行福建省分行已分别与实验区签订了战略性金融合作协议，海峡银行、兴业银行等金融机构陆续进驻实验区；截至2012年10月末，已有15家商业银行在土地收储、公路铁路、码头建设、供水、电力、环保、绿化等数十个项目上与实验区深度对接，合计授信额度近800亿元。组建了实验区投资发展有限公司、国有投资公司、交通发展投资公司和鼎新公司并投入运营，以破解平潭经济建设的融资瓶颈。此外，平潭还以代建、BT等方式，加强了与央属大企业的合作。目前，已与中水集团、中交集团、中建集团、中冶集团等央属大企业在水利、港口、交通、市政设施、安置小区等领域开展合作。

2011年平潭综合实验区经济发展呈现较快发展的态势，经济运行质量进一步提升，城乡居民收入稳步提高。实验区全年实现生产总值111.52亿元，比2010年增长17.1%。其中：第一产业增加值30.09亿元，增长3.8%；第二产业增加值31.78亿元，增长61.6%；第三产业增加值49.65亿元，增长6.9%。全区人均生产总值30247元，比2010年增长14.0%。三次产业结构由2010年的29.4∶20.4∶50.2调整为27.0∶28.5∶44.5，第二产业所占比重在历史上首次超过第一产业，产业结构优化升级取得明显成效（见图1-1）。

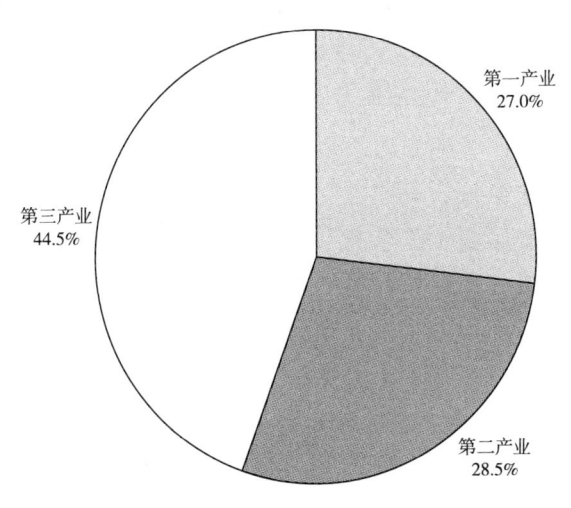

图1-1　2011年平潭综合实验区三次产业构成

2. 基础设施建设超常规推进

2010年设立综合实验区以来,平潭以"高强度、超常规"的发展模式积极推进基础设施建设,极大地改善了基础设施条件。目前,平潭海峡大桥和渔平高速公路已建成通车,海峡高速滚装船、海峡高速客运滚装码头已建成投入使用;岛内"一环两纵两横"城市主干道基本建成,海峡大桥复桥及平潭与大陆第二通道公铁大桥正加快建设;三十六脚湖清淤扩容一期工程已完成,二期工程正在加紧施工中;城乡配网一期工程建成投入使用,二期工程等项目建设步伐加快;调水工程、输变电站等项目有序推进。福平高铁、长平高速、一级客运站、10万吨自来水厂、竹屿220千伏和官树下、天山110千伏变电站等项目前期工作取得实质性进展。在生态环境建设方面,2012年实验区完成绿化造林1.55万亩,植树约1060万株,三年累计植树约3000万株。同时,平潭还加强对岛内砂石的开采管理,关停违规采砂企业,从重打击盗采海砂行为;加强港口岸线和沙滩资源保护,促进资源永续利用。

3. 民生建设成效显著

2010年来平潭综合实验区不断加大财政投入力度,重点解决老百姓最关心、最直接、最现实的民生及相关社会事业发展问题,社会事业快速发展。2010年平潭综合实验区就已提出教育优先发展战略,并制定了教育发展三年规划,加快实施教育资源整合提升项目,筹建平潭大学。高起点、高标准地投入到平潭县医院建设中,依托院本部的重点学科、特色专业和雄厚的人才队伍,通过对口帮扶,加快平潭县医院建设,有力推进综合实验区医疗卫生事业发展,更好地造福闽台两岸同胞。

在医疗卫生方面,平潭综合实验区管委会与福建省卫生厅、省属医院签署了战略合作协议,高起点、高标准地推动卫生事业发展;与福建医科大学附属协和医院合作新建一所高标准三甲医院,与福建中医药大学合作建设一所康复医院;同时积极引进台资参与,争取与台湾知名医院合作,打造两岸医疗卫生事业交流合作基地。全面开展新型农村养老保险,2012年实际参与新型农村养老保险人数达18万,参保率达到92%。

4. 对台交流合作出现新局面

平潭综合实验区开发开放构想提出后,台湾各界广泛关注,积极响应,对于平潭管理模式以及"建设两岸人民共同家园"的定位十分认同。台湾经济管理部门、中小企业联合会、海峡产业投资基金、妈祖基金会、光彩促进会、冠捷科技集团、土地开发有限公司、远雄集团、世新大学等一批重要企业、行业团体、高等院校纷纷组团到平潭考察洽谈项目。[①] 截至2013年1月，平潭已吸引台资企业达93户，占平潭外资企业总户数近七成，注册资本达1.86亿美元。

二 研究意义

(一) 理论意义

1. 有利于推进海峡两岸经济一体化理论与实践的突破与发展

改革开放以来，两岸学术界在学习、借鉴西方区域经济学理论和方法的基础上，结合两岸经济社会发展的实际情况，在两岸经济一体化的理论与实践层面进行了很多有益的探讨，先后提出了中华经济圈、中华经济体、两岸自由贸易区（FTA）、两岸共同市场、两岸更紧密经贸关系安排（CEPA）、综合性经济合作协议（CECA）、经济合作框架协议（ECFA）等战略理论。这反映了两岸学者对于两岸多层次、多类型区域经济合作理论与实践的探索。2004年"海峡西岸经济区"概念首次公开、完整提出后，海峡两岸一体化发展问题成为两岸学术界研究的新领域，并成为区域经济研究的热点。

目前，两岸在贸易、投资、产业分工等方面均存在着密切的联系，两岸经济实际上已经形成了自发的功能性一体化。如何抓住两岸关系和平发展的新契机，通过建构平潭两岸共同家园示范区，推动两岸制度性一体化由易而难、由简而繁、由浅入深，逐步推开，不仅符合当前两岸关系和平发展的主题，而且为两岸经济的再发展提供了新的机会和保障，有助于消除和化解两岸关系和平发展进程中的各种负面因素干扰，有助于为今后破解政治难题创造条件。

基于此，本书着重分析了平潭建构两岸共同家园的理论基础、内外部环境与条件，考察了三年来平潭两岸共同家园建设的基本情况，以及平潭建构两岸共同家园的路径选择问题。平潭两岸共同家园建构的实践探索与经验总结，将有助于推动两岸经贸交流从功能性一体化向制度性一体化发展，有助于进一步完善海峡两岸经济一体化理论，从而补充与发展这一领域的理论研究。

---

① 陈海基：《探索实践平潭管理新模式》，《中国结构改革与管理》2011年第2期。

2. 有助于深化对两岸经济合作关系的研究

平潭建构两岸共同家园,是在两岸关系特殊性和市场机制的双重作用下,以"共同规划、共同开发、共同经营、共同管理、共同受益"的两岸合作新模式,汇聚两岸同胞的共同智慧,吸引两岸同胞在平潭各个领域全方位合作共建,以探索两岸区域合作的新模式。现阶段,两岸民众特别是台湾民众对平潭两岸共同家园的建设已经逐步形成共识,近三年来,已有400多批5000余位台湾各界人士组团到平潭岛考察,平潭方面也以共同家园论坛等形式广泛开展共同家园问题的探讨研究。同时,实验区经过三年的努力建设,已经基本具备了打造两岸共同家园的条件,这是两岸基于彼此间的特殊关系、维护共同利益和应对外部环境变化所取得的积极成果。在此基础上,两岸仍需要采取相应的措施,进一步整合两岸优势,推动平潭两岸共同家园的建构与发展,使两岸在平潭两岸共同家园建设中获得更大、更直接的效益,并以此为基础,总结平潭建构两岸共同家园的推进过程,深入思考两岸最终建构中华民族共同家园的发展路径,有助于更深入把握两岸关系发展的方向与实现祖国和平统一的总体战略。这也是本书研究的主旨与实践意义所在。

3. 可为今后建构中华民族共同家园提供一定的理论与实践依据

共同家园提出的时间并不长,对于两岸共同家园问题进行系统、深入研究的文献并不多,专门针对平潭两岸共同家园的建构与发展的研究更为鲜见。本书将两岸共同家园的构建与平潭综合实验区的开放开发结合起来,从建构两岸共同家园示范区的角度探讨两岸经济整合模式的创新问题,是对海峡两岸经济一体化理论的丰富和发展,既为新的历史起点上两岸经济合作模式再创新提供有益的参考和借鉴,也为今后建构中华民族共同家园提供了良好的理论基础与实践经验。

(二) 实践意义

从实际应用价值角度看,推进平潭综合实验区开放开发,把平潭建设成为两岸同胞合作建设、先行先试、科学发展的共同家园已上升为国家战略。一方面,通过平潭开放开发,创造良好的营商环境,构建健全的社会管理体制,把平潭建设成为经济发展、文化繁荣、社会和谐、环境优美的两岸共同家园,是现阶段平潭综合实验区建设的重大历史使命,研究成果可为两岸经济合作模式再创新积累经验。另一方面,本书以丰富的资料、翔实的数据,全方位、多角度地反映和体现了平潭综合实验区开放开发的新情况、新特点，有关部门及专家的参与和支持使本书的研究成果更具权威性。本书既可作为学术界研究平潭两岸共同家园的资料书，也可为各界人士到平潭投资决策以及政府制定相应政策提供参考。

第二节　海峡两岸共同家园研究的兴起与发展

1987年10月，海峡两岸开放民间交流以来，两岸经济贸易迅速发展，引起了两岸学术界对两岸经贸关系和经济一体化发展问题的关注与研究。这类研究主要聚焦于下面两个视角：一是从两岸经济合作模式的角度出发，研究内容包括探索两岸交流合作模式、两岸经济合作体制机制创新、两岸经贸政策等；二是从海峡两岸共同家园的角度出发，对平潭构建两岸共同家园的环境、可能性、战略等问题进行研究。

一　关于海峡两岸经济一体化的研究

两岸经贸发展过程中，两岸学术界对两岸经济发展与合作的讨论先后出现过三次高潮。一是20世纪80年代末到90年代初，在两岸关系"解冻"与两岸经贸关系迅速发展的背景下，两岸及海外学者提出了多种经济整合模式，主要包括"大中华共同市场"（郑竹园，1988）、"中国经济圈"（金泓汎，1989）、"南中国经济圈"（翁成受，1988）等。但囿于当时的政治形势以及两岸的经济合作层次，研究多局限于相关概念或者理念的界定和阐释，鲜见有系统性的研究成果。二是在2003年内地与香港、澳门签署更紧密经贸关系安排协议以及世界范围内区域经济整合浪潮兴起的背景下，以周忠菲（2003），萧万长（2007），唐永红、邓利娟（2005），林毅夫（2006），曹小衡（2006），庄宗明（2006），张冠华（2008），盛九元（2009），王建民（2009），李非（2009），林祖嘉（2009），纪俊臣（2010），黄清贤（2010）等为代表的两岸学术界再次兴起对两岸经济整合模式问题的讨论，提出两岸应从功能层面、制度层面的角度加快建构两岸经济合作框架的一些设想，这些设想主要包括两岸更紧密经贸关系安排、两岸自由贸易区、两岸共同市场等。这些有关海峡两岸经济整合的构想或模式选择的主要特征是：经济整合必须由两岸政府主导并签署相关协议，即必须是制度化安排的经济合作模式或整合模式，目的都是为解开两岸政治死结逐步走向统一找到一条新路。三是对两岸制度性一体化问题的研究。两岸大多数学者侧重于研究两岸制度性一体化对两岸经济的影响,特别是对台湾经济的影响。如顾莹华、陈添枝等(2004)采用CGE模型,分别就东盟、东盟"10+1"、东盟"10+3"对台湾经济的影响进行了预测,研究结果表明,东盟、东盟"10+1"、东盟"10+3"的成立,将会引起台湾实际GDP和社会福利的下降。在他们的研究中还进一步模拟了两岸签署经济一体化协议对台湾的影响,结果表明一体化将引致台湾实际GDP和社会福利明显上升。

二 关于建构海峡两岸共同家园的研究

2005年12月,胡锦涛总书记提出了"共同家园说"。在中国共产党的十七大报告中,胡锦涛总书记又在报告中反复强调了"共同"二字,如"中国是两岸同胞的共同家园,两岸同胞理应携手维护好、建设好我们的共同家园",又如"十三亿大陆同胞和两千三百万台湾同胞是血脉相连的命运共同体"。在"共同家园""命运共同体"的观念下,两岸经贸交流日趋活跃,大陆利多政策的不断释放,引起了两岸学术界对共同家园建构问题的广泛关注。

1. 关于共同家园建设的环境研究

两岸学术界主要聚焦于共同家园建设的软环境与硬环境建设两大方面。

一是关于共同家园建设软环境的研究。在投资环境研究方面,林高星、丁超(2010)认为平潭综合实验区的发展建设离不开财税政策的支持,在借鉴上海浦东新区、天津滨海新区财税政策的基础上,结合平潭自身的特殊性,对平潭财税优惠政策提出初步的构想和建议。郭云等(2011)结合综合实验区建设进展及金融支持情况,探讨高水平推进平潭开放开发的金融配套政策。林红(2011)提出要以平潭综合实验区的金融创新实验为平台,以台资企业柜台交易为突破口,推动两岸资本合作,探索引入台湾上柜和兴柜交易机制,先行先试培育地方资本市场,并提出了建设海峡股权交易市场的基本构想。方纲厚(2011)则从创新筹资、融资与财税管理等层面,提出要敢于先试,通过建立金融特区,筑巢引凤,创新利用台资方式;敢于先行,充分利用央资、省资、民资,国策、省策,争取更多的政策倾斜。

在法律制度研究方面,徐兆基(2011)认为建设平潭两岸共同家园的关键在于相关政策是否能够转化为有效的法律制度。在两岸存在着不同立法体系的现实状态下,可考虑由大陆最高立法机关授权由定居于综合实验区的两岸居民共同设定法律规则。在综合实验区建设中应当发挥法制的引导作用、规范作用,以提升海西及实验区建设的"政策"地位,弥补相关政策在权威性、稳定性、明确性方面的不足。王方玉(2011)提出,平潭综合实验区的建设需要地方性法律制度的密切跟进,在制定地方性法规的过程中,应注意到其特殊性,主要包括如何解决对台经济合作交流问题、华侨文化的利用问题、超越原有经济特区立法问题、与国际法衔接问题,以及平潭的立法与厦门特区原有立法的冲突、衔接问题。林建伟、潘书宏(2011)以平潭综合实验区为考察对象,认为综合实验区的开发建设必须适度拓展地方涉台立法权,可以从扩大立法权源、拓展立法内容、扩大立法参与等方面拓展地方涉台立法权的空间。

二是关于共同家园建设的硬环境研究。罗海成、王秉安(2009)提出设立平潭两岸共建特区的构想,设想以"共创、共建、共管"的模式,两岸共同创建台湾高新产业园区、台湾海峡港口物流园区、台湾产品营销园区、台湾医疗园区台湾海峡大学城、台湾海峡文化园区、台湾居民社区等平台项目,并可考虑部分平台项目由台湾同胞独自开发与运作。庄晨辉等(2011)认为植树造林、改善海岛生态环境是平潭综合实验区建设的重要内容和环节,以生态优先,提出植树造林的相关政策建议:通过明确平潭岛植树造林的定位、做好林业区划与植树造林规划、科学选择造林树种等措施确保造林成效,以改善海岛生态环境,实现平潭综合实验区"森林海岛"的建设目标。王小平(2011)总结梳理了平潭综合实验区保险业的发展现状与存在的问题,结合其面临的发展机遇,具体阐释了提升实验区保险服务能力的基本原则、具体措施和政策建议。

2. 关于平潭产业发展的研究

张建忠(2012)认为在现有机遇下,平潭高新技术产业、现代服务业、海洋产业和旅游业四大产业将吸引更多台湾相关产业投资合作,迎来难得的发展机遇。李鸿阶、单玉丽(2010)则就平潭主体产业长期存在的问题,包括海运业"外挂"、隧道业"外流"、旅游业"外少"和建筑业"外包",进行了较为深入的研究,提出促进平潭综合实验区产业发展的对策建议。邓利娟(2011)认为平潭产业发展应在合作领域、合作模式以及合作机制上充分凸显"两岸合作"特色,并从建立领导机制、优化投资软硬环境、推进科学招商、争取中央政策支持等层面提出了推进平潭产业科学发展的新举措。吴国培等(2011)认为平潭综合实验区金融发展应该在海关特殊监管区框架下，凸显对台合作和台湾地区元素，建设海峡两岸区域性金融中心的实验区域。邵玉龙等（2011）分析了台湾优势产业及两岸合作的基础，提出应优先选择信息技术产业作为两岸产业合作重点，打造平潭两岸信息技术产业合作先行先试区的设想，并进一步分析了平潭信息技术产业发展需要破解的问题，包括政策创新、产业定位、发展环境等问题，并给出了相应的对策。姚大光等（2010）提出平潭应打造两岸共建自由贸易区，试验一岛两制开发政策平台，构建新的两岸生活方式平台等，以共同规划设计、共同建设、共同运营平潭国际旅游岛。姚大光等（2010）认为平潭建设"自由岛"能否成功，一要免签证，二要实行完全免税政策，三要先行先试，开发多种博彩业，以最快速度吸引观光客。陈贵松等（2011）认为平潭对台旅游合作应围绕海峡旅游主题，积极邀请台商合作开发海峡旅游产品，共同拓展客源市场，共建长效合作机制，携手打造世界旅游目的地。何明祥（2011）从平潭海滨旅游资源现状出发，分析了构建具有规范性、技术性、地方性、行业性、目的性、对台交流的可操作性的滨海旅游服务标准体系的重要性。刘丹等（2011）则结合物流行业税费改革的热点税种，提出利用税费相关优惠政策的杠杆作用促进平潭综合实验区物流服务体系发展的若干建设思路。

3. 关于平潭两岸共同家园发展战略的研究

史炳奇（2007）建议构筑两岸共同家园必须开展和谐共建，共建内容包括推动构建"金马和平海域"、开展局部对话、开设台胞"绿色通道"、构建产业合作基地、扩大金融服务业合作、构建海峡文化走廊、试行台胞参政议政、开展海岛与沿海共建、构建交通动脉这九大方面。杨华真（2009）从经济合作、文化交流等方面，提出先行先试，构建闽台"共同家园"的具体举措：经济方面，加强第一、第二、第三产业的对接与合作，构筑闽台"共同家园"硬基础；文化方面，加强文化交流，打造闽台"共同家园"软实力。赵新力（2010）在深入分析平潭开发作为国家和民族战略的优势、机遇和挑战的基础上，提出平潭应抓住机遇，将平潭开发上升为国家和民族的战略，以确保平潭综合实验区的科学发展。罗海城等（2009）提出平潭两岸合作共建综合试验区的规划设想，包括自由港特定项目建设、服务业项目建设、其他产业项目建设、社会文化项目建设和基础设施项目建设，并提出保障对策建议。卓祖航（2010）认为共同家园合作内容是多元的，需要两岸智库界进行深入探讨，其中既有经济方面的合作也有一定程度政治层面的合作，既有文化方面的合作也有社会治理方面的合作，既有人员交流方面的合作也有民众融合方面的合作，从而形成两岸同胞共治、共管、共赢的共同家园。李碧珍（2011）认为平潭两岸共同家园建设应以两岸关系和平发展为契机，以两岸人民"共同规划、共同开发、共同经营、共同管理、共同受益"为理念，加快平潭两岸产业深度对接示范区、创新活力示范区、生态宜居宜业示范区、两岸文化教育合作示范区、国际休闲旅游度假示范区的建设。林永健（2011）认为要做到高起点、大手笔推进平潭综合开发建设，必须有超常规的战略思路，大胆探索，建立形象代言人制度，建立大陆省市对台前沿总部，争取国家新区政策，建设大陆连接台湾的海底隧道，面向海内外招聘优秀人才。充分利用与整合海峡两岸的各种有效资源，广聚人气财气，破解体制性障碍，加速平潭综合开发，超常规推进平潭跨越发展。赵峥、李娟（2011）则指出平潭综合实验区应以改革创新为动力，加大区域开发力度，实施梯度赶超、产业驱动、开放带动、改革推动战略，以产业提升为支撑，全面增强辐射功能，努力将平潭综合实验区打造成为海峡经济区的经济增长极、海峡两岸交流合作的重要平台、国家向东南开放的排头兵、经济体制和政治体制改革的创新区、海峡开发开放的示范区。

对于平潭打造两岸共同家园的举措及热烈氛围，在引起台湾方面共鸣的同时，也出现了一些不同的声音。有学者认为平潭的位置并不是核心的位置，就靠离台湾近些这点来吸引台资会不会太牵强了？平潭对台湾到底有多大的吸引力？谢明辉（2009）认为："目前的各种设想仍属海西单方面的意愿，与台湾沟通不够。"台湾学术界以岛内专家的视角反观平潭开发开放与共同家园建设，发声虽不悦耳，却有参考之效、建言之意。

从总体上看，两岸学术界关于两岸共同家园建构的研究，为未来两岸关系描绘了新的蓝图和前景。研究的内容涉及了政治学、法学、社会学和国际关系学等领域，覆盖了两岸共同家园建构的地位、动力、困境、作用和发展战略等方面，并从理论与现实两个层面对两岸共同家园建构存在的问题进行了深入的剖析并指明症结所在。当然，从上述两岸学者的观点中也可以看出平潭两岸共同家园的发展路径仍然处在试验性的阶段，一部分学者希望由两岸政府主导并签署相关协议，以制度化安排的功能优势作为平潭两岸共同家园建构的突破口，为解决祖国统一找到一条新路；另一部分学者则指明两岸共同家园建设需要借助多元复合机制的作用才能生效，如何在不同层面属性上通过分析而衍生出一条两岸民众、官方均认可的共同家园发展路径,是两岸共同家园发展研究中的重要课题。

目前,平潭建构两岸共同家园正日益成为两岸关系发展的趋势与主题,对平潭两岸共同家园建设中存在的一些问题,不仅需要两岸学术界继续做好理论研究与理论宣传工作,促进两岸增进了解、消除疑虑、求同化一,而且也需要两岸政府、人民与学术界为增进两岸共同利益、形塑两岸共同价值路径与模式共同努力,为平潭建构两岸共同家园提供源源不断的前进动力。

第三节　研究思路与方法

一　研究思路

本书的基本思路是:在一体化理论框架下,论证平潭建构两岸共同家园的必然性与可行性,在此基础上推断平潭两岸共同家园得以开展的程度,以此为基点,积极推动平潭"智合"智慧岛、国际低碳经济示范岛、国际旅游岛、海洋经济深度合作先行区等建构路径设计与建设。因此,本书整体研究主要是以理论分析和政策研究为主,在研究方法上,则更多地运用政治经济学、区域经济学、产业经济学、制度经济学等相关原理进行理论阐述,力求实现两岸经济一体化理论和现实的合理衔接。

本书共分10章,1~3章主要是以两岸经济一体化理论为基础,对平潭建构两岸共同家园性质问题进行研究。此部分内容包括三个方面的论题:(1)平潭岛建构两岸共同家园的时代背景与新的历史使命;(2)两岸经济一体化的演进与发展;(3)两岸共同家园建构的理论基础。4~5章为平潭岛建构两岸共同家园的条件以及实践探索。6~10章为平潭岛建构两岸共同家园的路径分析,以"共同规划、共同开发、共同经营、共同管理、共同受益"的"五个共同"为中心,以两岸同胞合作建设、先行先试、科学发展为战略突破口,紧密联系平潭两岸共同家园建设的实践探索和战略推进,积极探索体现两岸"五个共同"的具体途径和形式。包括平潭"智合"智慧岛、国际低碳经济示范岛、国际旅游岛、海洋经济深度合作先行区等事关共同家园长远发展的重大战略任务,也涉及如何高起点布局平潭人才特区建设的问题,尤其注重建立更加开放、灵活、务实的人才机制。

具体篇章如下。

第一章，主要概括本书研究的相关背景，两岸学术界在经济一体化及平潭开发开放等领域的相关研究进展情况，本书研究的理论和实践指导意义以及本书的研究思路。

第二章，两岸经济一体化的演进与发展。主要分析了两岸"功能性一体化"向"制度性一体化"的历史演进历程，并就ECFA签署后两岸经济合作模式的调整与创新进行研究，包括ECFA签署对两岸经济的影响、两岸经济合作模式创新的契机以及两岸深化经济合作可供选择的若干模式与重点，最后指出两岸经济合作模式创新的制度障碍。

第三章，从理论、历史与现实三个维度考察了建构两岸共同家园的可能性，并着重从政治经济学原理和现实角度两个方面阐释两岸共同家园的内涵及其理论界定。

第四章，两岸共同家园建设的环境与条件分析。本章主要是对平潭建构两岸共同家园的内、外部环境进行深入探讨，指出制度创新对平潭建构两岸共同家园所起的作用，并就平潭建构两岸共同家园所具备的基础条件进行分析。

第五章，对平潭两岸共同家园提出三年来的实践探索进行总结，提出应以高起点、高层次、全方位、新模式的发展理念，加快推进平潭两岸共同家园的建设。

第六章，建设两岸"智合"智慧岛。界定了智慧城市的内涵，在借鉴国内外智慧城市实践经验的基础上，提出了打造两岸"智合"智慧岛发展之路。

第七章，创建平潭国际低碳经济示范岛。本章首先概括了国内外低碳经济发展现状，借鉴国际低碳经济的发展经验，提出两岸共建平潭国际低碳经济示范岛的战略。

第八章，开发建设平潭国际旅游岛。本章借鉴国际旅游开发经验，提出平潭国际旅游岛的开发战略。

第九章，建设两岸海洋经济深度合作先行区。本章首先概括了国内外海洋经济发展现状，借鉴发达国家海洋经济发展经验，在分析发展两岸海洋经济的优劣势基础上，提出打造两岸海洋经济深度合作先行区的战略。

第十章，打造平潭人才特区。本章辩证性地提出经济特区和人才特区的关系，同时借鉴我国部分地区人才特区建设经验，指出人才特区是两岸共同家园建设的必然选择。

本书研究的思路与内容框架如图1-2所示：

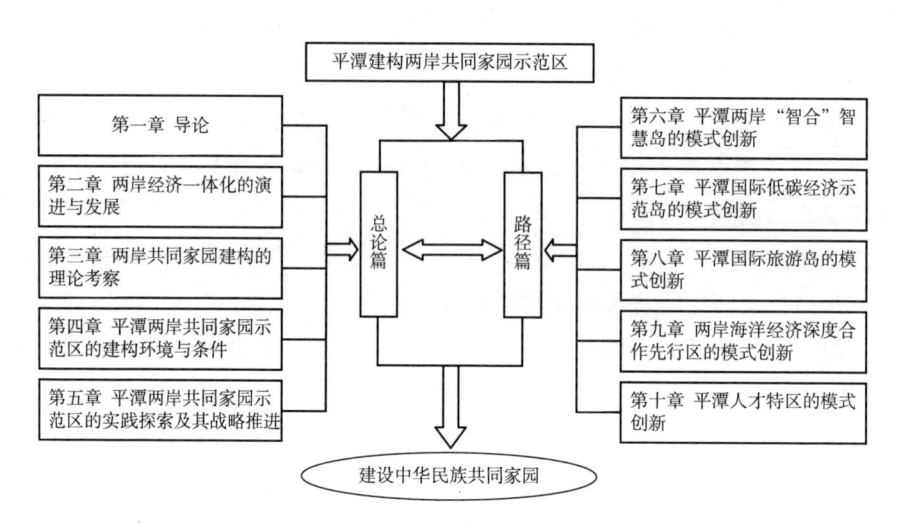

图1-2 本书研究的技术路线图

二 研究方法

本书以区域分工和区域经济整合理论为依据，借鉴近现代区域贸易分工、区域空间组织和区位理论的科学成分，采用文献研究、实地调查访问、定性分析和定量分析、系统分析和比较分析、宏观分析和微观分析相结合等研究方法，就平潭建构两岸共同家园的理论基础、发展现状、路径设计、路径选择以及路径建设与路径保障等问题进行了比较深入、全面、系统的研究。

根据以上设计的研究目标和研究思路，本书将主要采取以下具体的研究方法。

1. 实地调查访问

主要包括实地调查、函调、网调和小型专家会议等多种调查方式，对两岸政府官员、企业和城乡居民进行问卷调查、深度访谈和实地考察，通过对所得资料的定量和定性分析，从微观层面研究平潭两岸共同家园发展的进程及其影响因素，揭示政府、企业和个人在两岸共同家园建设中的作用。

2. 文献研究

在海峡两岸广泛收集各类相关政府文件、统计数据和文献资料，对收集的文本资料进行综合研究，从总体上把握海峡两岸经济一体化发展，特别是两岸共同家园建设的总体脉络、社会经济背景和政策环境。

3. 定性分析和定量分析相结合

在文本资料基础上进一步收集相关统计数据，建立相关数据库，并进行统计建模和定性分析，从路径设计、路径选择、路径建设和路径保障四大层面，由浅入深地分析平潭两岸共同家园建构的有效方案，预测未来两岸共同家园发展的走向及可能面临的挑战。

4. 系统分析和比较分析相结合

平潭两岸共同家园建设涉及的层面多，存在着整体与部分、部分与部分、整体与环境相互依存关系。所以对平潭两岸共同家园构建的分析，采用系统分析的方法；而在共同家园路径建设的分析中，需要借鉴发达国家相关经验，通过对发展模式的比较分析，说明平潭建构两岸共同家园的优势所在。

5. 宏观分析和微观分析相结合

从国家、产业等层面研究平潭两岸共同家园建构中的相关问题，也从企业、个人等层面分析共同家园建构中的相关问题，尽量从多维度、多层面开展本书的研究。

第四节 主要创新及有待于深入研究的问题

一 本书的主要创新之处

一是选题具有前瞻性，贴近两岸经济社会的发展实际。两岸经济合作问题研究由来已久，两岸经济整合研究也取得相当成果。但以两岸共同家园为研究对象，并对平潭两岸共同家园进行理论与实践考察的研究，目前尚无专门性、系统性的研究成果。从这个意义来说，本书研究对象的选取就是一个创新。

二是角度新颖。目前对两岸共同家园的研究文献大多从产业、战略等方面入手，本书从共同家园示范区这一新颖角度，系统研究了平潭岛建构两岸共同家园示范区的必要性与可行性，并对平潭岛建构两岸共同家园示范区的路径设计、路径选择、路径建设和路径保障等问题进行了深入探讨。

二 进一步研究的方向

本书从理论和实践两方面对平潭岛建构两岸共同家园示范区进行研究，理论与实践紧密结合，相辅相成。但建构两岸共同家园的研究目前还处于探索之中，这方面的研究成果缺乏系统性、理论性，且相关材料收集也比较困难，因此，本书所作的一些研究与探讨仍存在诸多不完善之处。今后笔者将深入平潭、台湾两地学习、工作、生活一段时间，通过进一步的学习、调查和探索，使研究得到进一步的深化和完善。

第二章
两岸经济一体化的演进与发展

第一节 区域经济一体化模式及其经验借鉴

一 区域经济一体化的典型模式

当前,区域经济一体化已成为国际经济关系中最引人注目的趋势之一。区域经济一体化是合作伙伴国家之间市场一体化的过程,从产品市场、生产要素市场向经济政策的统一逐步深化。在区域经济一体化进程中,欧盟和北美自由贸易区属于封闭性的区域经济集团,其成员国在让渡部分主权的前提下,追求区域经济利益、政治利益和社会安全保障。

(一) 欧盟模式

欧盟的成立具有特殊的历史背景。第二次世界大战期间,欧洲国家受到重创,逐渐失去了世界政治中心的领导地位。面对美苏争霸形成的两极格局,欧洲国家意识到联合发展对于增强欧洲国家实力的重要性。1951年4月18日,法国、联邦德国、意大利、荷兰、比利时、卢森堡6个欧洲国家签署《巴黎条约》,1952年7月建立了欧洲第一个跨国机构——欧洲煤钢共同体,第一次出现了民族国家通过把部分权力委托给某一超国家机构来开展国家间合作的范例。自此,在法、德两国的倡议领导下,欧洲一体化进程开始不断发展。1957年3月,法国、联邦德国、意大利、荷兰、比利时、卢森堡6个国家在罗马签订了《建立欧洲经济共同体条约》和《欧洲原子能共同体条约》,统称《罗马条约》。1958年1月,欧洲经济共同体和欧洲原子能共同体正式组建。1965年4月,这6个国家签订了《布鲁塞尔条约》,

决定将3个共同体的机构合并，统称欧洲共同体，1967年7月，欧洲共同体正式成立。1972年后，丹麦、英国、爱尔兰、希腊、西班牙及葡萄牙先后加入欧洲共同体。1992年2月，《马斯特里赫特条约》签订并于1993年11月生效，创立了欧洲联盟及包含外交、内政和欧洲共同体的欧盟三支柱。1995年1月，瑞典、芬兰、奥地利加入欧洲联盟。1999年推出共同货币"欧元"并于2002年1月正式启用。随后，欧盟成员国不断扩大。截至2013年7月，欧盟已拥有英国、法国、德国、意大利、荷兰、比利时、卢森堡、丹麦、爱尔兰、希腊、葡萄牙、西班牙、奥地利、瑞典、芬兰、马耳他、塞浦路斯、波兰、匈牙利、捷克、斯洛伐克、斯洛文尼亚、爱沙尼亚、拉脱维亚、立陶宛、罗马尼亚、保加利亚、克罗地亚等28个成员国。作为当今世界最成熟的地区一体化组织，欧盟60多年的成功发展形成了一体化程度最高、影响力最大的"北-北"型水平分工模式。欧盟模式是一次史无前例的制度创新，创建了一种从以国家为中心到以国家联合共同治理为重心的新型体制机制和欧洲政治和经济结构模式。

1. 建立了一个超国家性质的联盟

欧盟创建了一个以国家联合共同治理为重心的新型体制机制和欧洲政治和经济结构模式。它以欧洲为平台，以区域一体化为基础，逐步形成了欧盟的旗帜、盟徽和盟歌，各种共同政策、欧元、欧盟护照，以及一系列带有欧洲共同特征的意识、观念和共同利益，在显示欧盟各国治理个性特征的同时，建构了超越欧盟现有国家体制和国际组织体制的区域共同治理新模式，改变了欧洲的经济社会结构、国家权力结构、国际关系结构，使欧洲各国的经济、社会、生活多个方面发生了深刻的变化。

2. "多元一体"的治理模式

欧盟由早期的6个国家发展到现在的28个国家（截至2013年7月），其在发展的过程中一直贯彻向尊重其价值理念和许诺共同推进这些价值理念的一切欧洲国家开放。欧盟的开放体现了"多样性"和"包容性"，而联合又集中突出了欧盟的集中"同一性"。"多元一体"的发展模式不仅是对各成员国主权和利益的尊重，同时也体现了对人类文明发展总趋势的追求，这是欧洲文化和利益的多元化和精神观念同一性在当代的完美结合。欧盟的"多元一体"治理模式是在共同利益和共同目标下通过协商和协调消弭差异从而达成妥协，以实现整个联盟的共同发展。所以，承认利益的多元化、治理的多元化、身份认同的多元综合，不把突出多样性和多元化视作一体化的障碍，而是将"多元一体"作为指导原则实行团结协作，使欧盟的多样性和多元化成为欧洲一体化的重要动力。此外，欧盟在发展过程中允许存在特殊情况和充分尊重多样性，对英国、丹麦、瑞典三国采取例外条款，允许它们不加入欧元区；而且在不损害共同外交与安全政策规定的前提下，欧盟也不反对两个或两个以上的成员国在相关政策领域中进行更为密切的合作，充分显示出欧盟以非一致性为特征的具有灵活性的发展策略。

3. 建立了一整套完善的制度和机构

组成欧盟的国家在实力和利益方面都存在较大的差异，在整合的过程中发生矛盾分歧甚至是冲突在所难免。欧盟的作为只是在国家不作为的领域发挥作用，而主权国家作为欧盟的组成单位，其参加欧盟的主要动机就是能够获得比不参加时更多的利益，任何决策都会给各成员国带来不同的利益。因此，欧盟需要建立一整套完善的体制机制去解决共同面对的问题。欧盟设立了欧洲理事会、欧盟理事会、欧洲议会、欧洲委员会等超国家性质的组织机构，负责组织和协调区域内经济社会发展以及解决在经济社会合作过程中所遇到的困难及争端。除此之外，欧盟还设立了一些促进经济发展的机构，如欧洲地区发展基金、欧洲投资银行、欧洲农业指导和保障基金等。

欧盟在一体化发展过程中，创造出了"一揽子协议""可调整固定汇率""多速欧洲""强强联合""多重多数表决制"等一系列妥协折中、有利于推进一体化的策略方法，使欧盟一体化发展更加机制化、程序化和制度化。

4. 成员国具有相似的政治、经济、文化基础

法国、联邦德国、意大利、荷兰、比利时、卢森堡6个创始国虽然存在结构差异，但它们所构成的空间在地缘政治、文化和经济领域相对而言都具有一定程度的同质性。从理论上看，如果区域联盟的成员国在经济等方面的水平越接近，在组建区域联盟时所耗费的"调整成本"就越小，越有利于经济共同体的产生。由这些经济发展水平较高且相近的国家组成的一体化组织，通过一体化形成更大规模的市场，有助于各国进行同类产品的生产分工和开展产业内贸易，实现规模经济。区域一体化的整合和治理是建立在各个成员国共同的利益、共同的理想目标以及共同的价值观指导的基本原则和基本规制基础上的，欧盟模式就是把国家利益、国家安全与欧盟的集体利益和集体安全捆绑在一起，使国家利益在区域共同治理中得以实现，从而使国家利益依存于共同的欧洲利益。

(二) 北美模式

北美自由贸易区（NAFTA）或称美加墨自由贸易区，是美国、加拿大和墨西哥在1992年8月签订《北美自由贸易协定》后成立的，1994年1月1日正式生效运行，这是第一个由世界上最发达的国家与发展中国家组成的贸易联盟。NAFTA的成立是在全球经济一体化和美、加、墨三国之间经贸关系不断向更高层次发展的背景下成立的，也是美国为了应对来自欧盟和可能形成的东亚经济区的竞争和挑战，以及巩固和加强美国在世界经济发展总体格局中的主导地位而成立的。北美自由贸易区的建立，给南北国家在区域范围内利用自由贸易区进行合作开创了先河，对美、加、墨三国各自的经济发展产生了积极的影响。

1. 南北共存联合模式

与欧盟区域一体化整合模式不同的是，北美自由贸易区突破了以水平分工为基础的一体化模式，建立了由世界上最发达的国家和发展中国家共同组成的区域间垂直分工的发展模式。在成员国中，美国是世界第一大经济体，加拿大是世界发达工业国家，墨西哥尽管已经跻身于新兴的工业化国家行列，但是从总体发展水平上看仍属于发展中国家。因此，在北美自由贸易区中，不仅存在以美国与加拿大为代表的发达国家之间的经济合作和竞争，同时又存在美国和墨西哥、加拿大和墨西哥为代表的发达国家与发展中国家之间的经济合作与竞争，并且这两种情况相互作用、相互影响。这种"南－北"合作模式的特点也反映了三国之间既有合作又有竞争的局面。

2. 一国主导

在北美自由贸易区的组建与运行中，发挥核心作用的仍然是美国。从3个成员国的经济发展水平看，美国的经济发展水平最高，且综合国力最强，在双边贸易、直接投资、技术转让及金融、保险等领域拥有雄厚的实力。作为"八国集团"和经济合作与发展组织成员，加拿大虽属于发达国家，但是其经济实力已经远不及美国。与美国、加拿大两大发达国家相比，墨西哥作为发展中国家，不仅与美国、加拿大的经济发展水平差距较大，而且在经济体制、经济结构和国家竞争力等方面也存在着较大的差别。在美、加、墨三国中，美国和墨西哥之间的差距最大。也正是由于这种差异的存在，美国才能够在北美自由贸易区中占据核心和支配性经济地位。同时在经济运行过程中，由于这种经济不对称的存在，北美自由贸易区更多地体现了美国的利益与意愿。

3. 成员国之间经济互补

经济上的互补及由此产生的互利互惠是自由贸易区得以成功建立的一个重要因素。北美自由贸易区内成员国在经济上的互补性，以及由此产生的互惠互利性是美、加、墨地区性贸易安排得以实现的现实基础。美、加、墨三国在能源、劳动力、资本、农产品等方面有着很强的互补关系。在能源消费方面，美国是世界上的能源消费大国，而墨西哥和加拿大拥有丰富的能源资源，三国的合作能够为美国提供大量的能源支撑。美国拥有先进的技术设备和雄厚的资本，墨西哥的劳动力资源丰富，两国的合作对于从总体上提升北美地区制造业的国际竞争力具有很强的现实意义。美、墨两国自然环境和农业上的差异也为两国在农产品贸易方面的合作创造了巨大的空间，同时也为加拿大与墨西哥之间传统贸易的发展开辟了广阔的空间。此外，北美自由贸易区还通过消除贸易壁垒，实现商品的自由流通，照顾了经济发展水平较低的墨西哥的利益。

（三）东盟模式

1967年8月8日，菲律宾、印度尼西亚、泰国、新加坡四国外长和马来西亚副总理在曼谷发表《曼谷宣言》，成立东南亚国家联盟（Association of Southeast Asian Nations，ASEAN），简称东盟。截至2011年底，东盟已经发展为拥有10个国家（印度尼西亚、马来西亚、菲律宾、新加坡、泰国、文莱、越南、老挝、缅甸、柬埔寨）、总面积约447万平方公里、人口6.01亿、区域总产值1.8万亿美元的区域一体化组织。

1. 水平一体化区域合作组织

东盟的10个成员国均为发展中国家，各国经济发展水平较低，且发展层次相近。这与欧盟和北美自由贸易区情况都不一样。东盟在组建区域一体化过程中，所采取的方式比较灵活，是在充分尊重各成员国主权、不干涉各国内政的基础上进行的。这种包容性的发展方式符合东盟国家和其他发展中国家的需要，因此受到区域内外国家的欢迎和支持，从而使得东盟区域内外的合作不断加强。

2. 区域经济一体化合作不断深化

东盟经历了从特惠贸易安排到自由贸易区再向共同市场发展的过程。1961年7月，东南亚联盟成立。为提高东盟区域合作水平和加快经济一体化建设，1992年，东盟第四次首脑会议提出建立自由贸易区，自由贸易区的目标是实现区域内贸易的零关税。2002年1月1日，东盟正式启动自由贸易区建设。截至 2010 年底，文莱、印度尼西亚、马来西亚、菲律宾、新加坡和泰国之间 99.11% 的商品关税已经取消，柬埔寨、老挝、缅甸和越南之间 98.86% 的商品关税已经降至 5% 以下，东盟区内贸易已经占到进出口贸易的 24%～25%。① 特别需要提出的是，为了更有效地加快东盟经济一体化步伐，2003 年 10 月，第九届东盟首脑会议正式宣布于 2020 年建成东盟共同体，2007 年 1 月东盟进一步将实现共同体的时间提至 2015 年。2011 年 11 月，为加快共同体建设，提升东盟国际地位，第十九届东盟峰会签署了《在全球国家共同体中的东盟共同体巴厘宣言》，强调东盟在加快共同体建设的同时，必须加强与外部世界的互动与融合。

3. 东盟与区外国家的合作日益加强

随着东盟的不断发展，以及其重要地位的不断凸显，东盟与区域外国家的合作日益紧密。2002 年 11 月，中国和东盟签署了《中国与东盟全面经济合作框架协议》；2004 年签署了《中国－东盟全面经济合作框架协议货物贸易协议》，并于 2005 年 7 月 20 日起正式实施；2007 年 1 月和 2009 年 8 月，中国与东盟分别签署了服务贸易协议和投资协议。随着中国与东盟自由贸易区货物、服务和投资协议的签署和实施，中国－东盟自由贸易区全面建成。2003 年 10 月，日本和印度与东盟签署了自由贸易区框架协议。2005 年 12 月和 2009 年 6 月，韩国与东盟签署了自由贸易区框架协议和投资协议。2009 年 2 月泰国和韩国签署了货物贸易和服务贸易协议。2011 年东亚峰会正式吸收美国、俄罗斯为成员国，东盟成员国与区外国家双边或多边贸易自由化的进展越来越快。

二 世界区域经济整合的特点

（一）由空间上的联合到跨地区合作

随着区域一体化和全球化的不断推进，各国参与全球活动的程度不断加深，国与国之间、区域之间的联系更加密切。各国为了获取更多的利益，通过各种方式进行跨区域的贸易谈判，跨区域合作更加活跃，并且建立了形式多样的区域经济一体化组织，如欧亚经济共同体（EAEC）、环太平洋经济合作协定（TPP）、大阿拉伯自由贸易区（GAFTA）、美拉尼西亚先锋集团（MSG）等。通过战略伙伴关系、自由贸易协定、单方面给予经济贸易优惠

---

① 《东盟经济共同体：超越与期待》，http://asean.zwbk.org/news，2011-11-23。

安排等形式,欧盟与其他国家的关系更加紧密。例如,欧盟与地中海国家签署《巴塞罗那宣言》标志着两者关系的正式确立,并在2010年建立自由贸易区。此外,欧盟还与南方共同市场(South American Common Market)正式签署了《欧盟-南方共同市场地区间合作框架协议》等。根据统计,WTO每个成员基本上都加入一个以上的自由贸易区,并且有相当一部分的自由贸易协定是在跨地区和跨大洋国家之间签订的。

(二) 经济因素是一体化发展的重要动因

区域一体化在形成的过程中,经济因素是其中一个重要的方面,不管是欧盟、北美自由贸易区还是东盟,都是为了能够获得更多的资源、市场等而组建。每一个成员国参加的动机都是为了获取比不参加更多的利益。在集团内部,各成员国之间相互全面降低关税,取消非关税壁垒,实现商品和资源的自由流通,从而实现资源的优化配置,增强与区域外国家或经济集团的竞争能力。

(三) 一体化程度由低级向高级发展

经济一体化是一个由低级到高级、局部到整体的发展过程,包括以下发展形式:(1) 特惠关税区(Preferential Tariff Areas),如美加汽车产品协定和非洲木材组织;(2) 自由贸易区(Free Trade Areas),加拿大、墨西哥和美国结成的北美自由贸易区便是典型的例子;(3) 关税同盟(Customs Union),如比荷卢关税同盟(Benelux);(4) 共同市场(Common Market),如南方共同市场;(5) 经济同盟(Economic Union),如欧盟。经济一体化的理想形式将是完全经济一体化(Complete Economic Integration),但目前尚没有出现完全经济一体化的组织。

(四) 区域一体化组织相互交叉

随着区域一体化组织的不断建立以及合作程度的不断加深,一个区域一体化组织成员同时参加多个不同的一体化组织,一体化的成员出现了一定程度上的重叠和交叉。如欧盟曾经同时存在荷比卢经济联盟。同时在区域一体化组织内部成员之间又通过协议形成了一些较小范围的次级区域经济合作组织。这样区域组织之间就形成了环环相扣的局面。如澳大利亚不仅与新西兰达成一体化协定,而且参与亚太经合组织,还与印度、南非等国协商筹组自由贸易区。

(五) 多样化的区域一体化整合模式

20世纪80年代之前,国与国之间建立区域一体化组织所考虑的是是否具有相似条件,这些条件主要包括空间地理位置、社会经济制度、经济发展水平以及文化因素等。人们认为具有相似特征的国家之间更利于区域一体化组织的组建与发展经济合作。例如,欧盟成员国在社会经济制度、经济发展水平、文化等方面具有相似性。但是这一观念很快就被打破,美、加、墨三国组建的北美自由贸易区是首个由发达国家与发展中国家建立的区域经济一体化组织,由具有不同背景的国家组成的亚太经合组织也取得了良好的发展,这些都说明了随着全球化的不断深化,具有不同背景的国家之间在组建区域一体化组织的体制和机制上有了新的重大开拓和突破。区域经济一体化这一突破是加强南南合作,尤其是加强南北协调和实现均衡发展的一种新探索。但同时我们也应该看到,区域成员国家之间的差异性对于区域一体化组织的运作也会产生一定的影响。由此可见,在区域经济合作和一体化发展进程中,经济一体化组织成员的同质性在减弱。

（六）合作与竞争关系将长期存在

合作与竞争将是区域经济一体化组织发展的一个重要特点。组建区域一体化组织的最初动机就是希望通过合作从而获得更多的利益。但由于各成员国都是从本国的利益出发,为了谋求更大的发展空间和更多的利益,成员国之间也将不可避免地存在着政治冲突和利益竞争,经济交流将出现竞争与深度合作并存的局面。因此,各国应在充分发挥自身优势的基础上,增强国家之间的合作与互补,创新性地促进区域经济一体化发展,实现经济共同增长。

（七）发展中国家的作用逐渐突出

北美自由贸易区的发展,以及近年来东盟和亚太经合组织等一体化组织的发展,反映了发达国家与发展中国家之间的经济合作发展日益迅速,也反映了发展中国家在组建区域一体化组织过程中以及推动和加强区域合作方面产生了重要的影响,在推动和加强区域经济合作中的地位与作用大大提升。

三 区域经济一体化模式的经验借鉴

（一）空间上的优势是经济合作组织建立的首要条件

根据国际成功的区域一体化组织的发展历程可以看出,目前发展比较成熟的区域一体化组织在成立之初主要是由地缘相近的国家为了某个共同的利益而组建的。具有地缘优势的区域在政治、经济、文化等方面的相似度较高，具有较高的区域认同度和共同的利益愿望，在组建区域一体化组织过程中所面对的"调整成本"较小，成员国之间也更容易达成协议。从国际贸易角度来看，具有空间优势的国家更容易组建区域内统一的市场，以满足各国贸易的需求。

(二) 成员国在经济上优势互补

成员国对所加入的一体化组织的依赖程度决定了一个组织能否长期、稳定地发展，而这种依赖性反映了各国在经济发展方面具有不同的比较优势。这种优势可以是多方面的，可以是资源优势、科技优势、文化优势等。如果说一些国家在生产某些产品方面具有优势，而另一些国家在其他产品的生产上具有优势，这样各国之间就容易形成自然的国际分工。如果区域一体化组织内各成员国都在这种自然形成的国际分工中占有一定的地位，那么这个区域一体化组织的稳定性就更大。例如，在北美自由贸易区内，墨西哥和加拿大拥有丰富的能源资源，这能够为能源消费大国——美国提供能源保障和支持。而在科技方面，美国拥有世界上先进的科学技术，墨西哥拥有丰富的劳动力资源，美、墨合作对于提升北美地区的制造业水平具有很强的现实意义。

(三) 建立稳定的区域经济合作组织且必须照顾到每个成员国的利益

首先，区域经济合作组织只有在稳定中才能不断发展，才能实现它的功能，才能为区域内的每个成员国服务。其次，每个成员国通过让渡部分国家主权参加区域经济组织的目的是放大本国的利益，如果不能通过建立、加入区域经济组织获利，那么各国就不愿意让渡某种权利。所以说，假设一些国家没有从参加区域经济组织中获得利益，那么该国参加区域组织的积极性就会慢慢降低，直至退出，这样区域经济组织的稳定性就受到了破坏。区域经济组织的稳定性是区域内国家获利的前提条件，同时区域经济组织建立的目标是追求所有成员国利益的共同增长。

(四) 区域一体化的实现需要制度创新

任何一个区域经济一体化组织在发展过程中都会遇到一系列的问题。这就需要相应的机构和制度来解决发展过程中遇到的难题。欧盟之所以能够成功，很重要的一个原因就是欧盟拥有一系列的区域政策、完善的制度和法律体系。目前，欧盟设有欧盟理事会、欧盟委员会、欧洲议会、欧洲法院等机构。除此之外，欧盟还设立了专门的"地区委员会""地区发展委员会"作为针对区域问题的专门机构。欧盟是每个国家让渡出部分权利所组成的超国家性质的区域一体化组织机构。欧盟理事会是欧盟的决策机构,拥有欧洲的绝大部分立法权。欧盟委员会是欧盟的常设执行机构,负责实施欧盟条约和理事会决定、向理事会提出立法动议、监督欧盟法规的实施、代表欧盟负责对外联系和经贸谈判、对外派驻使团。欧洲议会是欧盟的监督和咨询机构,有部分预算决定权,其地位和作用及参与决策的权力正逐步扩大。同时欧盟还有一些区域政策,如欧盟为了促进区域内的合作与发展,缩小区域发展差距,推出了共同农业政策、地区结构政策等。为了保证区域政策的实施,欧盟构筑了区域内协调发展的法律体系。因此,为了区域经济一体化组织的长远发展,应该建立并不断完善和改进区域合作机制,为区域内政治、经济、文化等的发展提供一个良好的大环境。

第二节 两岸经济一体化发展模式及其成效

一 两岸经济一体化模式的演进

两岸经济一体化是指在中国这一主体国家范围内,分处于海峡两岸的大陆和台湾两个不同的关税区域之间进行协作而形成的特殊区域性合作模式,是中国两个不同的经济体系和两个不同的关税区之间的经济整合。随着经济全球化和区域经济一体化的发展,两岸经济联系、生产网络、要素流动日益紧密,贸易依存度也在不断提升,两岸实际上形成的功能性一体化也逐渐积累量变,并寻机谋求转为两岸制度性一体化。

(一)两岸贸易合作模式

两岸加入 WTO 以来,贸易规模不断扩大,发展势头强劲(如图 2-1),同时大陆对台湾贸易逆差也在持续扩大。根据中华人民共和国商务部台港澳司的统计,在 1978~2012 年这 34 年间,台湾与大陆的贸易总额为 14380.3 亿美元。其中,大陆对台湾出口额约为 2739.2 亿美元,而台湾对大陆出口额则达到 11641.1 亿美元,大陆对台湾贸易逆差达 8901.9 亿美元,两岸贸易发展不对称。

产业间贸易和产业内贸易是海峡两岸经济一体化发展的主要途径。20世纪 80 年代至 90 年代,两岸贸易总体上呈现为产业间的贸易,大陆出口到台湾地区的土特产占出口商品的 90% 以上,而台湾地区主要是以轻工类消费品为主体向大陆出口。自 20 世纪 90 年代开始,随着大陆商品竞争力的

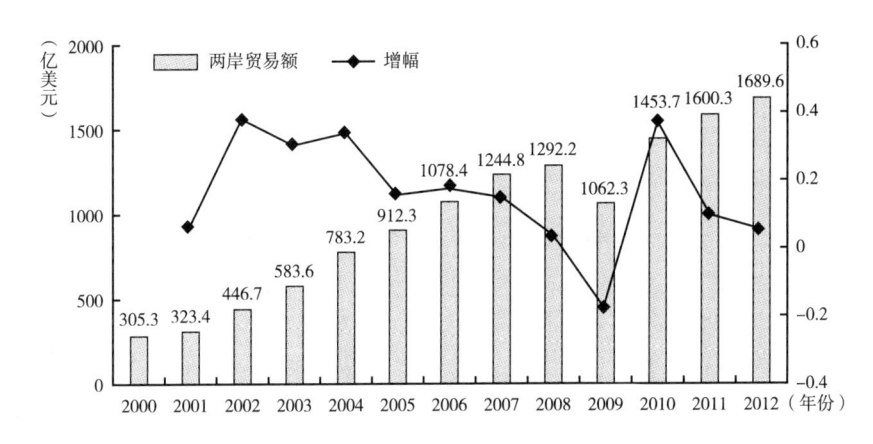

图 2-1 2000~2012 年两岸贸易额

资料来源：中华人民共和国商务部台港澳司。

迅速提高，两岸间的贸易分工开始从垂直分工向水平方向发展，两岸产业内贸易逐渐发展起来，其典型特征主要表现为工业部门的产业内贸易。陈雯、吴琦等人的研究成果表明，两岸产业内贸易水平比较低但增长迅速，特别是第 16 类的机电产品、第 13 类的工艺制品、第 10 类的纸制品、第 6 类的化工产品、第 8 类的毛革制品以及第 11 类的纺织品，产业内贸易特征表现得尤为明显。[①] 这表明两岸之间的技术水平差距逐步缩小，产业分工逐步向纵深方向发展。而据大陆商务部的国别贸易报告显示，至 2008 年，两岸贸易结构已由原来的劳动与资源密集型向资本与技术密集型转变，产业内贸易逐渐发展成为两岸贸易的主体。[②]

（二）两岸产业合作模式

1. 两岸农业合作模式

两岸农业合作大致经历了纯粹的品种引进——→技术引进——→共同开发、研究等三个阶段，合作不断深化。为了更好地推进两岸农业的合作与发展，2005 年开始大陆设立了对台农业合作试验区、台湾农民创业园。

福建省作为海西经济区的重要组成部分，对台优势明显。早在 20 世纪 80 年代，为了推进两岸农业的交流与发展，福建省开辟了一系列岛屿

[①] 陈雯、吴琦：《海峡两岸产业内贸易动态变化特征分析》，《经济地理》2011 年第 5 期。
[②] 中华人民共和国商务部国别贸易报告，http://countryreport.mofcom.gov.cn/record/view110209.asp?news_id=13705，2011-02-09。

和农场作为实验区，小规模种植从台湾引进的先进、优良作物品种。随着大陆对台政策的逐步放开，福建省充分利用对台优势，加快了福州、漳州两个海峡两岸农业合作实验区的建设，合作重点主要聚焦在引进良种、提高加工技术及生产管理水平等方面。目前，漳州海峡两岸农业合作实验区已成为台商到祖国大陆投资农业的首选地，也是目前大陆农业利用台资最多的设区市。截至2013年8月，已累计批办台资农业项目1082个，合同利用台资16.09亿美元，实际利用台资9.22亿美元。[①] 福州海峡两岸农业合作实验区则主导水产、蔬菜、水果、食用菌、畜禽、花卉、林竹等七大榕台优势产业，至2011年7月福州海峡两岸农业合作实验区累计落地农业台资项目483项，合同台资6亿美元，实际利用台资3.9亿美元，注册资本8.1亿美元，拥有规模以上农业台资企业409家。[②] 引进种养及加工技术2000多项，累计引进台湾动植物优良品种达八大类700多种，推广面积达30万亩以上。[③]

为了改善海峡两岸关系，吸引台湾农民到大陆投资创业，促进两岸农业合作与发展，祖国大陆积极探索开辟了两岸农业交流与合作的新渠道、新平台，目前已在福建、广东、海南、山东、江苏等9个省市设立了海峡两岸农业合作实验区，在福建、江苏、浙江、广东、广西、湖北、湖南、云南、四川、安徽、山东、河南、黑龙江和重庆市等省市区建立了29个国家级台湾农民创业园。福建省是两岸农业合作模式最集中的省份。目前，福建已拥有福州、漳州2家国家级对台农业合作实验区，漳浦、漳平、清流、仙游4个国家级台湾农民创业园，并加快了海峡两岸（三明）现代林业合作实验区、厦门台湾水果销售集散中心等的建设。

随着两岸合作的进一步深化，海峡两岸农业合作模式不断创新，出现了"公司＋基地＋农户"等重要合作模式。此外，政府也在积极搭建和设立各种对台综合性服务平台和地方性交流平台，如海峡两岸（宁德）经贸洽谈会、漳台经贸恳谈会等，不仅凸显了海峡两岸农业合作的发展后劲，也展现了两岸同胞携手建设共同家园的广阔空间和前景。

---

① 邱顺南：《漳州市累计批办台资农业项目上千个 占全省近50%》，《闽南日报》2013年10月22日。
② 郑雪：《福州海峡农业合作试验区落地农业台资项目483项》，《福州日报》2013年4月29日。
③ 《福州落地农业台资项目483项 总投资超过8亿美元》，福州农业信息网，2011－06－23。

2. 两岸制造业合作模式

（1）垂直分工型合作模式。这是两岸制造业合作初级阶段的基本模式。这种模式主要是以劳动密集型制造业合作为主，形成这一模式的主要原因是台湾在资金、技术等方面具有优势，而大陆则在土地、劳动力资源等方面具有相对优势。因此，台湾主要发展资本、技术密集型产业，而大陆则以劳动密集型产业为主，通过两岸贸易进行两岸产业的垂直分工。这种发展模式的主要特点就是台湾接单，大陆进行生产或者是台湾负责产业链上游的研发和下游的品牌营销，大陆则主要从事中端的加工制造环节。但自2000年开始，两岸制造业合作的领域逐步由传统的劳动密集型制造业向高新技术产业转变。

（2）园区合作模式。园区合作主要是指大陆政府通过建设不同层次或者具有不同功能的产业园区，投资建设相应的基础设施，出台优惠政策，并为台商提供企业注册、管理培训、人才招聘等综合服务，以完善台商的投资环境。这是目前两岸经济合作的最重要模式。这种合作模式的优点是：一方面，有利于大陆对园区进行规划和集中管理，提高土地的使用率；另一方面，通过建立层次不一的园区以满足台资企业的需要。目前，大陆已经建成了不同层级的产业园区，包括国家级台商投资园区、省（市、县）级台商投资区等。对于园区内的企业，国家给予税收、土地等一系列的优惠措施。为了更好地发挥对台优势，促进两岸制造业的合作，福建省已在马尾、杏林、集美、海沧建设了4个国家级台商投资区。

近年来，两岸合作进一步深化，为了更好地为两岸科技企业提供多样化的服务和交流平台，大陆为新来的台商提供签注办理、交通住宿安排、投资政策指导等一系列服务，福建等地还出现了新型的"官民合作"型园区，如"厦门－台北科技产业联盟"就是由厦门市科技局与台中市电脑商业同业公会于2004年发起成立的。此外，近年来还出现了由台商自主设立的经贸园区，这类园区实行台商自主管理、自主招商和自负盈亏，如福建惠安的绿谷台商高科技产业基地。

（3）企业合作模式。这是企业为了实现资源共享、优势互补等而建立的一种企业间的合作模式，主要是以经济合作为主。目前主要有技术入股型、跨国公司参与型、企业兼并型三种模式。技术入股型模式主要是指台商用资金、机器设备投资，大陆则主要提供土地、人力和厂房等生产要素，进行企业的生产和经营活动，实现两岸资源共享、优势互补。跨国公司参与型模式指跨国公司通过在两岸分别设立研发中心或区域总部,从而实现两岸和国际产业分工合作。企业兼并型模式指实力较强的企业通过兼并其他企业的方式来扩大企业规模,目前两岸企业兼并主要集中在制造业和服务业领域。

二　两岸经济一体化发展成效分析

两岸经济一体化不仅符合当前两岸关系和平发展的主题,而且切中了当前两岸经济关系发展的要害,有助于进一步拓展两岸经济深度合作,开创两岸互利共赢的交流合作新格局,共同应对经济全球化与区域经济一体化的挑战,促进两岸关系和平、稳定发展。

两岸经济一体化是一个动态发展的过程,一体化的效应分为静态效应和动态效应。

(一) 静态效应

两岸经济一体化的静态效应是指经济一体化在某一时点上对两岸的生产、消费和福利及贸易条件的影响,包括贸易创造效应、贸易转移效应以及福利效应。国际经济学的传统理论认为,贸易创造将给成员国带来福利水平的绝对提高,贸易转移则会给成员国带来福利水平的绝对降低。

1. 贸易创造效应

2001 年、2002 年大陆和台湾相继加入 WTO。虽然同属 WTO 的成员,但由于政治原因的干扰,两岸之间的经济贸易交流是在两岸关系非正常化情况下进行的,台湾方面对大陆一直实行"宽出严进"的贸易政策,严格限制大陆产品进口。虽经多次调整,但到目前为止,台湾 8726 项进口产品中,仍有 2000 多项产品未对大陆实施开放措施。① 从大陆方面来看,大陆制定、实施了积极开放的对台优惠政策,对台湾贸易顺差的形成及发展起了较为重要的促进作用。

近年来,两岸经贸往来日益密切,基于两岸资源禀赋条件的互补性与经济结构的差异性,两岸之间贸易依存度不断提高。从图 2-2 可以看出,台湾对大陆的贸易依存度从 1978 年的 0.18% 上升到 2000 年的 9.5%,并进而上升到 2011 年的 33.99%,33 年间台湾对大陆的贸易依存度提高了 187.8 倍,其中既有产业转移与合作的因素,也有大陆单方面全面市场开

---

① 《商务部:望台湾进一步放宽对大陆货物的进口限制》,http://www.huaxia.com,2013-12-24。

放的原因。据王华、唐永红等人的研究，两岸这种经济相互依存关系的形成，有利于扩大两岸之间货物与资金流通的规模，更有利于两岸产业合作关系的不断深化，全面提升两岸面对全球市场的竞争力协同度，形成互利双赢格局。①

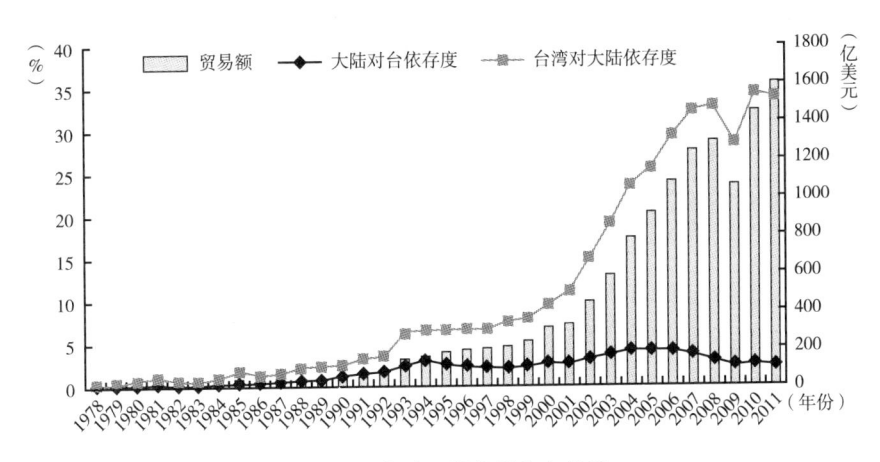

图 2-2　海峡两岸贸易依存关系

资料来源：原始数据来自 *Taiwan Statistical Data Book*、中国商务部台港澳司。

随着两岸经贸关系的快速发展，台商在大陆的投资步伐也在不断加快，投资规模、投资领域、投资区域不断扩大，投资的整体水平也有所提高。但由于长期以来台湾当局对大陆产品的进口以及对台商赴大陆投资采取了一系列限制措施，总体上两岸经贸往来仍然是在非正常化情况下运行的，两岸经贸关系也仍然未走出"间接、单向、民间"的畸形发展格局。当然，我们也应看到，随着ECFA的签署，两岸资源要素的流动将进一步加强，资源配置效率将进一步提升，这将有助于改变长期以来两岸经济交往的不均衡、不对称的格局，进一步加快推进两岸经济一体化合作的进程。

顾国达、陈丽静等人对 ECFA 对两岸贸易的影响进行了研究，研究结果显示，两岸贸易对台湾经济增长具有显著的拉动作用，并且台湾自大陆进口能够"创造需求"，其对台湾经济增长的拉动作用强于台湾对大陆出口对台湾经济增长的拉动作用。台湾自大陆的进口额每增长1%，将使台湾GDP增

---

① 王华、唐永红：《台商投资、两岸贸易与经济增长——对于两岸经济相互依存性的系统度量》，《国际经贸探索》2010年第6期。

长0.53%、消费增长0.27%、投资增长0.34%、对大陆出口增长0.92%。①由此可见，实施ECFA货物贸易早期产品清单有利于扩大两岸货物贸易，进而带动两岸经济尤其是台湾经济更快地增长。

2009年7月，台湾中华经济研究院在《两岸经济合作架构协议之影响评估》中，在假设资本积累合乎台湾现实状况的动态效果下，利用全球贸易分析模型（GTAP）分别对两岸不签署以及签署经济一体化协议对台湾经济造成的影响作了预测，研究结果显示：假设2010年大陆与东盟自由贸易协议生效而台湾商品进入大陆关税不变，台湾GDP将下降0.18%，生产总值将减少24.59亿美元；化学塑胶橡胶业，纺织业，石油、煤制品业，成衣业等产业受影响较大。而在模拟两岸签署ECFA进而实现两岸经济贸易自由化的条件下，台湾GDP将上升1.65%~1.72%，进口总量上升6.95%~7.07%，贸易余额增加17亿美元，社会福利增加77亿美元，就业增加26万人，能够有效促使台湾自主产业发展。②

黄新飞、翟爱梅、李腾等人就两岸市场一体化和完全一体化引致的中国大陆省市区和中国台湾的经济增长潜力进行了研究，研究结果表明：两岸经济一体化发展总体上可以显著地提高两岸经济增长的潜力，其中，台湾地区在市场一体化和完全一体化后经济增长潜力的平均值分别为0.0142和0.0741，分别是大陆28个省市区的5.7倍和2.2倍。研究结果还进一步表明：东部和台湾之间的区域一体化所引致的经济增长潜力最大，福建在海峡经济一体化过程中经济增长潜力高于内地其他省区。③

2. 贸易转移效应

贸易转移效应是指在关税同盟成立之前，关税同盟国从世界上生产效率最高、成本最低的国家进口产品；关税同盟成立后，关税同盟国转而从同盟内生产效率最高的国家进口。21世纪以来，随着大陆与其他国家或地区的区域经济合作的不断加强，两岸经贸合作产生的贸易转移效应已有所显现。据统计，台湾产品在大陆市场的占有率已从2002年的12.9%降为2011年的7.2%与2012年上半年的6.6%，台湾在大陆市场的占有率呈现持续下降的

---

① 顾国达、陈丽静：《ECFA对两岸贸易与台湾经济增长的影响研究——基于联立方程组模型的模拟分析》，《台湾研究集刊》2011年第5期。
② 中华经济研究院：《两岸经济合作架构协议之影响评估》，http:///www.ecfa.org.tw/。
③ 黄新飞、翟爱梅、李腾：《海峡两岸一体化对双边经济增长潜力的影响——基于ASW理论框架的实证检验》，《中国经济问题》2012年第6期。

趋势。与此同时，台湾对大陆及香港的出口依存度也从 2010 年的 41.1% 与 2011 年的 40.2% 降为 38.8%，首次降到 40% 以下。① 而在同期，特别是在 2005 年大陆与东盟签署的货物贸易协议生效后，东盟出口大陆产品占有率超过台湾，且差距逐年扩大。2000 年东盟在大陆市场的占有率为 9.85%，2011 年已上升为 10.34%。2010 年，中国－东盟自由贸易协议正式生效，中国与东盟当年的贸易额达到 2927.8 亿美元，规模增长了近 36 倍，东盟超越日本成为中国大陆第三大贸易伙伴。2011 年，中国成为东盟第一大贸易伙伴。目前，中国与东盟的合作已由单一货物贸易形式扩展到相互投资、服务贸易、交通、能源、信息通信、湄公河开发以及文化、旅游等众多领域。

在区域经济一体化持续加温背景下，台湾产品出口面临着越来越大的竞争压力。因此，加快解决 ECFA 后续协商问题引起了两岸学术界的关注。据廖玫、唐春艳等人的研究显示，两岸如果按照经济一体化的要求取消两岸之间关税和其他限制，简化两岸贸易程序，实现商品流动完全自由化，在 HS 分类下台湾仅第 3、7、10、12、17 类商品会产生净贸易转移，且净贸易转移量大大低于其他类别商品产生的净贸易创造。因此，消除两岸间商品贸易的障碍，实现商品自由流动，能够产生正的贸易创造，是有利于两岸和整个全球贸易的。② 中国社科院台研所研究员王建民也提出两岸应加快推进 ECFA 的后续协商，大范围降税或实施零关税，减少不必要的贸易障碍，创造更多的政策条件与环境，通过广泛的经济合作尤其是产业合作，开创两岸经济与贸易往来的新局面。③

3. 福利效应

成员国加入关税同盟后，其福利效应取决于贸易创造效应与贸易转移效应的博弈，如果贸易创造效应引起的经济福利的增加大于贸易转移效应引起的经济福利的损失，那么社会总福利为正，成员国的经济福利水平提高；反之，则社会总福利为负，成员国经济福利水平下降。

随着两岸经济一体化的日益加强，两岸经济合则两利，通则双赢。顾国达等（2011）利用 IS－LM 分析框架分析两岸贸易对台湾经济增长的影响，

---

① 《两岸经贸 2012 年现三大趋势》，http://www.taihainet.com/news/twnews/bilate，2012－12－24。
② 廖玫、唐春艳：《台湾"两岸共同市场"制度构想的经济效应分析》，《价格月刊》2010 年第 6 期。
③ 王建民：《两岸贸易负增长需引起足够重视》，http://www.chinanews.com，2012－08－30。

并估算两岸直航带来的贸易流量对台湾经济增长的福利效应,研究结果表明:两岸直航使2008年台湾GDP增加120.9亿美元,税收增加11.85亿美元,货币需求扩张278.55亿美元,创造就业9.67万个岗位,工资上浮784.5新台币/月。①

(二) 动态效应

两岸经济一体化的动态效应主要是指两岸不仅要采取降低关税或取消配额限制等促进贸易的措施,还应通过实施更深入更广泛的措施促进两岸市场一体化进而推进市场结构的变化,这种效应会随着时间的推移以及两岸经济一体化的发展逐渐凸显出来。从目前两岸经济贸易往来的实际情况来看,两岸经济一体化的动态效应主要有规模经济效应、竞争效应以及资源配置效应。

1. 规模经济效应

规模经济效应指由于企业生产规模的扩大而导致企业成本下降所带来的好处。根据实践经验,如果一经济体内部市场狭小或严重依赖对外贸易,在实现经济一体化后,企业可以获得更大的市场,而市场规模的扩大促进了企业规模的扩大,从而使企业获得规模经济带来的好处。在两岸不断推进经济一体化进程中,最直观的就是规模经济效应的形成。2012年中国大陆GDP接近52万亿元,经济发展和人们消费水平的不断上升使得中国大陆的市场规模越来越大。对于台湾地区厂商来说,可以充分利用大陆巨大的市场,实现企业的迅速扩张和可持续发展。大陆企业可以借助台湾地区这一市场平台提升竞争力,更好地参与世界市场的竞争。因此,无论是从大陆还是台湾的角度考虑,两岸经济一体化都将引致巨大的规模经济效应,从而推动两岸经济持续稳定发展。据李秋正、黄文军的研究,台商投资对台湾经济发展的影响是显著的,台商在大陆的投资每增长1%,将会带来0.045%的GDP增长;台商投资对大陆经济增长具有一定的负面影响,台商在大陆每增长1%的投资,大陆GDP将会降低0.035%左右。②

2. 竞争效应与资源配置效应

两岸经济一体化进程中不仅有静态效应和动态效应,还会产生一连串

---

① 顾国达、陈丽静、史巍:《两岸贸易与台湾经济增长》,http://www.wenku.baidu.com,2011-09-30。

② 李秋正、黄文军:《论两岸经济一体化对大陆和台湾地区经济增长的影响》,《现代财经》2011年第5期。

的其他效应。首先，两岸经济一体化合作能够充分发挥两岸资源优势，台湾可以充分发挥其在资本、技术等方面的优势，同时大陆也可以发挥市场、劳动力等优势，在合作过程中不断优化资源配置和提高使用效率。对整个社会而言，这种由于要素配置优化所引发的良性竞争将导致福利的增加。其次，两岸经济一体化的实施能够降低交易成本。随着两岸制度性一体化的构建，因交易成本降低所带来的整个社会福利的提升是巨大的。最后，两岸经济一体化的实现也将有利于两岸在区域发展中发挥更大的作用和影响力。

据中华人民共和国商务部统计，截至2011年底，台商投资大陆85772项（不含经第三地的转投资），大陆实际利用台资达542亿美元；据台湾"投资审查委员会"的统计，1952年1月至2011年，台湾累计核准对大陆投资39572项，投资金额1116.98亿美元，而对陆资入台2009年6月底才开始有限地开放。据台湾"投资审查委员会"统计，至2011年底，累计核准陆资入台投资204项，合计1.76亿美元。

从资源互补、优化配置的角度来说，两岸经济一体化条件下，两岸市场相互开放，提高了市场的透明度，资本、技术以及劳动力等生产要素可以在两岸自由流动，无论是台商在大陆投资经营，还是陆资入台，均可充分利用两岸经济及资源互补的优势，使产品返销投资输出方或销往第三地市场，带动两岸及两岸与其他地区贸易的发展，从而提高两岸资源配置的效率，提升两岸的国际市场竞争力。

第三节 ECFA签署后两岸经济合作模式的调整与创新

一 ECFA的签署及取得的初步成效分析

（一）ECFA的签署在台湾地区取得的成效

1. 推动台湾经济发展，增加就业

2008年全球经济危机是以美国的次贷危机为导火线，逐步延伸到世界各地的。因此，与美国经济交往密切的台湾地区也就难以避免，成为经济危机祸及的重灾区。相比较而言，大陆具有较大的经济独立性，迅速的政策调整使得经济危机对大陆的危害降到最小，并且很快走出经济危机的阴霾，并展现出巨大的活力和市场潜力。对于台湾而言，祖国大陆市场变得更具有吸引力。2010年6月，ECFA的签订改变了过去台湾对大陆单向投资为主的传统模式，是两岸经济合作深入发展的重要标志。ECFA以两岸商品、服务为主要依托，通过关税政策和投资政策的调整，使得两岸经济进一步整合。这不仅为近几年台湾萎靡不振的经济注入新的动力，促进了台湾经济的发展，而且可以提供更多的就业机会，保证台湾地区稳定。如大陆对台将逐步实施500多项产品零关税并开放数十项服务市场，这将有效增加台湾产品对大陆的出口以及台商对大陆的投资，从而在一定程度上拉动岛内的投资与需求，促进相关产业及总体经济的发展，带动就业。据台湾远景基金会公布的ECFA对未来台湾经济影响的研究报告预测，由于ECFA的签订，台湾经济有望增加1.8个百分点，台湾就业人口可望增加25.7万至26.3万人。据岛内有关机构测算，台湾从ECFA获得的整体经济效益包括GDP增长1.65%~1.72%。毫无疑问，对于当前持续低迷甚至负增长的台湾经济而言，ECFA就是一剂高效的"强心针"。

2. 改善台湾的产业结构，提高产业竞争力

大陆和台湾在经济发展上均属于出口导向型，美国、日本为其共同的出口市场。在金融危机背景下，贸易保护主义抬头明显，特别是为了促进就业，西方国家大量回笼资金，这对出口拉动型的两岸经济产生了巨大的冲击，以往"台湾接单→日本进口→大陆生产→欧美销售"的贸易分工模式已经难以继续下去，两岸必须寻找新的经济发展出路。在"十二五"规划中，大陆提出将经济发展由出口拉动为主的局面转变成为消费、投资、出口协调拉动的经济增长新局面。伴随ECFA"早期收获计划"（Early Harvest Program）的实施，台湾塑胶、化工、机械、纺织、煤制品及钢铁等产业可以立即受惠，有助于台商抢占祖国大陆内需市场，提高台湾商品在祖国大陆市场的占有率。2009年6月，台湾方面宣布开放陆资入台。开放有利于大陆的产品和资本进入台湾市场，一方面将会淘汰一些缺乏竞争力的传统产业，另一方面将加强对有潜力产业的经济扶植，非常有利于台湾经济结构的转型。特别是进行战略新兴产业的合作，提出产业合作不仅仅是"量"的提高，更要追求"质"的飞跃。台湾借此机会提出六大关键性的新兴产业，包括绿色能源、精致农业、生物科技、医疗照护、文化创意等，这不仅在较大程度上调整了台湾传统的产业结构，而且也迎合了大陆"十二五"规划提出的产业政策，与大陆的产业形成较大的互补性，最终形成优质的产业核心竞争力，实现了两岸产业的完美合作。

3. 推动台湾融入东亚经济圈，使台湾免于边缘化

由于种种原因，台湾与大陆在经贸关系上一直停滞不前；随着东亚区域经济整合的逐渐形成，台湾经济被边缘化的情形越来越严峻。自2010年以来，东盟与大陆绝大部分产品互免关税，而台湾仍保持5%~15%的关税。相比东盟而言，台湾产品在大陆市场失去了其价格竞争优势。随着东亚区域经济一体化进程的加快，相对较高的关税率给台湾部分产业（例如纺织、石化、机械、汽车零配件）带来巨大的冲击。显然，两岸签署ECFA，无异于为台湾提供了一张加入东亚经济圈的"入场券"，提高了台湾产品在大陆市场的竞争力，有利于抢占大陆市场。未来，在WTO框架和ECFA的前提下，台湾地区更有望与美国、日本、欧洲等主要经济体协商签署自由贸易协定，进一步扩展其全球经贸空间，极大降低了台湾被边缘化的可能性。

4. 改善台湾的贸易环境，将台湾打造成为亚洲经贸集散地

虽然大陆与台湾近年来关系有所好转，但两岸经贸关系仍存在诸多限制。东盟的逐步形成更对台湾经贸发展带来巨大的压力，使得台湾资源、区位受到较大的限制。据有关信息显示，在亚太地区136个主要国际机场的客运量中，台湾桃园和高雄机场都出现较大的退步，并呈现被孤立的局面。ECFA的签订对台湾而言，不仅实现了两岸经贸关系的正常化，而且为台湾融入东亚经济圈提供了一个机遇，有利于台湾提升自己在国际经济环境中的地位。台湾也必能凭借人力资源、市场环境和地理优势，吸引世界知名企业进入台湾，特别是随着中国大陆成为全球制造和最大消费市场，台湾这一战略地位优势更加明显，为台湾在世界经济格局中的定位找到新的突破口。ECFA的签订使台湾成为连接大陆和世界经济的纽带，各国企业将以台湾地区为跳板进军中国大陆市场，台湾地区也最终发展成为亚洲经贸的集散地。

5. 加强了两岸的交流，增进了政治互信

一直以来，随着台湾政权的更迭，大陆与台湾的关系极其不稳定，任何涉及经济上的合作总是被打上政治印记，两岸缺少严格意义上的交流，更谈不上合作。ECFA的签订是两岸关系的一大跨越，通过大陆企业的在台经营，直接促进两岸人民的经济、文化交往，两岸合作空间进一步扩大，两岸的互利双赢得以真正实现。ECFA以"一个中国"原则为内在要求。两岸经济合作机制的运行与发展不是宣示立场的政治戏码，而是务实解决两岸经济合作中的问题，切实为两岸同胞谋福利，彰显中国人解决自己问题的民族理性和政治智慧，两岸经济交流的深化将进一步推动政治上的互信。

（二）ECFA 的签署在大陆地区取得的成效

1. 两岸经贸合作进一步加强

ECFA 签订以后，两岸之间的贸易障碍进一步消除，两岸经贸合作进一步加强，这对于改善两岸贸易条件，增加大陆经济收益将起到正面的推动作用。首先是制造业方面。从台湾方面承诺的减税货物项目来看，从 2011 年初开始，部分大陆制造业，包括 42 项石化产品、69 项机械产品、22 项纺织产品、17 项运输工具以及 117 项其他制造业产品将获得入台的关税减免优惠，这有助于提高大陆上述产品的市场价格竞争力，增加产品的出口，创造更多的外汇收入。其次是服务业方面。从服务业承诺清单看，大陆将有 9 个服务类产业进入台湾市场，如研发服务业、银行业、电影业等，这些行业的开放将增加大陆第三产业的创收。

2. 有利于大陆吸引更多的投资，增加就业岗位

改革开放以来，祖国大陆虽然在吸引和利用外资方面有了很大的发展，但是国内投资和有效需求的不足仍是制约经济发展的一大障碍。在 ECFA 签订以后，大陆能够吸引更多的台资促进经济发展。从目前台商投资的趋势来看，服务业投资已位居榜首。因此，台资的注入不仅有利于大陆社会主义建设和经济的发展，而且能够为大陆提供更多的就业岗位，提高大陆就业率。此外，台资使得大陆员工能够与世界先进的经营理念和管理方式接轨，有利于整体提高员工的工作效率和素质，提高劳动生产效率。

3. 有利于促进大陆产业的转型升级

按照资源禀赋理论来看，大陆有些传统产业竞争力优于台湾地区，特别是在劳动密集型产业，如电子电器产品、食品和成衣等。但是随着大陆劳动力成本的上升，这种比较优势在国际上正在逐步减弱。因此，台资企业不仅给大陆带来了先进的机器设备，也带来了很多无形的先进技术知识和管理方法，将大大推动大陆传统产业的转型升级。除此之外，台湾在服务和研发产业也一直领先于大陆。因此，ECFA 的签订有助于推动大陆资源的有效整合，并进一步开拓内部市场，促进大陆新兴产业和服务业的发展，这将进一步促进大陆产业结构的调整。

4. 进一步强化大陆在东亚的地位

随着中国－东盟自由贸易区的建立，东亚地区的贸易格局逐步改变，中国在东亚的中心地位也在进一步凸显。中国对外贸易的成功不仅展现了东亚区域经济一体化的成绩，也弥补了其他东亚国家在世界贸易中的不足。此

外，内地与香港、澳门早期已签订了更紧密经贸关系安排，并且取得了理想的成果。在ECFA签订后，台湾将会享受到和香港、澳门一样的待遇，有利于促进两岸、澳门、香港的贸易发展和经济增长，推动中国成为东亚地区的经贸大国和强国。

二 ECFA签署后两岸经济合作模式创新的机遇与动力分析

（一）大陆"十二五"规划带来新的合作机遇

从目前的经济形势来看，两岸经济合作模式创新的最大契机就是"十二五"规划带来的发展机遇和广阔的市场空间。按照"十二五"规划的要求，转变经济发展方式是两岸经济合作最重要的工作目标，其中重中之重就是积极推动产业结构的转型升级。整个经济转变过程包括消费市场的拓展、服务业和战略新兴产业的发展、收入分配制度的调整以及区域的均衡发展等，最终达到"包容性增长"和"民富"的目的。这种转型方式对于两岸经济合作模式提出了新的要求，给经济发展注入了新的动力。此外，随着大陆新型城镇化、工业化、国际化的一步步推进，大陆市场展现出来的蓬勃生机将为台湾创造更多的商机，这会进一步推进两岸合作模式的不断契合和发展。

（二）两岸合作模式创新的深层心理推动力

两岸共享的文化传统和价值观念是两岸合作模式创新的深层心理推动力。任何发展模式都是人们通过不断的探索和努力形成的，是人们文化传统和价值观念在经济发展上的反映和折射。但是由于人们的知识、文化和价值随着社会的进步在不断修正和发展，经济合作模式也不是静态的、一成不变的，而是动态的、不断向前推进的学习和认知过程。知识构成促成了人们对现实情况的认知，并通过行为传达出事物之间的因果关系、方式手段和行为结果等相关信息；价值观念形成人们在行动中的利益取向、利益选择、平衡利益的方式和相应的手段，并进一步决定模式的形成和改变。人们对两岸经济合作这一领域的认识以及所展现出来的主观价值取向，既是人们对两岸历史、文化知识不断充实的反映，也是对两岸经济合作所展现出来的利益和价值的一种衡量。因而，ECFA下两岸经济合作模式能否取得实质性进展，能否进一步创新，文化传统和价值观念一直起着决定性的推动作用。

（三）外需与内需"双轮驱动"将成为两岸经济合作模式创新的主要动力

ECFA的提出有其现实背景，随着金融危机的蔓延，两岸经济都受到一定的影响。大陆需要转变经济发展模式,通过协调出口、投资、消费三者之间的比例来缓解单纯依靠出口带来的影响。台湾长期实行出口导向型经济,更需要开拓新的市场,而大陆广阔的市场是其最佳选择。两岸合作是内外需求推动下经济发展的必然结果,而 EFCA 下两岸合作要充分考虑现实的需求,深入分析两岸经济发展中存在的问题,推动两岸经济合作模式的不断创新。

(四) 产业结构要求两岸经济合作模式不断创新

长期以来,两岸经贸以"台湾接单→日本进口→大陆生产→欧美销售"的传统模式为主。随着区域经济一体化的不断推进,特别是东亚经济圈的形成,台湾产业面临被边缘化的危险;而大陆一直以劳动密集型产业为主要的优势,但是随着社会的发展,中国廉价的劳动力在国际市场上的比较优势逐渐消失,很多地方出现了更低廉的劳动力市场,这对两岸的产业结构和产业合作模式提出了挑战。两岸产业特别是新兴产业战略合作是两岸经济合作的生命线,两岸合作不仅要有"量"的提高,更要有"质"的飞跃。要打破传统,积极推动两岸产业结构的升级,促进两岸产业形成更加密切、优势互补的分工合作关系。

(五) 抓住"走出去"战略机遇,进一步深化"对外开放"战略

新的国际背景和经济发展阶段赋予了"走出去"战略新的内涵,建立和深化两岸企业战略伙伴关系也是题中应有之义。首先,两岸企业应建立广泛、深入的战略伙伴关系,实现两岸资源的有效整合和产业的优势互补,推进传统产业高值化、高新技术产业品牌化,走出中国,走向世界,赚世界的钱。其次,EFCA 在投资方面提出了新的要求,两岸将有效整合资金,降低双方投资金额,分担金融风险,从而为创新两岸经济"共荣"模式开拓思路。

三 后 ECFA 时期台湾参与平潭两岸共同家园建设的模式创新

(一) 两岸合作模式探究

随着对外开放政策的实行,关于海峡两岸经贸合作关系的提议层出不穷,如"中国人共同体""中国圈""华人共同市场"之类的概念和构想等。林邦充、郑竹园等分别提出建设"大中华共同市场"和"亚洲华人共同市场"的构想,魏萼提出在大陆设置"小台北""小台湾"等类似台湾经济特区或实验特区的构想,陈忆村、李家泉以及崔殿超等也分别提出建立

"中国经济圈"和"大中国"的主张,萧万长提出"两岸共同市场"的说法,这些提案均引起较为广泛的讨论。

1. 林邦充认为,两岸经济合作要按部就班,第一步实现间接通商,第二步实现直接通商,第三步建设包括台湾地区、大陆、香港地区、新加坡在内的共同市场,最后建立"中华联邦"(1988年1月6日)。郑竹园主张按照欧共体的模式,由大陆、香港地区、台湾地区、新加坡组建"大中华共同市场",不过必须遵循以下几项原则:(1)各成员维持原有政治经济体制,不相统属;(2)共同市场求经济上的互助,不求政治上的统一,政治统一为未来的目标;(3)总部设在香港地区或新加坡;(4)共同市场可减少贸易限制,提供优惠贷款,但不包括资金与劳动力的直接交流;(5)成员有自由退出的权利(1988年6月9日)。高希均虽明确指出现阶段成立"亚洲华人共同市场"有困难,但是对于此一凝聚华人力量的构想也表示极力支持(1988年10月15日)。

2. 淡江大学教授魏萼提出建设"小台湾""小台北"的主张(1988年3月4日)。魏萼认为,闽南地区与台湾地区存在较为密切的地缘关系,在经济、文化方面存在较大的相似性。因此,在发展与台湾经济关系的提案上,应该在闽南地区规划一个"小台湾",进行经济合作的局部试点,资金来源以台湾地区人士为主。除此之外,魏萼也建议,除了闽南地区的"小台湾"试点以外,政府应该在长三角地区设立"小台北"特区,以台湾、香港等地区的江浙人出资为主。依据魏萼的构想,上述试点和特区必须是非军事区和政治区,完全按照台湾经济发展模式运行。因此,在形式上突破了条条框框的限制,力求实现政策方面的自由化和国际化。

3. 中国社会科学院台湾研究所前所长陈忆村主张建设"中国经济圈"(1988年8月下旬)。他认为由于大陆、台湾、香港在经济上存在互补性,在将来两岸实现直接交流之后,通过内、外两种循环形成一个经济圈。内循环是结合大陆的自然资源、劳动力、市场,以及台湾、香港的资金、技术和管理经验,建立产供销体系。外循环是指圈内三个地区经济一方面继续自主地参与既有的国际分工与合作,另一方面发挥三方面合作的对外优势。1989年1月,该所副所长李家泉撰文呼应陈忆村的提议,认为"一国两制"不完全适用于台湾。因此,应建立包括大陆、台湾和港澳在内的"中国经济圈"以实现两岸经济一体化进而实现政治的统一。接着,黑龙江大学教授崔殿超提出"大中国"的构想(1989年1月21日)。他认为"大中国"的构想包含三个阶段：第一阶段为调整期（1989~1997年），关键在于大陆政经体制的调整；第二阶段为建立"大中国经济共同体"（1997~2027年），经济共同体的主要组织形式为建立关税同盟、资本自由流动，以及发行"大中国"货币；第三阶段则实现祖国统一（2027年以后）。

4. 萧万长认为"两岸共同市场"的推动是一项长远目标，必须分三阶段逐步推进。（1）正常化：借由两岸加入WTO的契机，使两岸经贸关系正常化与制度化，把握双方进入"两岸共同市场"第一阶段的里程碑；（2）自由贸易区：借由经贸整合，排除关税与非关税的障碍，进一步把可以合作的项目包含进来，彼此之间人员、商品、信息、技术、服务可自由流通，逐步走向"大中华自由贸易区"；（3）"两岸共同市场"的建立。

5. 现阶段，两岸经济合作构建的主要任务是在现行的合作模式下，规划好未来两岸经济合作的发展方向和目标。在国家实现和平统一之前，两岸经济合作模式的重要任务是两岸经济合作的不断完善、发展和升级。其中可以将这一过程分为两个主要阶段：第一阶段是在较低层次的经济合作模式下，即在现在已经推行的两岸经济合作框架下，实现两岸经济的双向交流与合作，形成具有特色的两岸自由贸易区，并且为后一阶段创造成熟的条件；第二阶段是在较高层次的经济合作模式下，在已有的成熟条件下建立两岸经济共同体。在祖国和平统一之后，建立两岸经济联盟这一高层次经济合作模式，实现两岸经济、政策的统一和协调发展。

（二）两岸联合开发的平潭模式

两岸关系不同于中国与东盟国家的关系，也不完全等同于内地与香港、澳门等的关系，因此，在确定两岸经济合作模式时，不能一味遵循区域经济一体化合作的形式，必须针对两岸的特殊性加以创新。首先，两岸经济合作模式创新不能忽视两岸经济主体的差异性，必须有效把握两个地区经济主体的特点，重点是企业、产业特色，然后有针对性地、循序渐进地进行创新性合作。其次，在经济合作的过程中，对于可能存在的障碍要具备一定的预见性。这里所说的障碍包括经济、文化和政治等多方面，特别是制度方面的障碍。因为在台湾当局制定对大陆的经贸政策过程中，经济利益和"国家安全"两个相互冲突的因素一直起着重要作用。而如何用经济合作来推进两岸的政治交流并逐步建立政治互信，一直是海内外关切的重要课题。

ECFA的签订本身就是一场没有政治概念的政治较量。从签订的初始，台湾当局就对 ECFA 进行"政治定调",一方面坚持协议中必须排除"一个中国"原则与"一国两制"等政治概念的相关字眼,也就是说该协议大陆必须只谈经济主张,不谈任何政治主张;另一方面台湾当局又重点强调协议中必须尽力维护"台湾主权"与"台湾主体性",这在一定程度上又打上了政治的印记。这一切都反映出,致力于两岸经济一体化发展的 ECFA 的签订是建立在两岸政治互信还不够牢固、两岸法理还处于"对立"状态、政治对话与政治协议都还不够明确的基础之上的。显然,ECFA 的政治基础仍不牢靠,未来 ECFA 的后续发展将在很大程度上受制于两岸政治关系的变化与发展,因而充满变数。

结合两岸关系和经济发展的特殊性,在推动单一部门一体化向整个经济一体化的发展过程中,逐步实现两岸经济由低到高的整合路线,即两岸特惠关税区→两岸自由贸易区→两岸经济共同体。届时,两岸贸易、投资、人员实现高水平的交流与合作,经济达到高度融合。两岸经济共同体的建设路径不同于东盟合作路径(政治合作→经济整合→政治整合),也不完全等同于欧盟模式(经济整合→政治整合),而是在两者的基础上探索具有海峡两岸特色的发展模式与路径,是一个国家内部未统一之前两个经济区和关税区之间的经济一体化过程。从未来中国经济整合的长远发展来看,在两岸经济共同体建设过程中,可逐步吸收香港、澳门加入,最终形成包括大陆、台湾、香港与澳门在内的中华经济共同体。

第三章
两岸共同家园建构的理论考察

第一节 区域和区域经济一体化

随着经济全球化的不断深化，全球经济日益成为一个不可分割的整体，国家与国家之间的联系日益密切，区域与区域之间的合作越来越紧密。但是由于区域之间存在着各种阻碍合作的因素，因此建立和完善区域之间的市场机制并实现社会福利的最大化，必须要打破现有的经济发展模式，以实现区域经济一体化发展。从20世纪90年代至今，区域经济一体化组织如雨后春笋般在全球涌现，形成了一股强劲的新浪潮。这股新浪潮推进之迅速、合作之深入、内容之广泛、机制之灵活、形式之多样，都是前所未有的。21世纪以来区域经济一体化的浪潮不仅反映了经济全球化深入发展的新特点，而且反映了世界多极化曲折发展的新趋势。

一 区域经济一体化的提出

（一）区域的概念界定

对于"区域"，经济学、地理学、社会学、政治学等不同领域的学者都有各自不同的回答。一般而言，区域具有自然属性和社会属性。就其自然属性而言，是指在一定的地理空间内，通过内部组成的连续性与均质性等自然地理特征进行划分，区域内部表现出明显的相似性，而区域之间则具有显著的差异性。如美国地理学家哈特向（R. Hartshorne）认为，"一个'区域'是一个具有具体位置的地区，在某种方式上与其他地区有差别，并限于这个差别所延伸的范围之内"。有关区域社会属性的定义更是众说纷纭，有学者以行政单元作为规范，有学者则以人类群落进行划分，等等。而美国经济学家弗里茨·马克鲁普（Maehlup Fritz）则将其解释为主权国家或其内部的各地区，这种观点在学术界达成共识。

经济学中关于"区域"的概念迄今尚未有明确的定论，目前为国内学者所广泛认同的概念界定来自埃德加·胡佛，他认为"区域是基于描述、分析、管理、计划或制定政策等目的而作为一个应用性整体加以考虑的一片地区，它可以按照内部的同质性或功能一体化原则划分"。胡佛的这种提法概括出了区域的内涵，不仅适用于经济领域，还可以扩大化地应用于整个社会领域，甚至可将其自然属性也囊括入内。这一定义在不忽视区域最突出的"同质性"和"一体化"特征的基础上，给予了充分的"随意性"，使这一概念的界定不至于受局限。

（二）一体化的概念界定

"一体化"（Integration）一词来源于拉丁文"integratio"，原为"更新""修复"之意。根据《牛津英语大词典》的解释，"一体化"含有"将各部分结合成一个整体"的意思。"一体化"的过程既涉及国家间的经济，亦涉及整个社会的政治、法律、文化等其他方面，是一个全面互动的过程。

"一体化"涉及面广，不仅被生态学家经常使用，而且其性质也被进化论学者阐释为"通过部分的结合所出现的全部新的性质"。同时，在企业中，它亦被广泛地应用，如物流一体化、产运销一体化、横向一体化、纵向一体化，等等。1931年，"一体化"一词最早用于经济意义上，瑞典经济学家埃利·F. 赫克歇尔在其所著的《重商主义》一书中，提出"经济一体化"就是"将各个独立的经济体结合成为一个更大的经济区域"。但需要说明的是，直至1953年，在国际经济学中仍未直接出现"经济一体化"一词。

（三）区域经济一体化的概念界定

关于区域经济一体化的定义，国内外经济学家都有着各不相同的表述。其代表性观点主要有以下几种。

1. 政府作为经济一体化中不可缺少的主体的观点

经济一体化概念最早是由荷兰经济学家丁伯根（Tinbergen）在1954年提出来的。丁伯根认为经济一体化就是通过相互协调与统一，消除阻碍经济有效运行的行为因素，建立最适宜的国际经济结构。丁伯根在其经济一体化的概念界定中，特别强调了政府在经济一体化中的作用。他在分析生产要素流动性与政府机构之间关系的基础上，将经济一体化区分为"消极一体化"和"积极一体化"两个部分。他认为，"消极一体化"就是消除歧视和管制制度，引入经济变量自由化；而"积极一体化"则是运用强制力量改造现状以求制定一种新的自由化政策和制度。

1968 年，约翰·平德（John Pinder）参照《简明牛津词典》的解释，对经济一体化进行了界定：一体化是将各个部分合并成为一个整体，并区分了"消极一体化"和"积极一体化"两个概念。他认为"消极一体化"就是取消消极贸易歧视，"积极一体化"则是形成和运用协调的、共同的政策以实现除取消差别待遇以外的经济和福利目标。尽管丁伯根和平德分别是以政府的行为和目标为划分标准，但他们均承认政府机构在经济一体化过程中具有不可或缺的地位。

2. 经济一体化既是一个"过程"又是一种"状态"的观点

1961 年，美国经济学家巴拉萨（Balassa）提出来的经济一体化既是一个"过程"又是一种"状态"的观点，目前被学术界普遍接受和广泛引用。巴拉萨在丁伯根关于经济一体化概念界定的基础之上，提出："我们建议将经济一体化定义为既是一个过程（a process），又是一种状态（a state of affairs）。就过程而言，它包括消除各国经济单位之间差别待遇的措施；就状态而言，它表现为各国经济之间各种形式的差别待遇的消失。"他认为，经济一体化就是指产品和要素的移动不受到政府的任何歧视和限制。但巴拉萨关于经济一体化的定义主要是从行为或手段的角度来描述经济一体化的，并没有指出经济一体化的目的或效果是什么。

3. 以"目的"定义一体化的观点

1961 年保罗·斯特里坦（Paul Streeten）认为："一体化不应该按手段（自由贸易、统一市场、可兑换性、自由化等）来定义，而应该定义为目的——平等、自由、繁荣。"

4. 以"手段"定义经济一体化的观点

与斯特里坦相反，彼得·罗伯逊（Peter Robson）则将经济一体化看做一种手段，他认为经济一体化就是在体制上使各独立的国民经济单位组合成更大规模的经济集团或共同体。而且，罗伯逊还特别强调区域经济一体化应具备以下三个方面的特征：①在某种条件下，成员国之间歧视的消失；②维持对非成员国的歧视；③成员国之间在企图拥有持久的共同特征和限制经济政策工具的单边使用上有一致的结论。

在国内，近年来学术界对区域经济一体化问题的研究日渐增多。其中，关于经济一体化的概念界定以伍贻康和周建平教授的阐述较具代表性。他们认为，经济一体化是"两个或两个以上国家的产品和生产要素可以无阻碍地流动并实现经济政策的协调，一体化程度的高低是以产品和生产要素自由流动的差别或范围大小来衡量的，从而区域性国际经济一体化组织也有不同的形式"。

从上述经济学家给出的定义来看，区域经济一体化的实质就是生产要素不断趋向自由流动的一个动态化的过程，在这一过程的每一个阶段，则表现为具体的生产要素流动程度的一种状态。综上，笔者认为区域经济一体化是地缘相邻或相近的国家或地区集团，为实现资源最优配置及利益最大化的目标，通过一系列的制度安排和制度创新组合成为更大规模的经济集团或共同体，其发展是一个动态的过程，不断从低级向高级发展。

二 区域经济一体化的组织形式

（一）按照经济上结合程度的不同区分

1. 优惠贸易安排（Preferential Trade Arrangements，PTA）

即在实行优惠贸易安排的成员国（关税区）之间，通过协议或其他形式对全部商品或部分商品规定较为特别的关税优惠或非关税方面的优惠。它作为经济一体化中最松散且最低级的组织形式，仅仅是对一体化前成员间的贸易壁垒有所削减，因此，从严格意义上来说，这是区域经济一体化组织形式中消极且不完善的一种。

2. 自由贸易区（Free Trade Areas，FTA）

是指各成员体之间相互取消关税和非关税壁垒，但仍保留对非成员体的贸易政策，从而建立起来的区域经济一体化组织。北美自由贸易区即为此种形态的典型。不过，这种组织形式不仅尚未消除区内生产要素自由流动的障碍，而且区内区外的差别待遇也容易造成竞争优势的扭曲。

3. 关税同盟（Customs Union，CU）

作为比自由贸易区更高一级的经济一体化组织，它在取消区内成员体间的贸易壁垒的基础上，对外实行统一的关税或其他贸易措施。关税同盟虽然解决了成员体之间商品自由流动的问题，但各国国内的限制措施成为横亘在各国贸易间的障碍。

4. 共同市场（Common Market，CM）

是成员体在实现关税同盟各项要求的基础上进一步发展的一体化组织形式，在共同市场内，劳动、资本等生产要素实现了自由流动，与此同时，成员国间的货币制度、技术标准、汇率波动范围、金融市场管理法规等方面也进一步统一。位于区域内的厂商可以充分利用资源优势最大限度地满足生产需要，区内区外的差别待遇被进一步拉大。1967年成立的欧洲共同体就是共同市场的典型之一。

5. 经济同盟（Economic Union，EU）

是指实行共同的对外关税，实现商品、要素的自由流动，并在财政政策、货币政策以及其他经济政策方面达成进一步的协调统一，使一体化程度进一步深化，甚至延伸到整个国民经济的更高层次的区域经济一体化组织形式。

6. 完全经济一体化（Complete Economic Integration，CEI）

是区域经济一体化的最高形态，目前世界上尚未有能够达到此等高度的区域经济一体化组织。完全经济一体化在经济同盟的基础上更具统一性，换言之，这个时候的国家经济边界完全消除，超国家机构得以建立并拥有权力在区内推行一致的经济政策，进一步实现政治制度和法律制度等方面的协调乃至统一。

（二）按经济一体化的范围划分

1. 部门一体化（Sectoral Integration）

是指成员国间就一种或几种产业（或商品）形成内部市场，或是达成共同的经济联合协定。例如，1952年成立的欧洲煤钢共同体和1958年成立的欧洲原子能共同体均属于部门一体化的形式。欧洲煤钢共同体通过建立共同市场，逐步取消成员体间煤钢类产品的进出口关税和限额，并建立起超国家性质的"协调机构"对共同体内的国家、企业和个人进行约束，负责调节各成员国的煤钢生产、规范价格、控制投资、协调原料分配，以及企业兴办和合并等。

2. 全盘一体化（Overall Integration）

是指使区域内各个成员国所有的经济部门一体化的一种形态，它和部门经济一体化的差别在于：一体化的范围发生了变化，即从单个或几个部门扩大到了所有的部门。因此，从某种意义上来看，全盘一体化是部门一体化的延伸。欧洲经济共同体及其后的欧盟就是全盘一体化的典型。

（三）按参加国的经济发展水平划分

1. 水平一体化（Horizontal Integration）

即经济发展水平相同或相近的国家所形成的经济一体化形态，主要包括以下两类。

（1）发达国家间组建的区域经济一体化组织，可称为"北-北"型经济一体化组织。具有相似价值观念、政治体制和文化传统的各发达成员体在生产国际化基础上建立起区域经济一体化组织，成员体之间的生产力水平、分工水平、货币市场发展程度、经济运行机制等均处于较高的层次上。典型的例子有1958年成立的欧洲经济共同体。

（2）发展中国家间组建的区域经济一体化组织，可称为"南-南"型经济一体化组织。1993年成立的中美洲自由贸易区是该一体化类型的代表之一，它的建立是成员体借助一体化组织平衡地区经济发展从而实现工业化目标的途径。一般而言，这种"南-南"型经济一体化组织是各成员体本着自力更生的原则，在生存和发展的条件下，为进一步加强区域经济合作而组建的。

2. 垂直一体化（Vertical Integration）

即经济发展水平不同的国家所形成的经济一体化形态，一般是在发达国家与发展中国家之间建立起来的。1994年1月1日，《北美自由贸易协定》的生效和实施，标志着建立了世界上第一个发达国家和发展中国家联合的区域经济一体化组织，这也是当今世界最大的"南-北"型经济一体化组织。20世纪80年代后陆续萌芽和开展的垂直一体化尝试，使得世界各区域经济获得了更深入的交流与发展。

三　区域经济一体化的效应分析

（一）福利效应

1. 区内的福利效应

要分析区域经济一体化对区内成员国产生的福利效应，可根据一体化的程度以及对各专家学者研究的梳理，从关税同盟、自由贸易区和共同市场这三种具有代表性的经济一体化组织形式进行归纳。

（1）关税同盟内的福利效应。这一效应分析主要以瓦伊纳（Viner）的关税同盟理论为基础，他在1950年指出，建立关税同盟可能使成员国增加福利也可能蒙受损失。盟区内成员国的净福利大小取决于贸易创造效应和贸易转移效应二者的共同作用,若二者差值为正,表明盟区内的福利得以增加;若二者差值为负,则表明盟区内的福利有所损失。

(2)自由贸易区内的福利效应。自由贸易区的建立,将不可避免地产生贸易转移效应,造成理想中的成员方和世界的福利降低。但自由贸易区的建立将产生极大的贸易创造效应,带来现实中成员方消费者的福利和世界的整体福利一定程度的增加。

(3)共同市场内部的福利效应。共同市场建立后,生产要素能够在区域内得到最大收益的配置,而基于现实因素的限制,劳动力这一要素并非会因此产生大规模的流动。与此同时,资本的自由流动将使得区域内各成员体的边际生产率趋于相等,有利于提高区域内成员体的福利水平,但其福利的增加在区域内的分配可能是不均衡的。

2. 区外的福利效应

不论是关税同盟、自由贸易区抑或是共同市场的建立,在贸易转移效应的作用下,经济一体化都将对非成员国的福利效应产生负面的影响,降低其福利水平。

(二)规模经济效应

处于封闭状态下的各国由于市场划分过细、缺乏弹性,只能够在狭小的市场条件下发展经济,而不能分享规模经济所带来的利益。但是,通过一体化的过程,使孤立分散的一个个市场结合成一个共同的稳定的大市场,不仅能够降低外部市场的不确定性,同时还能够产生规模经济效应。

规模经济效应是区域经济一体化动态效应的一个方面,在规模经济条件下,区域经济一体化不仅存在着贸易创造和贸易转移效应,同时还存在着成本下降效应和贸易抑制效应。成本下降效应包含两个内容:一是消费效应,即一体化区域内成员国消费者的消费增加;二是生产效应,即区域内生产者能够以较低成本进行生产作业。贸易抑制效应是指原本可以以较低成本进口的产品因为一体化的缘故而不得不在区域内以高成本进行生产,它属于规模经济的负面效应,将会给成员国带来福利损失。

欧盟可以作为借助规模经济效应取得重大发展的典型。统一的大市场使得欧盟能够对区域内的国家资源进行最优配置,并通过规模经济效应进行资源、产业的重组,以促进欧盟的可持续发展,最终凝成一股整体力量,在国际力量格局中彰显自己的地位。

(三) 竞争效应

在经济一体化组织建立之前，狭小而又缺乏弹性的市场虽然能够保护国内利益，但由于形成了高成本、低效率和高垄断利润的恶性循环，无法实现规模经济和大批量生产带来的利益。而在经济一体化组织形成以后，生产要素可以自由流动，贸易可以自由进行，各成员国的厂商面临着空前激烈的竞争。市场竞争的加剧可以提高经济效率，使经济资源的分配也趋向于最优配置。正如提勃尔·西托夫斯基（Tibor Scitovsky）和德纽（Deniau）所说的，通过一体化组建成的大市场，使得机器设备得到充分的利用，最新技术得到大规模、专业化的应用，不仅能够产生规模经济效应，获得技术利益，还能够创造激烈的竞争环境，在共同市场或贸易自由化条件下的激烈竞争之中，打破"小市场与保守的企业家态度的恶性循环"，迫使企业摒弃旧的生产模式，进而向大规模生产转变。可见，区域经济一体化所带来的竞争将会改变垄断的低效率、降低成本，为企业注入新的动力。简而言之，它将有利于企业生产规模的扩大和技术的进步，促进区域内经济进入良性循环。

(四) 交易成本效应和资源配置效应

交易成本效应，是指在一体化区域内的各个成员体，可以分享一体化所带来的使各类交易成本降低的利益。资源配置效应，则是指减少或改变各种约束资源自由流动和配置的因素，以有易无，产生专业化的效应。

在区域经济一体化尚未形成以前，于有形无形之中存在着繁杂的交易成本。一是各式各样的关税与非关税壁垒，较高的贸易壁垒成为地区间自由贸易的阻碍；二是成员体间需要对一系列的贸易、投资等活动采取管理措施，从而增加了一定的行政成本；三是需要进行跨区贸易的厂商为了贸易的顺利进行，需要花费一定的信息搜寻成本用以了解烦琐的行政管理手续和各式程序；四是因掌握和履行手续而产生的费用和时间成本也在交易成本的范畴之内。

而在区域经济一体化的背景下，区域内成员体之间不同程度地取消了各种贸易壁垒，同时对经济政策进行了一定的协调，各厂商在区域范围内对生产和销售活动重新进行安排，使资源在经济一体化市场内部重新配置。总体而言，区域经济一体化的发展能够提高资源配置及其使用效率，降低各类交易成本。

第二节 区域经济一体化理论的发展

伴随着全球区域经济一体化的实践与推进,区域经济一体化理论得到不断丰富和完善,研究范围和研究视角也在实践中得到不断的扩充。

一 关税同盟理论

关税同盟理论是区域经济一体化的主要理论基础。该理论的形成以瓦伊纳的开拓性研究《关税同盟问题》一书的出版为标志。瓦伊纳认为,关税同盟建立后,可以产生贸易创造和贸易转移两种静态效应。

(一)贸易创造效应

贸易创造效应主要是指在某一区域经济中成立了关税同盟并实现成员国之间的自由贸易,使得产品的生产由生产成本较高国向生产成本较低国转移,其结果是提高了资源的使用效率、扩大了生产利益,随着产品成本的降低,社会需求扩大,成员国进口量不断增加,贸易额上升,从而产生新的贸易额(见图3-1)。

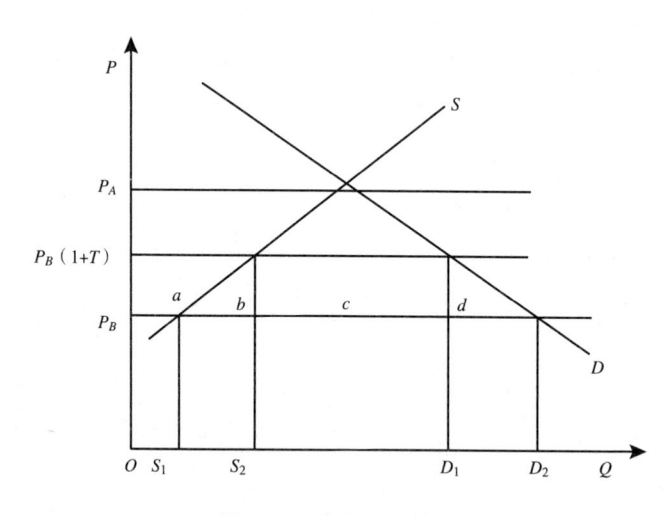

图3-1 贸易创造效应

假定 S 和 D 为 A 国对于产品 X 的供给和需求曲线,P_A 为 A 国市场均衡时产品的价格。A 与 B 为统一区域内国家,在自由贸易的情况下,A 国从 B 国进口产品 X 的价格为 P_B。如果 A 国对 B 国产品征收税率为 T 的从价税,则进口

价为 $P_B(1+T)$。当 $P_A > P_B(1+T)$ 时，A 国还是会从 B 国进口 X 产品。当 A 国和 B 国组成区域经济一体化组织时，根据区域经济一体化理论，A 国与 B 国之间将取消关税，实行商品的自由流动，那么此时 A 国从 B 国进口 X 产品的价格就为 P_B，A 国对 X 产品的需求为 OD_2，而 A 国本国的供给只有 OS_1，所以需要从 B 国进口产品的数量为 S_1D_2，与未组成区域经济一体化组织之前，A 国对 B 国的产品进口需求 S_2D_1 相比，进口增加了 $S_1S_2+D_1D_2$，所增加的量就是因为组建区域经济一体化组织消除关税之后而产生的贸易创造量。

贸易创造效应通常被视为一种正效应。因为，A 国国内商品生产成本高于 A 国从 B 国进口的商品生产成本。关税同盟使 A 国放弃了一部分商品的国内生产，而由 B 国生产提供这部分商品。从世界范围来看，这种生产转换提高了资源配置效率。

从社会总福利变化情况来看，当 A 国与 B 国组成关税同盟时，A 国从 B 国进口 X 产品的价格从 $P_B(1+T)$ 下降为 P_B，此时 A 国生产者的福利减少，减少量为 a，而消费者剩余的量是增加的，增加量为 $(a+b+c+d)$，A 国政府的关税收入减少为 c，因此，比较 A 国与 B 国在组建关税同盟前后社会总福利的变化是 $(a+b+c+d)-(a+c)=b+d$，显然，关税同盟建立后，各国的社会福利是增加的。

（二）贸易转移效应

贸易转移效应主要是指组成关税同盟的国家对内实行自由贸易而对外实行统一的关税贸易保护政策，从同盟外非成员国进口较低成本和较高效率的产品转向从同盟内成员国进口较高成本和较低效率的产品，由此所发生的贸易额的转移。贸易转移效应所带来的是社会福利的降低（见图3-2），通常也被视为一种负效应。

从图3-2来看，各国或地区在尚未组建关税同盟之前，A 国从 B 国进口 Y 产品的价格为 P_B，从 C 国进口产品 Y 的价格为 P_C，很明显 $P_C > P_B$，即在自由贸易的情况下，A 国会从 B 国进口产品 Y，进口量为 S_1D_3。当 A 国与 C 国建立关税同盟后，也就是说 A 国与 C 国实行自由贸易，而对 B 国实行统一的从价关税 T，这样的结果就是 A 国从 B 国进口 Y 的价格就上升为 $P_B(1+T)$，此时的进口价格大于从 C 国进口的价格 P_C，A 国会把原来由 B 国进口的量转向从 C 国进口，此时从 C 国进口 Y 的量为 S_2D_2。

从各国社会福利变化的情况来看，在 A 国与 C 国组建关税同盟之后，对 A 国国内生产者福利的影响效应是正的，A 国生产者的福利额为 a，对政府的影

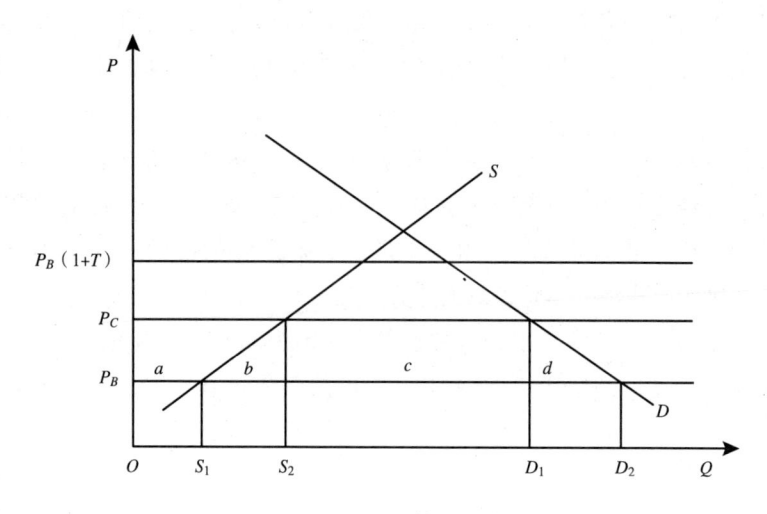

图 3-2　贸易转移效应

响效应也为正,因为实行关税政策时,政府的关税收入增加,且增加额为 c。但是对于 A 国消费者福利的影响效应为负,在组建关税同盟之后,A 国消费者剩余的量下降,下降幅度为 $(a+b+c+d)$,由此带来的总减少量是 $(a+b+c+d)-(a+c)=b+d$。

二　自由贸易区理论

自由贸易区理论是在关税同盟理论的基础上进一步发展而来的,其主要体现在三个方面。

1. 自由贸易区内各成员国之间免除关税及消除其他贸易障碍

自由贸易区内各成员国之间相互取消关税和非关税壁垒,彼此之间存在互惠性,但仍然保留对第三方贸易政策。

2. 成员国对非成员国的进口有制定关税的自主权

即成员国各自保留对来自其他国家的进口商品确定自己不同关税的权利,也就是说,参加自由贸易区的各成员国没有一致的对外贸易政策,未形成共同的对外关税。

3. 自由贸易区严格采用原产地规则

即必须是原产于区域内或主要是在区域内生产的产品才能享受自由贸易协定给予的优惠,包括由商品出口国生产的纯粹产品,或者是出口国进行加工后增加值达到 40% 以上的产品,才可列入自由贸易范畴。

三 大市场理论

大市场理论的主要代表人物有德纽和西托夫斯基。该理论认为，通过集团内成员国采取一致的对外贸易政策，将区域内分散的小市场组合成一个大市场，可以使区域内的资源得到合理、充分、有效的配置和利用，而且，市场扩大导致竞争激化的经济条件下，能够产生大批量生产所带来的规模效应。

西托夫斯基认为，在各国实行区域经济一体化之前，各国之间推行只顾本国利益的保护贸易政策会使得各国只能面对狭隘的国内市场，无法实行规模经济和大批量生产。"小市场"经济会出现恶性循环，而建立共同市场之后，可以将各国由于贸易保护主义而被分割的市场统一起来，为成员国的企业提供更大的市场，这有助于规模经济效应的产生。不仅如此，共同市场的形成将使厂商间的竞争更加激烈，使得规模较小、竞争力较弱的企业逐渐被淘汰，整个经济将进入以规模经济为主导的市场扩大、竞争加剧的良性循环。

德纽在其1960年出版的著作《共同市场》中提出："大市场化导致机器的充分利用、大量生产、专业化、最新技术的应用、竞争的恢复，所有这些因素都会使生产成本和销售价格下降；再加上取消关税也可能使价格下降一部分。这一切必将导致购买力的增加和实际生活水平的提高。购买某种商品的人数增加之后，又可能使这种消费和投资进一步增加……这样一来，经济就会开始其滚雪球式的扩张。消费的扩大引起投资的增加，增加的投资又导致价格下降、工资提高、购买力的全面增加……只有市场规模迅速扩大，才能促进和刺激经济增长。"①

四 协议性国际分工理论

协议性国际分工理论是日本一桥大学教授小岛清在其代表作《对外贸易论》中提出来的。该理论认为，在区域一体化组织内部，仅仅依靠以自由竞争为基础的比较优势原理和生产要素禀赋分工原理是不可能完全获得规模经济的利益的，这可能会带来区域一体化组织内部各行业的集中和垄断。而实行协议性国际分工可以保持并促进竞争性贸易的稳定性。

---

① Deniau, J. F., *The Common Market: Its Structure and Purpose*, New York: Frederick A. Praeger, 1960.

在小岛清看来，经济一体化的目的就是要通过大市场化来实现规模经济，而通过大市场化实现规模经济是协议性国际分工的基础。实行协议性国际分工的条件是：

1. 实行协议性国际分工的国家的生产要素禀赋没有多大差别，工业化水平、经济发展水平和经济发展阶段大致相近，因而协议性分工的对象商品在哪个国家都能生产。

2. 作为协议性国际分工的对象商品必须是能够产生规模经济效应的商品，重工业、化学工业产品容易产生规模经济效应，轻工业产品次之，而以农产品为代表的第一产业很难产生规模经济效应。

3. 每个国家都有自己专业化的产业，和通过协议让给他国的产业之间没有优劣之分，即无论哪个国家生产哪种参加协议性国际分工的产品，所带来的经济利益差别不大，否则不容易达成协议。这种产业利益的差别主要取决于国际分工、生产规模扩大后的成本降低率和对此产业产品需求的增长率。

上述分析表明，经济一体化组织主要是在发展阶段相近的国家之间建立，不能在发展阶段不同的国家之间建立。同时也表明，在工业发达国家之间，可进行协议性国际分工的商品范畴较广，利益也较大。此外，生活水平、文化模式相类似、相接近的地区，一般比较容易达成协议，并能够保证相互需求的均等增长。

五 综合发展战略理论

综合发展战略理论对发展中国家经济一体化的发展有较大影响。它是由鲍里斯·塞泽尔基（Boris Sezer）在《南南合作的挑战》一书中系统提出来的。该理论认为，发展中国家不能照搬区域经济一体化理论，而应在充分认识自身的情况和国外环境的基础上作出正确的选择。

综合发展战略理论总结了影响发展中国家区域经济一体化发展的因素，主要有：区域的经济发展水平与各成员国之间经济发展水平的差异以及在经济发展等方面的相互依存状况；对区域内经济要素的使用情况，特别是有关资源和生产要素的互补性及其整体发展的潜力；区域内成员国与非成员国之间经济关系的性质；外国跨国公司等经济体在该区域内各国经济中的地位；区域一体化政策的模式和类型；区域内各成员国的社会政治制度的差异，即区域政治协调程度；区域内成员国实现一体化的政治意志及稳定性；区域内国家对外政治关系模式，尤其是同超级大国和宗主国的关系模式；区域所建立的共同机构的效率以及该机构进行有利于集团共同利益活动的可能性。

六 整体验证理论

该理论是由世界银行经济学家在总结区域经济一体化的成就和问题基础上提出来的。该理论主要通过是否降低了共同的对外贸易壁垒，是否促进了竞争，是否减少了贸易、投资和服务领域里的交易费用这三条标准来检测区域经济一体化协议是否成功。

该理论认为通过区域经济一体化的制度安排，能够使成员国减少很多谈判的麻烦，提高区域经济一体化组织内部生产企业的效率，进而提高整个区域的经济效率与竞争力；而且，随着区域竞争力的增强，还能够扩大对整个世界市场产品的需求，从而促进全球贸易。

第三节 两岸共同家园的基本内涵及其理论解释

党的十八大提出要"维护好、建设好中华民族的共同家园"。在两岸关系和平发展的新形势下，平潭作为中华民族共同家园的综合实验区，其建设符合两岸同胞的共同愿望和利益诉求，对促进两岸同胞的情感趋融、价值趋近和认同趋合，加快两岸经济社会的一体化进程，确立两岸同胞对共同家园、共同家国的认同，必将产生重要而深远的影响。

一 海峡两岸"共同家园"概念的提出

1949年国民党退居台湾以后，海峡两岸曾长期处于政治对立与分治的状态。为了解决台湾问题，中国共产党和中国政府进行了长期不懈的努力，有力地推进了解决台湾问题的进程。1979年后，中国共产党和中国政府公开宣布实行"和平统一、一国两制"的基本方针，开创了两岸关系的新局面。两岸人员往来、经济、文化等各项交流随之发展起来，但同时也衍生出种种问题。为了解决这些问题，大陆海协会与台湾海基会于1992年11月就解决两会事务性商谈中如何表明坚持"一个中国"原则的态度达成了以口头方式表达的"海峡两岸均坚持'一个中国'原则"的共识，史称"九二共识"。1993年4月第一次"汪辜会谈"在新加坡举行，会上签署《汪辜会谈共同协议》《两会联系与会谈制度协议》《两岸公证书使用查证协议》

《两岸挂号函件查询、补偿事宜协议》等 4 项协议，掀开了两岸和解的历史新篇章。1999 年李登辉抛出"两国论"，严重破坏了两岸关系的发展，严重阻挠了两岸和平统一进程。

为推动两岸关系朝着和平稳定的方向发展，中国政府采取一系列改善和发展海峡两岸关系的重大措施。2003 年 12 月 25 日，胡锦涛总书记在北京会见台湾同胞投资企业协会会长时首次提出"共同家园"的概念。"大陆和台湾同属一个中国，中国是我们的共同家园。两岸同胞应共同把我们的家园维护好、建设好、发展好。中国发展了，中华民族强盛了，是全体中华儿女之福。古今中外的历史和现实都告诉我们，家和万事兴。一个民族要发展、要强盛、要自立于世界民族之林，首先要团结起来，同心同德去奋斗、去拼搏。"①

2008 年 12 月 31 日，胡锦涛在纪念《告台湾同胞书》发表 30 周年座谈会上的讲话提出："两岸同胞是血脉相连的命运共同体，包括大陆和台湾在内的中国是两岸同胞的共同家园，两岸同胞有责任把她维护好、建设好。实现中华民族伟大复兴要靠两岸同胞共同奋斗，两岸关系和平发展新局面要靠两岸同胞共同开创，两岸关系和平发展成果由两岸同胞共同享有。"这一重要讲话对两岸建设中华民族共同家园具有十分重要的指导意义。2009 年 5 月 26 日，胡锦涛在会见中国国民党主席吴伯雄和他率领的国民党大陆访问团全体成员时强调"两岸协商总体上还是要先易后难、先经后政、把握节奏、循序渐进，但双方要为解决这些问题进行准备、创造条件。双方可以先由初级形式开始接触，积累经验，以逐步破解难题"。② 表达了两岸携手合作、共同发展、互利双赢的共同愿景。

随着两岸"三通"的实现，两岸关系进入一个深化协商、共同面对实质问题的新型关系时代，亟须进行全面合作以推进两岸经济一体化发展的进程。2010 年 6 月，两岸签署了《海峡两岸经济合作框架协议》（ECFA），构建了有利于两岸经贸深度合作的机制化平台，这既有利于繁荣两岸经济，也有利于提升中华民族的整体利益，建设繁荣和谐的中华民族经济共同体。

2011 年 10 月 9 日，国家主席胡锦涛在纪念辛亥革命 100 周年大会上指

---

① 《胡锦涛会见台资企业协会会长　强调反对分裂》，http：//news.xinhuanet.com/newscenter/2003 - 12 - 25。

② 《胡锦涛：两岸要为解决政治军事问题创造条件》，http：//chinanews.com，2009 - 05 - 26。

出，"我们要牢牢把握两岸关系和平发展主题，增强反对'台独'、坚持'九二共识'的共同政治基础，促进两岸同胞密切交流合作"。① 胡锦涛的讲话传达了促进祖国统一、实现民族复兴的共同心声。2012年3月22日，胡锦涛总书记在会见台湾中国国民党荣誉主席吴伯雄时再次强调，要继续稳步推进两岸经济文化等领域的交流合作，使两岸同胞在经济合作中增加共同利益，在文化交流中增强精神纽带，在直接往来中增进彼此感情，真正像一家人一样，携手推动两岸关系和平发展。

上述分析表明，30多年来，在两岸双方的共同努力下，两岸关系和平发展不断取得新的成果，给两岸同胞带来了更多的福祉。目前，两岸关系和平发展已经站在新的起点上，面临着维护好、建设好中华民族共同家园的神圣使命。平潭作为两岸同胞合作建设、先行先试、科学发展的示范区，应围绕这一全新定位，充分发挥先行先试的优势，不断探求两岸"共同规划、共同开发、共同经营、共同管理、共同受益"的契合点，使两岸经济和两岸同胞从中不断获得实质性利好，推进两岸在经济、文化、社会、政治等层面上达成越来越多的共识，融合越来越深，进而推动中华民族共同家园的建设与繁荣。

二 两岸共同家园的基本内涵

建设两岸共同家园，首先要对其核心概念"共同""家园"及其关系作出合理的诠释。

首先，"共同"具有"一起、相同、分享、共有"等含义。胡锦涛总书记在纪念《告台湾同胞书》发表30周年座谈会的重要讲话中，特别强调"共同认知""共同责任""共同发展""共同利益""共同意志""共同家园""共同开创""共同奋斗""共同享有"等"共同"概念，这些是对两岸"共同"内涵的新诠释，也是两岸关系和平发展的具体表现形式。②

其次，"家园"是人类对其生存环境的一种依赖和眷恋，是指由物质生活资料和物质生产资料构成的人的居住之所及其环境，③ 包括物质家园、精

---

① 《胡锦涛：在纪念辛亥革命100周年大会上的讲话》，http://news.xinhuanet.com/politics/2011-10/09/c_122133761.htm，2011-10-09。
② 李鸿阶、林在明：《平潭两岸共同家园建设定位与推进策略——基于两岸"共同家园"的理念和战略层面》，《福建金融》2012年第10期。
③ 邓名瑛：《建设中华民族共有精神家园的几点思考》，《文史博览》2011年第7期。

神家园和生态家园。其中，物质家园是有空间、方位和物质形态的，通常是由陆地、领空、领海以及各种各样的建筑物等构成的；精神家园是人们的精神信仰、精神支柱、精神动力和精神生活等的总和，包括信念、共识、觉悟和境界等精神范畴，可分为个人的精神家园、集体的精神家园、民族的精神家园三个层次；生态家园则是由客观存在的山川、道路、森林、生物、海洋等自然环境构成的。

两岸共同家园建设是一项全新、复杂的系统工程，也是一个渐进的过程，它涉及两岸政治文明、经济繁荣、社会和谐、文化传承创新等诸多问题。从目前来看，两岸经济合作日益密切，但如何在有条件的区域搭建有效的载体平台，建立两岸民众社会生活共同体，扩大两岸民众相互交流与交往的范围，推动两岸社会融合发展？如何整合发挥两岸各自的资源优势，不断推动台湾企业、机构、组织和个人参与平潭两岸共同家园建设，培植共同的、一致的利益取向和价值认同？如何持续推进两岸共同的政策实践，加速两岸经济融合，直至实现两岸完全的经济一体化？平潭作为两岸共同家园示范区，将为国家探索出一套在国家政治制度和宪法框架下保持社会和谐协调发展的制度体系，其现实意义和历史意义不言而喻。

据此，本书将两岸共同家园界定为在"一个中国"原则的前提下，以平潭综合实验区为平台，以两岸人民"共同规划、共同开发、共同经营、共同管理、共同受益"为理念，打造"台湾同胞第二生活圈"，谋求建立两岸人民"科学发展、宜居宜业、创新活力、环境友好、合作共建"的共同生活家园。就目前平潭与台湾两地经济社会发展的现实，以及《平潭综合实验区总体发展规划》中阐明的内容而言，平潭两岸共同家园的内涵至少包括如下内容：经济上通过平潭开放开发，创造两岸经济共同体，培植两岸共同的利益取向；社会上通过民间社会的广泛互动，进一步促进台湾同胞对平潭"第二生活圈"的认同感和归属感，追求共同的生活方式；文化上重塑两岸共同的价值观，追求两岸共同的身份认同、情感认同，塑造两岸共同的新文化、新价值；政治上培育两岸的政治互信与共识，提升两岸同胞的民族认同感和国家认同感，促成两岸一体化融合发展，从而形成两岸同胞共建、共治、共管、共赢的共同家园。

三 平潭建构两岸共同家园示范区的理论界定

平潭综合实验区作为两岸人民交流合作、融合发展的综合实验区，其功能定位之一是建构两岸共同家园,就这一性质而言,共同家园的建设不能仅仅停留在经济层面,必须贯穿到政治、社会、文化领域,进行全方位的创新。从两岸共同家园建设的最终目标来看,是在塑造一个两岸同胞共同分享、联合行动并保持和谐的社会群体的基础上,因势利导,在不断加深两岸同胞情感融合,增进两岸同胞的民族认同的基础上,塑造并彰显中华民族共同家园的巨大魅力。从两岸合作的实际进程看,共同家园的建构是两岸经济合作向政治、社会、文化领域的扩展和延续,是两种制度、两种体制交流合作与融合发展的探索与实践,更是两岸同胞增进认同与互信、不断提高两岸人民福祉的过程。从一体化形成的角度看,共同家园的建构既是祖国大陆与台湾功能性一体化的有机组成部分,也是推进大陆与台湾制度性一体化发展的必然要求。

平潭地处两岸交流合作的交会点和内外辐射的接合部,是大陆首个面向台湾的两岸交流合作的综合实验区,承担着两岸共同家园示范区建设和推进两岸和平发展的责任,因此,在共同家园的制度设计上,积极争取赋予平潭综合实验区单列市的管理权限,着力探索"一线"放宽、"二线"管住、人货分离、分类管理的通关管理模式;在土地制度上,充分借鉴国外相关园区尤其是深圳、前海等特区的管理模式,对享有使用权的土地划定若干区域,采取租赁、合作、抵押、转让等多种更加开放的合作方式与台湾方面进行共同开发建设;同时,还可考虑将平潭综合实验区内的部分港区租赁,授权台湾方面管辖,形成相对独立的区域,进而推动两岸经济高效、有序整合,促进平潭两岸共同家园的全面发展。

平潭承担着建设两岸同胞共同家园的使命。建设共同家园,需要有共同产业的支撑,因此,平潭加快培育电子信息、新能源、新材料产业,着力引进集研发、生产、服务于一体的企业以及处于产业链核心的项目,拓展产业高端价值链;积极利用共同家园论坛、"5·18"、"6·18"和"9·8"等招商平台,采取更加开放、包容、灵活的政策,创造更好的条件,吸引更多的台湾企业尤其是中小企业、中下阶层民众到平潭投资兴业,让更多的台湾优势产业、优秀人才在平潭聚集,进而推进两岸产业的深度对接,推进两岸文化深度交流和社会融合。

两岸共同家园建设成败的关键是"人",开放开发、招商引资只是平潭两岸共同家园建设的手段,吸引两岸同胞到此共同生活、安居乐业进而产生幸福感、认同感、归属感是很重要的。因此,平潭两岸共同家园的居民或主体应包括平潭本地居民，在平潭生活、工作、居住的大陆其他省市区的居民与管理者，以及落户平潭的台湾居民与管理者。也就是说，区内的两岸同胞或两岸居民共同构成共同家园的主体，依法共同享有居住权、工作权及政治参与权。但根据本书此前的论述与分析，这些只能逐步实现。

《平潭综合实验区总体发展规划》提出，合理借鉴台湾在经济、社会管理等方面的经验，探索两岸经济、社会、文化更加紧密合作的具体途径和方式，鼓励台湾同胞参与相关经济组织、文化教育、生活小区等方面的经营管理服务，提升平潭经济社会事务管理水平。显然，"台湾元素"是平潭开放开发的亮点与特色，也是平潭的后发优势。从这个意义上来说，鼓励台湾同胞的参与，应包括台湾不同阶层、不同地域、不同世代、不同价值取向的人的共同参与，通过共同探索、塑造、传播平潭两岸共同家园的愿景与承担时代使命，创造平潭在"生存、生活、生命"条件上的先发优势，进而吸引两岸乃至全球的有识之士共同践行共同家园的全新生活方式与文化理念。因此，在共同家园公共事务管理方面，借鉴台湾在公共管理领域的管理机制和运作模式，加强与台湾在公共管理服务领域的合作，鼓励台湾公共服务机构在实验区设立分支机构，加快构建政府提供公共服务、社区开展自助互助服务、社会组织和社工提供专业服务的社会服务体系，实现政府行政管理与社区居民自治有效衔接和良性互动，建设服务完善、管理有序、文明祥和幸福的社会生活共同体。

第四章
平潭两岸共同家园示范区的建构环境与条件

第一节 平潭两岸共同家园示范区的建构环境

一 国际国内环境

加快推进平潭两岸共同家园建设的进程，推动海峡两岸作为"一个中国"的区域整合，既是两岸经济联系进一步发展的需要，也是顺应台湾民众对台湾的认同，消除海峡两岸之间的抵触与碰撞，谋求两岸经济社会由自发形成的功能性一体化向由两岸政府共同参与推动的制度性一体化转化，携手共进、荣辱与共、共赢共富，建设中华民族共同家园的首要问题。

(一) 国际环境

1. 两岸经贸关系迈向正常化、制度化

近年来，在中国政府和台湾当局以及两岸同胞的共同努力下，两岸关系取得了一系列突破性的进展和重要成果，确立了反对"台独"、坚持"九二共识"的共同政治基础，为两岸关系和平发展营造了良好的环境和积极的气氛。海协会与海基会在"九二共识"基础上恢复商谈，并于2010年6月在重庆签署了《海峡两岸经济合作框架协议》（ECFA）。2011年两岸就货物贸易协议、服务贸易协议、投资协议和争端解决协议等 ECFA 后续4个单项协议陆续展开商谈。ECFA 签署之后，两岸双方以落实 ECFA 为主线，从2011年元旦起，两岸数百项互通商品陆续实行关税减免并取得积极成效，两岸经济合作委员会也于2011年1月正式成立并全面展开运作，两岸经济合作的制度化架构基本形成，为两岸经济合作提供了稳定的制度保障，有助于两岸经济贸易向正常化发展，逐步实现两岸经贸往来的自由化、经济合作的制度化，最大限度地实现两岸资源的优化配置，促进两岸经济的共同繁荣、共同发展。

2. 两岸经贸交流与合作保持强劲增长势头

近年来，两岸贸易规模持续扩大，经贸关系更为密切。据大陆海关统计，2012年两岸贸易额为1689.6亿美元，同比增长5.6%。其中，大陆对台湾出口额为367.8亿美元，同比上升4.8%；自台湾进口额为1321.8亿美元，同比上升5.8%。截至2012年底，大陆累计批准台商投资项目88001个，实际使用台资金额570.5亿美元。大陆9个省市开放台湾居民申办个体工商户。2012年，经有关部门核准大陆企业赴台投资项目31个，投资金额6.94亿美元。截至2012年底，大陆企业赴台投资项目共145个，总投资金额9.11亿美元。①

在两岸贸易投资稳步增长的同时，两岸ECFA"早期收获计划"开始全面实施。据大陆海关统计，2011年大陆给予台湾早期收获清单内货品进口额约为198.53亿美元，较2010年同期增长9.88%，其中约41.21亿美元已适用优惠关税，获减免关税约1.23亿美元。2011年台湾给予中国大陆早期收获清单货品进口额约为50.37亿美元，较2010年同期增长28.14%，其中约10.36亿美元已适用优惠关税，关税减免总计2276万美元。② 根据台湾方面的统计，早期收获清单内台湾工业品对大陆的出口，抛光机床增长了5.47倍，塑料造粒机增长了3.67倍，乙烯酯共聚物增长了1.66倍，在享受"早期收获计划"优惠关税的台湾企业中，有超过一半的厂商是首次向大陆出口早期收获清单范围内的产品。其中，农产品贸易获得了更为快速的发展。据台湾农业主管部门统计，2011年ECFA早期收获清单中台湾农产品外销大陆20317吨，比2010年同期增长88%；出口额为1.26亿美元，比2010年同期增长127%。③ 在服务贸易"早期收获计划"部分，台湾金融监管部门已核准10家岛内银行赴大陆设立分行，其中8家已开业，1家获准开办台资企业人民币业务。在证券及期货业部分，已有13家岛内券商赴大陆设立25家办事处，2家投资信托企业赴大陆设立办事处，并核准4家投资信托企业与大陆证券业者合资申请设立大陆基金管理公司。在保险业部

---

① 《国台办经济局局长：两岸经济合作要让台湾同胞有感》，http://www.huaxia.com/tslj/lasq/2013/04/3275502_2.html, 2013-04-02。
② 《2011年度ECFA早期收获计划执行成果》，http://www.gdtextiles.cn, 2012-04-15。
③ 陈萍：《台湾区域整合与两岸跨域合作的思考》，《福建社科情报》2012年第1期。

分,已核准9家岛内保险企业赴大陆参股投资,其中6家已营业,并设有15家办事处。非金融"早期收获计划"开放领域中,台湾方面已有5家会计师事务所申请获得有效期为1年的临时执行审计业务许可证,82家企业获准设立独资或合资企业,合同台资金额达4.1亿美元。另外大陆还核准引进5部台湾电影,其中2部已在大陆院线公映。据台湾方面统计,已核准的陆资赴台投资案中,属于ECFA服务业"早期收获计划"项目的有36件,投资或增资金额大约1654万美元。[1]

此外,两岸人员往来日益频繁,大陆居民赴台旅游和个人旅游相继启动,显著增进了两岸民众的相互了解。两岸民众交往遍及社会各界,基层民众交流不断深入,形成了全方位、宽领域、多层次的交流格局和形式多样、内容丰富、参与广泛的交流态势。[2]

(二) 国内环境

2009年5月14日,国务院下发《关于支持福建省加快建设海峡西岸经济区的若干意见》(以下简称《若干意见》)提出,进一步探索在福建沿海有条件的岛屿设立两岸合作的海关特殊监管区域,实行更加优惠的政策。为了贯彻落实国务院《若干意见》精神,经过认真科学的论证分析,福建省委认为,地处福建省东部沿海的平潭岛,在自然条件、发展空间、地理区位、两岸往来等方面具有建设两岸同胞共同家园不可替代的优势和良好的基础条件,并于2009年7月底作出了建设平潭综合实验区的决定。2010年2月,福建省委常委会研究决定设立平潭综合实验区党工委、管委会,作为省委省政府的派出机构,从福州市中单列出来,赋予设区市及部分省级经济管理权限。从设区市、省直部门抽调思想解放、思路创新、经验丰富的干部组建党工委、管委会的领导班子,明确实验区实行扁平化、大部制、高效率的管理体制及运作机制。省委、省政府成立了平潭综合实验区开放开发工作领导小组,及时协调解决重大问题。同时,积极争取中央财政2010~2015年每年给予平潭综合实验区补助8亿元,上述优惠政策为两岸共同建设平潭综合实验区扫除了政策上的障碍。2010年7月11日,福建省委常委会审议通过了《平潭综合实验区总体发展规划》,把平潭综合实验区定位为探索两岸

---

[1] 《杨毅谈ECFA早收计划一周年:将更大范围惠及两岸》,http://www.chinanews.com/tw/,2012-12-14。

[2] 《国台办经济局局长:两岸经济合作要让台湾同胞有感》,http://www.huaxia.com/tslj/lasq/2013/04/327,2013-04-02。

人民交流合作先行先试示范区，以"共同规划、共同开发、共同经营、共同管理、共同受益"的合作新模式，逐步把平潭综合实验区建设成为"两岸人民合作建设、先行先试、科学发展的共同家园"。2011年9月28日，福建省委、省政府召开专题会议，就进一步推动平潭开放开发作出部署。时任福建省委书记孙春兰强调，平潭的开发建设是党中央的重大决策，关系全省发展大局。必须举全省之力，汇全省之智加以推进……要突出生态、宜居、对台和海岛特色，要创造"平潭速度"，更要创造"平潭质量"。省长苏树林指出，要积极争取中央更加优惠的政策支持，营造宜居宜业环境，为引进产业、吸引人才打好基础，拓宽投融资渠道，推动加快平潭开放开发。

2011年3月《中华人民共和国国民经济和社会发展第十二个五年规划纲要》发布，加快平潭开放开发首次被列入国家规划。2011年3月，国务院批准《海峡西岸经济区发展规划》，规划辟出专门的章节阐述了建设两岸合作的平潭综合实验区，提出开展两岸区域合作综合实验，努力把平潭建设成为两岸同胞合作建设、先行先试、科学发展的共同家园。这些表明，作为海西建设的重要抓手和突破口，平潭开放开发已上升为国家发展战略。2011年11月，国务院正式批准《平潭综合实验区总体发展规划》，同意平潭实施全岛开放，在通关模式、财税支持、投资准入、金融保险、对台合作、土地配套等方面赋予平潭比经济特区更加特殊、更加优惠的政策，推动两岸交流合作向更广范围、更大规模、更高层次迈进。自此，平潭综合实验区的开放开发上升为国家战略，并从区域发展规划、硬件软件建设、体制机制创新、发展模式转变等四大维度完成了全部的法定和政治论述，平潭日益成为世界聚焦的热土。

第二节 平潭两岸共同家园示范区的建构契机与挑战

一 平潭两岸共同家园建设迎来全新的发展契机

（一）和平发展的机遇

和平发展是世界潮流，也是两岸发展所必需。近年来，两岸关系和平发展为两岸民众带来了实实在在的好处，为广大台商和台资企业在大陆发展提供了良好的环境和条件，也为平潭两岸共同家园建设提供了难得的发展新机遇。两岸关系不论存在多少困难，平潭两岸共同家园都将始终牢牢把握两岸关系和平发展的大方向，拼经济、顾民生，共同努力，不断地夯实两岸关系和平发展的基础，并力争将两岸关系和平发展纳入制度化的轨道。

（二）经济文化整合的机遇

促进经济繁荣发展是两岸民意的共同期待，也是平潭两岸共同家园建设的主题。随着两岸经济合作领域的不断拓宽，两岸经济关系机制化、制度化的继续深化，两岸交流与合作已由具体问题的研讨发展到建立两岸长期、稳定的经济合作机制，从经济思考到文化反思，稳步地、有序地推动两岸经济整合，共创双赢，这就为平潭建设两岸共同家园提供了一个千载难逢的大好发展机遇。从两岸文化交流看，大陆高度重视文化交流在两岸关系发展中的基础性地位，主张两岸同胞继承和发扬中华文化的优良传统，开展各种形式的文化交流。胡锦涛总书记指出，加强两岸文化交流，关键是促进两岸同胞共同汲取中华文化的精髓，弘扬中华文化的优良传统。马英九当局也表示，"中华民族子孙应接受中华文化教育"，强调两岸加强文化交流是"两岸迈向和平繁荣不可或缺的一道程序"。两岸高度重视文化交流，尤其是两岸关系和平发展格局不断深化，也为平潭致力于两岸文化教育交流发展提供了更为便利的条件和政策支持，有利于推进两岸民众进一步增进同胞情感、淡化心理隔阂、推动文化传承、增强文化认同、共建中华民族共同家园。

（三）交流合作出现新局面

两岸关系的变化与发展，根基在民间，动力在人民。ECFA签署和生效后，两岸经济交流制度化为两岸社会交流提供了强劲动力。大陆33个机场和台湾8个机场成为两岸直航点，直航航班增至每周370班，极大地方便了两岸民众往来。两岸社会与人员往来呈现"规模扩大、层级提高、领域增多、渠道拓展、快速平稳"等发展态势。两岸关系和平发展为平潭开放开发，打造两岸共同家园提供了有利的环境和氛围。2010年2月，福建省平潭综合实验区正式成立，其建构两岸共同家园的定位得到了台湾各界的广泛关注和积极响应。台湾经济管理部门、中小企业联合会、海峡产业投资基金、妈祖基金会、光彩促进会、冠捷科技集团、土地开发有限公司、远雄集团、世新大学等一批重要企业、行业团体、高等院校纷纷组团到平潭考察洽谈项目。[1] 截至2012年底，实验区已有台资企业85家，比实验区成立前增

---

[1] 陈海基：《探索实践平潭管理新模式》，《中国机构改革与管理》2011年第2期。

长 19.5 倍。以经营台湾商品为主的海坛名街初具规模，台胞社区已见雏形，目前，有近 200 名台湾各类专业人才在平潭创业。

二 平潭两岸共同家园示范区建构面临的挑战

平潭建构两岸共同家园固然面临大好机遇，但依然存在若干挑战。总体而论，国际形势复杂多变，台湾历经"台独"长达十余年的推动，两岸互信依然严重不足，政治分歧依然相当突出。对于平潭而言，抓住机遇，积极探索两岸"共同规划、共同开发、共同经营、共同管理、共同受益"的合作新模式，任重而道远。

（一）两岸间政治、法律制度差异的挑战

近些年来，两岸关系趋暖，在当前两岸还存在政治分歧和争议的情况下，两岸共同市场以其所具有的模糊性、包容性和渐进性的特点，在经贸领域问题认识一致的基础上，暂时搁置分歧，促进共同发展。平潭综合实验区开放开发作为践行两岸交流的前沿平台，是对两岸关系进一步发展的探索，但是长期以来两岸固有的政治分歧在短期内难以解决，阻碍了两岸关系的突破，同时"台独"分子也给两岸关系的发展带来了负面影响。因此，以海峡西岸经济区建设为契机，平潭综合实验区肩负着推动两岸关系进一步发展，将两岸关系推向新局面的使命。

海峡两岸虽然同根同源，但因分裂 60 多年，在法律制度方面两岸各自独立发展，法律制度存在较大的差异。平潭两岸共同家园建设，旨在推动两岸经济、社会和政治制度的协调和融合，促进两岸经济和社会的一体化。但作为福建省政府的一个派出机构，平潭综合实验区并不具备相应的法律地位和权限，共同家园建构的一些设想，在大陆现行法律下是找不到依据的。因此，如何确立与台湾"中华民国宪法"相衔接的基本原则，并以宪法和基本法明确平潭在两岸共同家园建构中的法律定位，这些都是迫切需要解决的问题。

（二）世界经济形势对平潭综合实验区融资的挑战

平潭综合实验区开放开发初期的基础设施建设需要大量的资金投入，单单依靠政府的专项补助、财税政策支持以及银行业的资金支持是不够的，还需要大力吸引民营资本。而现阶段世界经济形势充满了不确定性，中东、北非局势动荡不定，大宗商品价格上涨引发全球性通胀压力增大，日本的地震和海啸以及欧美面临的债务危机都使得自金融危机以来世界经济的复苏过程

很脆弱、很不平衡,为世界经济增长带来了新的不确定性,这对平潭综合实验区的融资问题提出了挑战。

(三) 产业结构调整所带来的挑战

未来平潭将发展四大产业:高新技术产业、海洋产业、旅游业和现代服务业。2012年平潭第一、二、三产业在GDP中的比重分别为24.5%、34.0%、41.5%,产业结构单一、第一产业不强、第二产业不大、第三产业不优。从工业化发展的阶段来看,高新技术产业、旅游业和现代服务业的发展都是后工业化阶段的显著特征,而目前平潭综合实验区的第一产业所占的比重过高。如何使平潭综合实验区开放开发过程中的产业结构合理发展,促进产业结构优化和升级,也是相关部门做好产业发展规划所要考虑的问题。

(四) 行政体制机制创新的挑战

平潭综合实验区作为两岸人民交流合作的先行先试区域,肩负着探索海峡两岸合作新模式的历史使命。行政体制机制问题成为实验区建设所面临的突出问题之一,如实验区的管理机构和原来县级政府机构的关系问题、行政管理人员的流动和配置、实验区建设过程中行政绩效考评指标的确定、两岸"共同管理"问题以及法律制度的完善等,都对新模式下的平潭综合实验区行政体制机制上的创新提出了挑战。

(五) 人才引进模式创新的挑战

2010年5月,福建省公务员局、人力资源开发办公室出台《关于支持平潭综合实验区人事人才工作的若干意见》,在人才培养引进、先行先试推进两岸人才交流合作、机关事业单位人员队伍建设、人事人才公共服务等方面推出14条措施,积极主动为实验区建设发展提供人才智力支持和优质高效服务。根据《平潭综合实验区2011年度紧缺急需人才引进指导目录》的内容,实验区目前最紧缺的人才主要涉及城市规划与建设、环境保护、交通运输业和金融保险与服务业等领域。探索创新人才引进模式,引进高层次人才,除了薪金和硬件外,更关键的是要营造更好的就业氛围去留住人才,让人才产生较好的预期,看到未来的发展前景,并能够更好地体现他们自身的价值。

(六) 理论和基础研究的挑战

平潭两岸共同家园建设提出以来,顺潮流、得人心、有成效,同时也提出了新的议题,根据平潭开放开发现状和要求,抓住两岸共同家园建设战略机遇期,从推进两岸关系沿着中华民族方向前进的高度,从两岸"共同规划、共同开发、共同经营、共同管理、共同受益",在共同繁荣基础上增强发展两岸关系的自觉性、提高对建设中华民族共同家园的认识的战略角度，丰富和发展两岸关系和平发展的思想、理论、框架和政策。历史和现实赋予了平潭建设两岸共同家园示范区新的机遇，在两岸关系开始迈入和平发展新阶段的时候，挑战是平潭开放开发的动力、出路、发展和完善。只要坚持"九二共识"，按照两岸关系和平发展的总体要求，解放思想、拥抱机遇，面对挑战，勇于实践、善于突破、敢于胜利，两岸共同家园发展的新局面一定能够早日实现。

第三节　平潭两岸共同家园示范区建构的基础条件

平潭全县陆地面积371平方公里，其中主岛海坛面积为267平方公里，为中国第五大岛，福建第一大岛，处于中国海岸线的中点和环海峡经济走廊的中心突出部，扼守中国"海上走廊"台湾海峡和闽江口咽喉，是太平洋西岸国际航线南北通衢的必经之地。同时，平潭还是规划中的京台高速公路大陆段终点站、规划中的台湾海峡海底隧道入口处，特殊的地理区位使平潭成为台湾岛与大陆腹地经济交往的一个重要中转站和集散地。从平潭综合实验区的功能定位和发展目标来看，发挥平潭独特的对台优势，争取中央的支持，着力把此区域规划建设成两岸人民"共同规划、共同开发、共同经营、共同管理、共同受益"的"共同家园"，目前不仅具有现实的基础，而且还具有许多潜在的互补条件。

一　历史人文基础

平潭与台湾民众结缘历史悠久，具有地缘相近、人缘相亲、血缘相通、文缘相连、商缘相生的"五缘"优势。民间交往频繁，历史上平潭就是福建古人类通过进入台湾的最早通道，壳丘头遗址表明早在4000多年前台湾海峡曾出现"陆桥"，是海峡两岸亲缘关系的见证。平潭岛周边海域是我国古代丝绸之路的古沉船发现密集区，世界级的水下文物资源丰富，有着大量的文化题材，是两岸文化产业深度对接合作的基础。

改革开放以来，平潭率先设立了"台湾渔民接待站"，接待的台湾同胞人数和台轮居全国各台轮停泊点前列。随着两岸经贸合作交流的不断扩大，平潭与台湾已建立了比较稳定的贸易、文化和劳务合作关系。平潭综合实验区提出后，得到台湾同胞的广泛认可，台湾地区的民意代表、智库机构纷纷建言献策。台商也纷纷组团到平潭考察、商讨合作事宜，对打造平潭两岸"共同家园"愿景充满着期待。

二 基础设施条件

2010年11月，平潭岛跨海大桥——平潭海峡大桥建成通车，同时，平潭第二大桥已在规划设计中，两岸海上客货滚装码头正在加紧施工中；城区已形成四纵四横道路框架，重点实施的"平潭环岛路提速工程"已于2010年动工建设，环岛路龙王头段、坛南湾段，坛西大道竹屿口段共25.3公里，于2011年底实现全线通车；供水、电力、通信、邮政等基础设施条件不断完善；此外，随着平潭两岸海上直航的开通，京台高速公路的开工建设以及远期的两岸海底隧道、京福台高速铁路的建设，将形成以平潭综合实验区为中心，辐射海峡两岸的便捷的交通圈，有助于实现两岸的快速沟通，为平潭打造两岸共同家园示范区奠定坚实的基础。

三 丰富资源和产业基础

平潭综合实验区自然文化资源十分丰富，素以海蚀地理地貌、海滨沙滩而闻名，拥有世界上最大的天然花岗岩球状自然风化造型的海坛天神，全国最大的花岗岩海蚀石——石牌洋等垄断性景观，被建设部列入申报世界自然遗产的预备清单。平潭岛海岸蜿蜒曲折，岸线资源优越，拥有100多公里的优质海滨沙滩，坛南湾和海坛湾是目前国内发现的最大的海滨浴场之一，堪称"海滨沙滩观九州"。独特的区位优势和环境优势，为平潭打造共同家园示范区提供了良好的经济基础和资源环境条件。

平潭岛内主要产业为海洋产业、种植业、临海工业以及以旅游为主体的服务业；岛外产业主要以隧道工程业、远洋捕捞业、海上运输业为主。与此同时，平潭综合实验区还积极构建具有较强竞争力的产业支撑体系。一是通过积极承接台湾产业转移，建设先进制造业基地，发展电子信息、海洋生物、清洁能源等现代产业体系，打造低碳经济岛。二是加快建设两岸旅游合作实验区，形成保税物流加工贸易发展新优势。

四 先行先试的政策优势

2009年5月《国务院关于支持福建省加快建设海峡西岸经济区的若干意见》出台，将平潭综合实验区作为海西先行先试的重要抓手和突破口。

2010年,《中华人民共和国国民经济和社会发展第十二个五年规划纲要》指出要快节奏推进平潭综合实验区开放开发。国务院批准的《海峡西岸经济区发展规划》明确提出支持平潭开放开发。这都表明平潭的开放开发已经不是一县、一省、一地区的局部问题,而是关乎两岸关系何去何从的国家层面的战略问题。[1] 这表明平潭综合实验区的建设已经上升为国家战略,为平潭建构两岸共同家园提供了前所未有的历史机遇和发展空间。在平潭两岸共同家园建构的具体实践中,可以充分利用中央政府以及各个部委给予的特殊政策,把那些已经用起来的政策用好、用足,把已经形成方案的尽快付诸实践,尚未列入议事和实施日程的则要赶快安排落实。同时,还要发挥自己的能动性,富有创造性地开展前沿平台的构建工作。

---

[1] 陈必滔:《论两岸交流合作前沿平台的构建——解读〈国务院关于支持福建省加快建设海峡西岸经济区的若干意见〉》,《东南学术》2009年第4期。

第五章
平潭两岸共同家园示范区的实践探索及其战略推进

第一节 平潭两岸共同家园示范区的实践探索

一 区域发展规划

区域发展规划是关于平潭综合实验区的资源开发利用、环境治理保护与控制、生产建设布局、城乡发展等多方面的综合性规划。规划是平潭开放开发的科学依据和有力保障，事关平潭两岸共同家园示范区未来发展。因此，规划先行，充分发挥规划的龙头作用和引领作用，对推动平潭两岸共同家园示范区未来发展具有重要的指导意义。

规划是平潭两岸共同家园示范区建设与发展的龙头。为了加快平潭两岸共同家园示范区的建设，福建省委、省政府采取国际邀标的方式，就"平潭综合实验区概念性总体规划"在全球范围内展开征选，并从全球20多家规划设计机构中选择了台湾地区、英国、日本、德国4家设计机构，共同参与概念性总体规划的编制，进一步提升了平潭综合实验区总体规划和各专项规划的科学化水平，为平潭未来发展科学地设计一套高起点、管长远的规划体系。

为保持平潭优良的海岛生态特色，以优美的生态环境促进两岸共同家园的建设和发展，在城市规划上，平潭按照生态、低碳、智慧、开放的开发原则，以节约能源、降低资源消耗、减少污染排放作为重要目标，以发挥海峡、海湾、海岛三大海洋资源优势为重点，完成城市总体规划和水资源配置、生态环境保护、交通路网、科技智慧岛等20多个专项规划的编制工作，引导平潭调整经济结构和转变经济增长方式，提高能源资源利用效率，保护环境。

在城市空间布局、文化载体、标志性建筑等方面，平潭坚持精雕细琢、精益求精，合理控制建筑密度、高度，充分展示平潭海岛的城市特色。平潭依据实验区的发展定位和总体目标，围绕中心商务区、港口经贸区、高新技术产业区、科技研发区、文化教育区、旅游休闲区"多区多组团"的总体空间布局，采用组团推进、分时序开发的空间发展模式，着力深化各个小组团的控制规划，力争做到城市形态、路网交通乃至单体的外立面颜色、建筑风格都有专项的规划，使开发建设的每个环节、每个细节都有规划引领，按规划推进，[①]构建布局科学、分工合理、功能互补、协调发展的"四区多组团"功能布局结构（见表5-1、图5-1）。[②]

表5-1 "四区多组团"一览表

功能片区	组团构成	主导功能
中心商务区	岚城组团	高端商务、金融保险、行政办公、高尚居住
	竹屿组团	
	潭城组团	商贸服务、旅游服务、生活居住
港口经贸区	金井湾组团	特色商贸、免税购物、高尚居住
	吉钓港组团	保税物流、保税加工、转口贸易
	澳前组团	综合商贸、海产加工
科技文教区	中原组团	电子信息、海洋生物、清洁能源等高新产业
	幸福洋组团	智慧经济、智慧生活、游艇休闲
旅游休闲区	坛南湾组团	国际旅游、养生度假
	海坛湾组团	海滨观光、娱乐休闲

在小岛开发方面，按照"统筹规划、超前发展、突出特色、提升品位、划清层次"的原则，统一规划和布局屿头岛、大练岛、东庠岛、草屿岛等附属岛屿的开发建设，确保小岛开放开发建设按"施工图纸"有序推进，构建一个特色各异、功能互补的海岛特色产业体系。其中，屿头岛定位为高尚住宅区及生态国际村，主要发展具有岛屿风光的高端别墅、私人度假区及

---

① 《孙春兰撰写平潭调查报告：努力建设两岸同胞的共同家园》，http：//www.fujian.gov.cn，2012-01-10。
② 《平潭综合实验区总体发展规划》，http：//wenku.baidu.com/view/0711692558fb770bf78a5564.html。

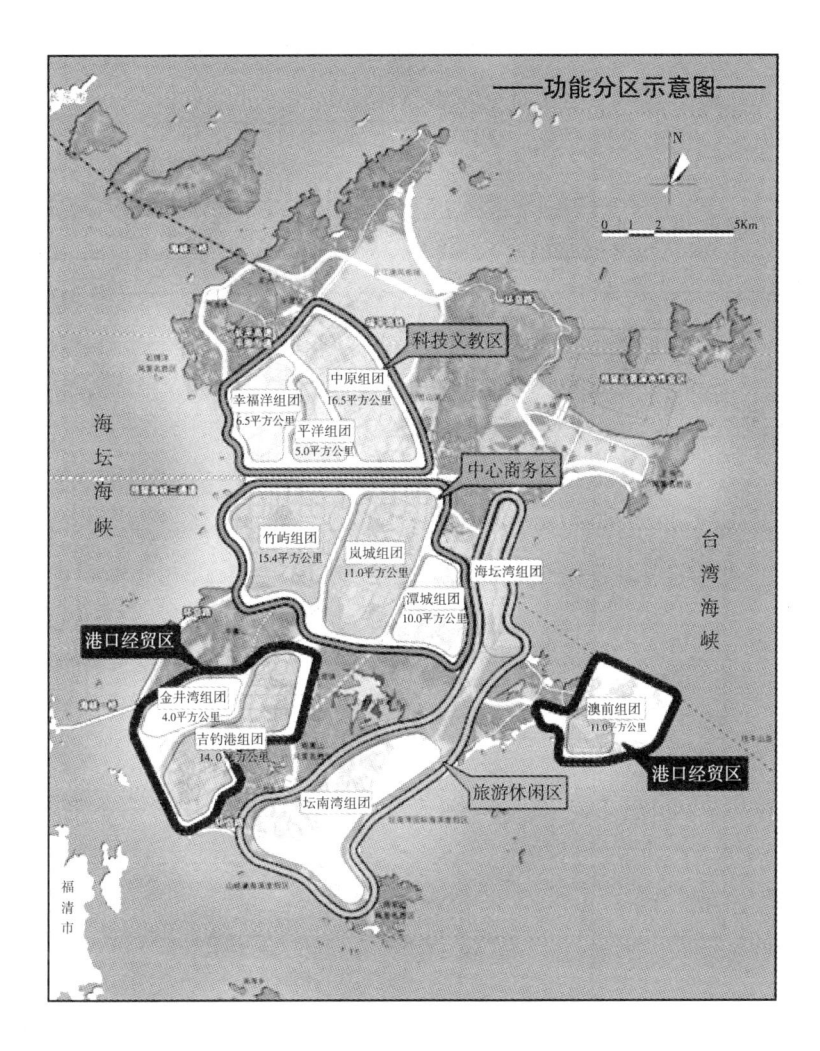

图 5－1　平潭综合实验功能分区示意图

资料来源：福建省城乡规划设计研究院。

海洋文物区，建设沉船博物馆、海底文物研究中心、沉船打捞技术研究中心。大练岛定位为船舶产业岛，规划船舶修造区、海洋生物产业区，发展船舶修造及海洋生物产业。东庠岛定位为海洋牧场岛，依托现有渔业特色，发展结合观光的海洋牧场，进一步完善东庠葫芦澳渔港，远期规划与流水湾结合建设大型物流港。草屿岛定位为海上补给基地，作为东南沿海航线要冲，规划建设船舶补给、加油、维修、服务和船员休闲基地，配套建设国际海员俱乐部、高级宾馆酒店。塘屿岛定位发展为高端国际度假岛。

在生态建设和环境保护规划上（见图5-2），平潭着眼于建设平潭低碳岛的目标，规划建设了两岸合作低碳科技示范区，加强台湾及境内低碳技术和产品引进，促进低碳产业、低碳建筑发展，加快构建低碳产业体系和消费模式。① 具体而言，一是加强生态保护。平潭加快建设涵盖城市水源、公共绿地及串联君山、坛南湾、竹屿湾、苏澳的四大生态廊道，构建平潭主岛的

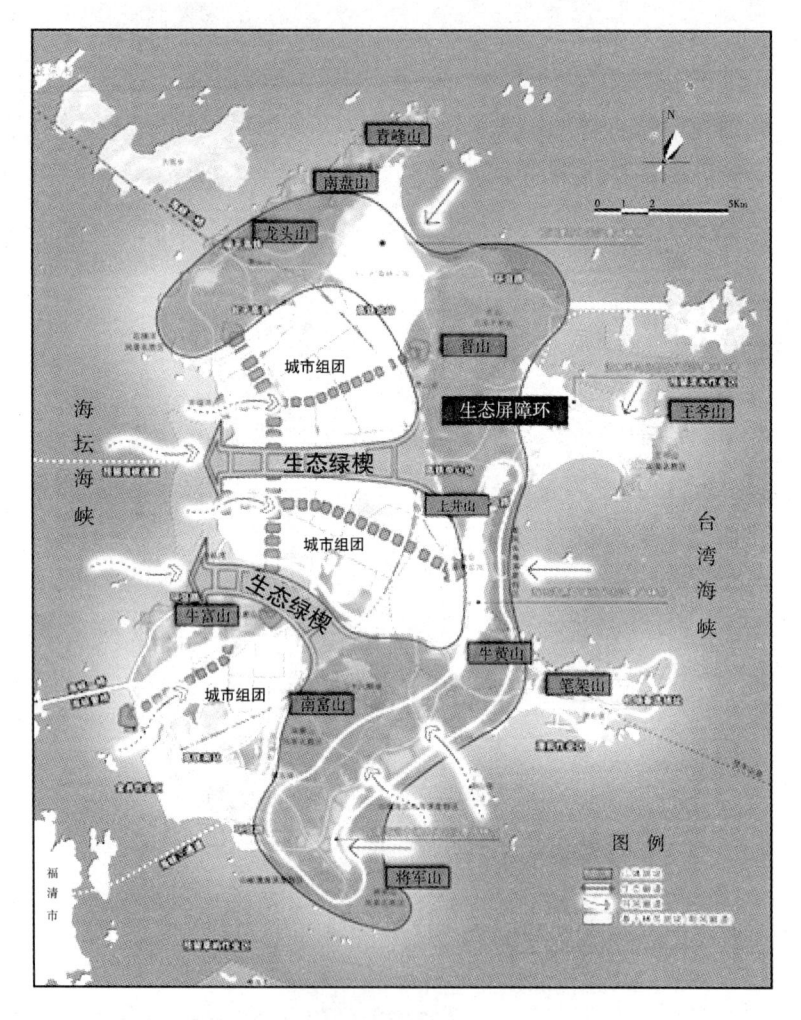

图5-2 平潭综合实验主岛生态格局引导图

资料来源：福建省城乡规划设计研究院。

---

① 《孙春兰撰写平潭调查报告：努力建设两岸同胞的共同家园》，http://www.fujian.gov.cn，2012-01-10。

生态保护体系。二是大力实施"大绿化工程"。平潭加快了植树造林建设，制定下发了《平潭综合实验区生态建设指标体系》，对生态建设任务进行分解细化、督促考核。从2011年起连续5年开展大规模植树造林绿化工程，每年植树1000万株，规划到2016年，基本形成城市东、北、南部的绿色屏障和生态安全保护体系。① 同时，加快了防风固沙防护林建设，在长江澳、远中洋等五大主要风口布置建设阻风廊道，以有效减缓东北季风影响，营造岛内宜居环境；在金井湾、竹屿、幸福洋组团预留布置大片绿地、湖面水体等，通过绿廊、水廊、路廊降温，作为城市降温廊道，发挥舒适微气候系统的节能作用；预留200～500米生态保护绿地，严格保护三十六脚湖、竹屿湖以及君山水源环境敏感区域。全区范围内地表水环境质量，应严格执行《地表水环境质量标准》（GB 3838－2002）Ⅲ类标准。台湾海峡、海坛海峡海域执行不低于《海水水质标准》（GB 3097－1997）第二类标准。全区大气环境质量应严格执行《环境空气质量标准》（GB 3095－1996）二级标准。全区声环境质量应严格执行《声环境质量标准》（GB 3096－2008），低于各类声环境功能区环境噪声限值。全区固体废弃物的处理应达到国家相应污染控制标准。三是加强对水下文物、文物保护单位、历史建筑（特色民居）、特色地段和非物质文化遗产的保护。

平潭综合实验区在开放开发过程中，贯彻党的十七大精神，落实科学发展观，在经济总量增长的基础上，进一步提高发展的质量，增加发展的"绿色"成分，重视和保护实验区的生态环境，综合考虑资源环境的可承载能力，实现可持续发展。

二 硬件、软件建设

由于历史和自然条件等原因，长期以来，平潭的基础设施建设相对滞后。与作为两岸同胞共同家园示范区的要求相比，平潭的基础设施必须适应大开放大开发和密切两岸人员往来的要求。因此，构建适度超前、服务便捷、安全可靠的基础设施支撑保障体系，是当前平潭建设两岸同胞共同家园示范区，加快平潭开放开发最为紧迫的任务。

（一）硬件建设

硬件建设，主要是指平潭综合实验区的基础设施建设及实验区工业、高

---

① 《孙春兰撰写平潭调查报告：努力建设两岸同胞的共同家园》，http：//www.fujian.gov.cn，2012－01－10。

技术产业和现代服务业等方面的建设。平潭位于福建省东部海域，经济发展相对落后，其中一个重要原因就是硬件设施建设滞后，这也是平潭综合实验区开放开发首先面临的问题。为了满足两岸经贸文化交流合作的需求，城市基础设施建设刻不容缓。

1. 基础设施建设

常言道："要致富，先修路。"便利的交通网络体系是平潭建设两岸共同家园不可或缺的条件。为此，福建省委、省政府提出了"三年投资1000亿元，全面推进平潭基础设施建设"的目标（见图5-3）。2010年11月30

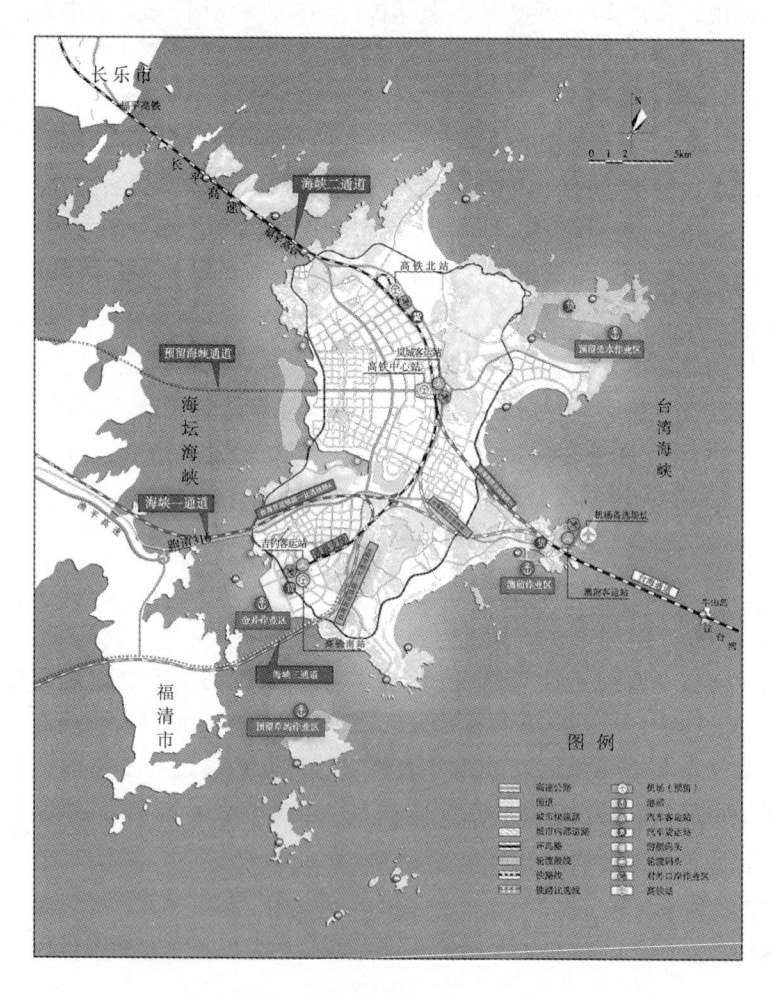

图5-3 平潭综合实验区对外交通示意图

资料来源：福建省城乡规划设计研究院。

日，总长 3510 米、双向四车道的平潭海峡大桥通车（见图 5-4）；渔平高速公路建成通车，平潭到福州的车程由原来的 3 个小时缩短到 80 分钟，结束了岛上居民通过轮渡进出平潭的历史。2011 年平潭基础设施主要围绕"一环两纵三横"的主干路网建设展开（见图 5-5、图 5-6），

图 5-4 平潭海峡大桥建成通车

资料来源：http://www.ljxw.gov.cn。

平潭着力抓好平潭海峡大桥复桥、上岛高速公路和高铁、环岛公路、海峡高速客滚码头等一批重点工程，以及城市主干道和码头、供水供电、污水处理等交通市政配套基础设施的建设，同时，加快推进了吉钓港 1~5#泊位和澳前客滚码头及配套设施的建设。目前，"一环两纵三横"的主干路网骨架已基本形成，澳前客滚码头已具备通航条件，金井湾吉钓港区 2012 年底可全部投入使用。2011 年 11 月 30 日"海峡号"成功直航平潭至台中航线（见

图 5-5 平潭环岛路安海澳至潭南湾路段示意图

资料来源：http://www.xmhour.com。

图5-7），平潭至台湾的海上快捷通道成功开通。这拉近了平潭与台湾以及省内不同地区的时空距离，为平潭两岸共同家园发展开辟了空间。

图5-6 平潭环岛路长江澳路段示意图

资料来源：http：//www.tourking.tw。

图5-7 "海峡号"成功直航平潭至台中航线

资料来源：http：//www.tourking.tw。

2011年平潭为解决岛内供水问题，实施了闽江引水工程，目前，经海峡大桥的供水管道已铺设完成。在水利工程建设上，加快推进应急供水、排涝排潮闸门加固改造和海堤加固等三大水利工程建设。

2. 重点产业发展和组团建设

两岸经济对接是文化深度交流、社会融合发展的基础与前提，也是提高平潭综合实力的现实途径和基本要求。① 建设平潭两岸共同家园，最为根本的是要推进两岸产业的深度对接，为共同家园建设提供坚实的产业支撑。为此，福建省委、省政府围绕做强平潭实体经济，加快构建现代产业体系，多次召开平潭产业发展专题会议，分析研究平潭产业发展的取向，提出立足平潭的资源禀赋，瞄准产业发展前沿，突出重点，积极发展绿色、低碳、技术含量高的电子信息、新材料、新能源产业。积极承接国内外尤其是台湾的高新技术产业转移，着力引进集研发、生产、服务、应用为一体的企业和处于产业链核心的项目。2011年平潭综合实验区安排了12项产业培育项目，总投资额达323.6亿元，计划完成投资100.5亿元。其中主要有：台湾协力科技产业园项目，总投资73亿元，主要建设集成电路封装、6英寸晶园、8英寸晶园基地；冠捷工业园项目，总投资16.4亿美元，主要发展液晶面板及上下游配套产业，共10家企业；同时，吸引东森集团、水木动画等在平潭创办文化产业；在清洁能源产业方面，平潭作为国家新能源开发试验岛，已建成陆上风电装机容量10.6万千瓦，目前正着手大力发展海上风电，重点推进海坛岛东北部和南部草屿岛等近海区域海上风电场建设，力争到2015年动工建设装机容量达20万千瓦的海上风电场。②

现代服务业是平潭未来发展的重点产业。围绕建设依托海西、服务两岸的现代服务业集聚区目标，平潭加快了旅游会展、现代物流、金融、文化创意以及商贸流通等现代服务业的发展。目前，企业总部基地、商务营运中心、两岸渔人码头等项目已动工；航运中心、联美总部基地等项目前期工作有序推进。规划建设的旅游休闲区是"四区多组团"的重要发展区域，目前，正加快其旅游产业项目的建设，积极开发高端海滨度假产品，形成以海

---

① 《孙春兰撰写平潭调查报告：努力建设两岸同胞的共同家园》，http://www.fujian.gov.cn，2012-01-10。
② 《全岛大开放实施"平潭战略" 蓝色跨越正当时》，http://www.fjsen.com，2012-07-29。

滨度假为主导，海上运动、观光休闲等为支撑的国际海岛旅游产品体系。同时，争取设立海关特殊监管区域，开工建设保税港区、保税加工区和保税物流园区，2013年7月1日起，平潭获设区市出入境管理权限。在主岛功能布局方面，中心商务区重点布局发展高端商务、行政办公、金融保险、高尚居住及旅游服务；港口经贸区充分利用未来陆海空交通便捷及两岸人员、货物、资金高效流动的优势，建设具有特色、功能完备的现代港口经贸区；科技文教区布局发展高附加值的高新技术产业、低碳科技产业和文化教育产业，建设两岸合作的低碳科技示范区、高新技术产业园区和文化教育合作区；以坛南湾组团及邻近岛礁为主，旅游休闲区正在着力打造国际旅游、休闲养生目的地，建设山海融合、自然与人文和谐共存的国际知名的观光旅游休闲度假区。

3. 大力推进城市建设

水资源是重要的战略性资源，对于平潭两岸共同家园建设及经济社会可持续发展尤为重要。伴随着平潭开放开发步伐的加快，岛内水资源贫乏、供水体系薄弱等问题日益凸显。根据福建省委、省政府提出的"突出重点、保障平潭、统筹兼顾、优化配置"的要求，福建省水利厅策划提出闽江北水南调工程规划方案（见图5-8）。目前，引调水一期工程包括从福清北林水库引入的引调水工程、三十六脚湖水库清淤工程，以及岛内的雨洪利用工程，工程总投资约9.64亿元。2011年以来平潭综合实验区先后完成了三十六脚湖清淤、君山湖开挖工程、新区污水处理厂建设和垃圾焚烧发电厂主体工程等项目；兴建了实验区第二水厂，组建了水务集团，统筹做好岛内外水资源的综合利用；启动了澳前镇官姜村的"海水与海洋能利用集成技术研究与示范"项目，项目建成后可日淡化海水1万吨。在城市交通项目中，开工建设平潭一级客运站和LNG公交车，完成老城区主干道改造提升工程。在电力方面，完成22万伏电力工程建设；在居民生活方面，高标准建设一批安置小区、经济适用房和保障性住房，力争完成100万平方米，目前，澳前、岚城等7个安置小区正在加紧建设中。绿化、美化城市空地，建设竹屿湖、万宝山、莲花山和西航公园，高标准改造森林公园，并配套建设城市设施。同时，加强城区综合整治工作力度，提升实验区对外形象。

（二）软件建设

软件建设，重在综合实验区管理水平、经营水平以及服务水平的提高。

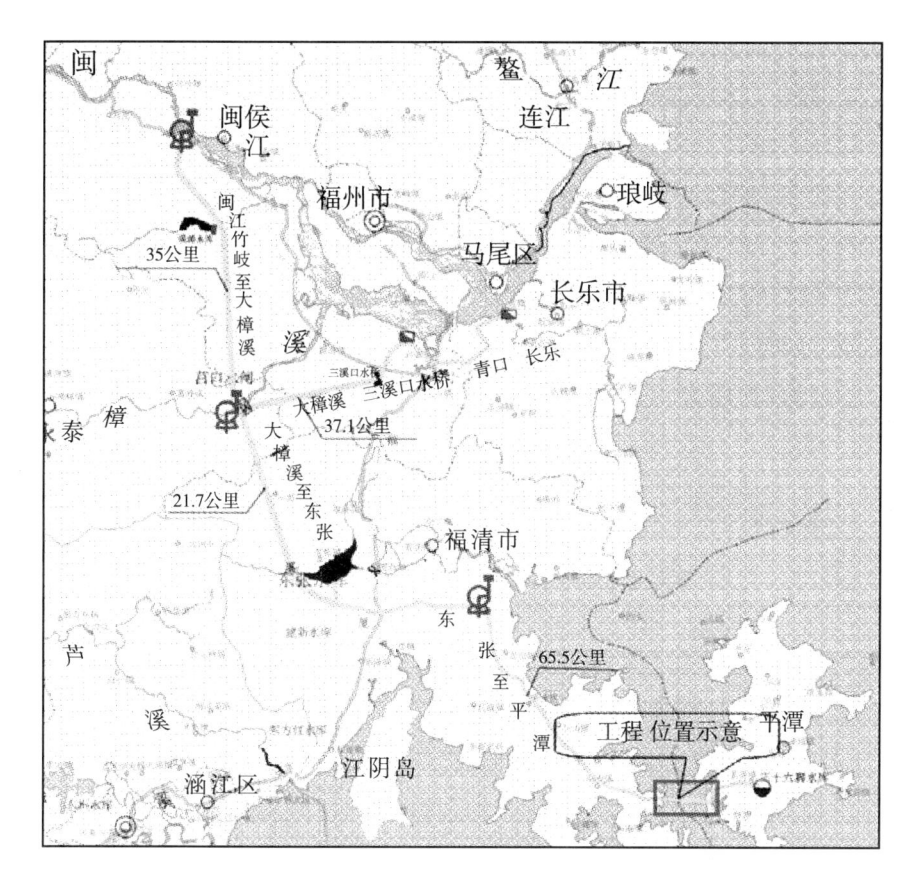

图 5-8　闽江北水南调（平潭引水）工程示意图

资料来源：福建省水利厅。

在这方面，平潭综合实验区特别关注实验区建设人才的集聚、教育的发展、创业氛围的营造、文化生产力的提升及社会事业的统筹发展（见图 5-9、图 5-10）。

1. 人才、教育方面建设现状

人才资源是社会发展、经济建设的重要推动力量，高素质人才的匮乏，特别是管理、经营和服务方面的人才缺乏是平潭综合实验区开放开发所面临的突出问题。为组建好实验区管委会班子，福建省先后从各地抽调精兵强将，公开选拔吸引高层次人才；同时启动实施了"四个一千"人才工程，从 2012 年起，5 年内下派 1000 名干部支援平潭建设。2012 年下半年，福建省根据平潭目前建设需要，在深入调查摸底、反复论证的基础上，推出 400

图 5-9　第十二届海交会平潭综合实验区专馆

资料来源：http://www.chbcnet.com。

图 5-10　第十二届海交会平潭综合实验区专馆

资料来源：http://www.tailiao.org.cn。

多个高端高职岗位，面向台湾和国外、省外招才纳贤。其中包括面向台湾招聘1名平潭综合实验区管委会副主任、4名管委会经济发展局等部门副局长、15名管委会传媒中心等国有企事业单位管理人员和专业技术人才，面向台湾和海外招聘5名管委会发展研究中心研究人员，面向海内外招聘176

名平潭海洋大学、协和医院急需紧缺高层次人才,面向海内外引进电子信息、新能源等6个领域创新创业团队,面向台湾引进城市规划等4个方面项目合作团队,并着力吸引一批台湾高校毕业生来平潭创业。[①] 同时,实验区加大了教育投资力度,从2011年起平潭率先实施了高中阶段免费教育政策;重点建设了平洋组团海峡教育园区,布局两岸合作联办大学,培养高端及各类专业技术人才。在岚城组团、金井湾组团和海峡城内各规划建设一个包括幼儿园到高中在内的综合体学校;在平洋组团设立平潭大学、"产学研"基地及职教园区三类功能分区,大力发展高等教育和职业教育,重点培养各类高层次人才。平潭综合实验区应当放眼国内外,优化人才管理体制,改善人才市场环境,健全人才引进机制,为实验区开放开发提供强大的智力支持。

2. 文化生产力的提升

据平潭县平原乡南垄村壳丘头新石器时代遗址的发掘、考证,平潭远在六七千年前就有人类活动,历史悠久,文化资源丰富,其中主要包括平潭的海防文化、军事文化、渔家文化、历史人物文化、旅游景点文化、台海文化等几个方面。如何将平潭独特的文化资源(见

图5-11 平潭沙雕文化节

资料来源:http://www.tuan800.com。

图5-11)转化为文化生产力进而提高文化软实力与综合竞争力一直都是实验区管委会关心的大事。平潭综合实验区开放开发为平潭的发展带来了千载难逢的机遇,因此要把握时机,大力开发,深入系统地研究和开发平潭综合实验区的文化资源,形成具有平潭特色的文化品牌,为平潭综合实验区开放开发提供强大的推动力。文化建设需要硬件支持,为此平潭综合实验区依托中岚、岚城组团和西海岸滨海地区设置文艺展馆、博物馆、图书馆、音乐

---

① 苏树林:《平潭从台湾引专才 放地放权放利让台胞参与管理》,http://www.fj.qq.com/a/20120215/000020.htm,2012-02-15。

厅、电影院、剧院等。初步规划集中布局文化中心4处,分别位于竹屿、潭城、幸福洋、金井湾4个城市组团的中心地区,结合各社区及中心乡镇配建文化活动馆与老年活动馆。

3. 统筹社会事业发展

党的十七大报告中作出将社会主义建设发展为"四位一体"的总体布局,并强调以改善民生为重点加快推进社会建设,这进一步突出了民生的重要性。为切实落实民生工程,在医疗卫生方面,平潭高标准建设了一批综合性医院、生殖保健中心、疾控中心和社会福利中心、敬老院、公墓陵园,同时加快了乡村医疗卫生标准化的建设。在社会服务方面,完善社会服务体系,加快推进各类养老、残疾人、精神卫生和儿童服务设施建设,推动养老服务向适度普惠型发展;加快社区服务设施建设,完善社区服务功能;提高各类救助对象的救助补助标准,进一步完善城乡居民最低生活保障制度,建立新型社会救助体系;建立优抚对象抚恤补助标准自然增长机制,推进新型优抚医疗保障制度;提高新农合标准,2011年平潭新农合政府补助标准为250元,比国家标准多20元,2012年进一步提高到320元,政府补助标准是全省最高的。全区60周岁以上的城镇居民全部纳入保险,社保覆盖范围不断扩大;提高对婚姻、殡葬等各项社会事务的管理和服务水平。

在产业项目的带动下,平潭呈现了跨越发展的强劲态势,2011年地区生产总值比2009年提高60%,财政总收入比2009年提高220%,城镇居民可支配收入和农民人均纯收入分别比2009年提高35%、23%。[①]

三 体制机制创新探索

体制机制建设主要是指平潭综合实验区相关的政策、组织机构和法律建设。彭京宜教授提出各种体制机制创新的问题大致分为三种情形,即"外向"型、"内向"型和"上向"型。[②] 平潭综合实验区开放开发的体制机制创新也大致围绕上述三种情形。

首先是"外向"型。平潭综合实验区开放开发是为了发挥海峡西岸经

[①] 《孙春兰撰写平潭调查报告:努力建设两岸同胞的共同家园》,http://www.fujian.gov.cn,2012-01-10。

[②] 彭京宜:《海南国际旅游岛建设的四个层次》,《中共中央党校学报》2011年第1期。

济区独特的对台优势和工作基础，构筑两岸交流合作的前沿平台，推动两岸交流合作向更广范围、更大规模、更高层次迈进。其主要目标可概括为免签证、零关税、下放行政权和实现直航。具体来说，平潭综合实验区实施全岛开放，为台湾同胞和国际游客进出提供了更多的自由和方便；设立海关特殊监管区，建设保税港区、保税加工区和保税物流园区，全岛比照横琴模式"一线管住、二线放开"，在岛内实现与台湾地区货物通关便利并实行免税政策。另一方面，逐步下放省级经济管理权限，消除政治管理制度对实验区开发建设的阻碍。

其次是"内向"型。主要目标是改革行政架构，科学开发资源。一是土地政策上，在遵循《全国土地利用总体规划纲要（2006—2020年）》基本原则的前提下，支持平潭开展土地管理改革综合试点，优先保证平潭开放建设用地，对重大项目用海的围海填海计划指标予以倾斜。二是管理体制改革，坚持精简、统一、高效和大部门制改革的原则，根据平潭综合实验区开放开发工作的职能定位和分工设立管理机构，全力打造扁平化、高效率服务型政府。2012年6月28日，平潭行政服务中心、招投标交易中心、国库支付中心同时启用。三个中心的运行，既为公众提供了方便快捷、优质高效的服务，又体现了政府公开、公正、透明的形象，有利于优化投资环境，营造对外开放的良好氛围。

最后是"上向"型。主要目标是争取中央给予更多的优惠政策，包括财税支持、金融保险、投资准入、自主审批权，等等。在《关于支持福建省加快建设海峡西岸经济区的若干意见》中，国家给予平潭综合实验区多方面的政策支持：实行更加开放的对台贸易政策和扩大对台贸易的政策；大力吸引台湾企业到海峡西岸经济区设立地区总部的政策；加强与台湾现代服务业合作，建设海峡西岸物流中心；建设两岸区域性金融服务中心的政策；推动对台离岸金融业务，拓展台湾金融资本进入海峡西岸经济区的渠道和形式的政策；优先批准台资银行、保险、证券等金融机构在福建设立分支机构或参股福建金融企业的政策。福建省委、省政府集全省之力加速推进实验区建设，相关部门也相应出台了一系列政策措施。

四 经济发展模式的实践与探索

发展模式就是平潭两岸共同家园建设在现今历史条件下的经济发展特

征、经济发展过程及其内在机理。关于区域经济发展模式的探讨，国内外学者各执一词，世界各个国家和地区在发展模式的选择上也存在明显差异。具体的区域经济发展模式的选择要结合实际情况，取决于该地区的生产力发展水平，主要是客观经济条件和国家主导的发展战略的影响，例如"苏南模式"在我国经济体制条件下，由政府主导，公有资本推动，取得巨大的成功，但随着市场经济体制改革的推进，政府的强力干预使"苏南模式"失去了活力；"温州模式"以市场为主导，实现资源配置市场化，使民营资本和民营企业在市场经济机制下得到迅速发展；"珠江模式"则凭借毗邻港澳、华侨众多及国家优惠政策倾斜的优势，依靠外资和产业转移，使得广东经济取得巨大的成就。

平潭的最大优势就在对台。平潭两岸共同家园建设可以借鉴以往经济区的发展模式和经验，同时又要不同于过去。建设平潭两岸共同家园具有特殊的政治意义，平潭综合实验区的开放开发不再局限于经贸交流合作，而是深化到社会、经济、政治、文化等各方面综合性的合作，以促进两岸共同发展。为此，福建提出"三放"：放地、放利、放权。放地，就是学习借鉴横琴的做法，在平潭划定一些区域，由台湾的市县或者机构按照总体规划来进行开发或者共同开发。放权，就是在放地的区域里由台湾同胞来进行管理，在其他一些区域请台湾同胞来参与管理。放利，就是让到平潭来的台湾同胞和台湾的企业以及和平潭合作的台湾的市县和机构获得实实在在的利益。①

第二节 平潭两岸共同家园示范区建设的战略推进

一 平潭两岸共同家园示范区的总体建构思路

平潭两岸共同家园示范区的建构涉及平台两地政治、经济和文化交流合作等方面，既不是一般意义上的单个行政区划，也不同于主权国家之间的合作区域或是在"一国两制"的条件下中国的省级行政区域与台湾之间

---

① 苏树林：《平潭从台湾引专才　放地放权放利让台胞参与管理》，http：//www.fj.qq.com/a/20120215/000020.htm，2012-02-15。

的合作区域，而是在区域经济一体化和两岸关系和平发展的推动下，以平潭综合实验区为平台，以两岸人民"共同规划、共同开发、共同经营、共同管理、共同受益"为理念，探索构建连通平台、两岸合作共建的先行先试示范区，分工合理、功能互补、协调发展的两岸产业深度对接示范区，知识密集、信息发达的创新活力示范区，资源节约、环境友好的生态宜居宜业示范区，文化相通、经济相融的两岸文化教育合作示范区，山海融合、自然与人文和谐共存的国际休闲旅游度假示范区，满足两岸人民日益增长的物质生活和精神生活需要，促进海峡两岸朝着文明、公正、稳定与和谐的方向健康发展，为构建两岸人民交流合作先行先试区域探索经验，提供示范。

平潭建构两岸共同家园的核心理念是"共同建设、共同治理"，因此，应立足两岸和平发展大局，突破传统思维定式，体现"高起点、高层次、全方位、新模式"的基本定位。

1. 高起点

平潭建构两岸共同家园示范区，不仅是为了创建对台社会经济活动改革的实验区，更是为了通过共同家园的各种交流合作平台的作用，经济上创造两岸经济共同体，寻求两岸共同利益；社会上创建两岸"共同生活圈"示范区，追求共同的生活方式；文化上塑造两岸共同的价值观，追求两岸共同的情感认同、身份认同，加速两岸整合，进而形成具有两岸特色的家园认同、家国认同。

2. 高层次

在平潭两岸共同家园示范区的功能定位上，福建省应抓住国家经济社会发展和两岸关系和平发展的利好机遇，尽快将平潭岛开发提升为国家战略，在国家级新区开发的基础上，从国家战略布局的层面吸纳一切有利于两岸关系和平发展的创新元素、活力因素，把示范区建设成开放程度最高、经济自由度最大、发展活力最旺盛、资金凝聚力最强的两岸共同家园。要借鉴国际上最先进的功能区建设经验，在高起点上与国际运行模式接轨；要统筹共同家园实验区的规划和发展，更要统筹世界经济的走势和需求；要利用好海峡西岸经济区先行先试的政策资源，更要利用好平潭近台的独特地理区位优势；要发挥平潭综合实验区的聚集效应，更要发挥"辐射经济圈"的放大效应。通过"共同建设、共同治理"，形成两岸共同家园持续向前发展的新合力与推动力。

3. 全方位

平潭两岸共同家园示范区的范围应该是两岸在开放领域和开放程度基础上的全方位合作，既能够使平台两地最大限度地获取经济、社会、文化等领域合作构建的好处，又有与示范区区域外发展创新联系的充分空间。因此，两岸除了在平潭综合实验区基础设施建设上合作外，还要进一步开展节水减排型的电子资讯、海洋生物、清洁能源等新兴产业，以及在商务服务、休闲旅游、科技研发、高新技术等四大主导产业方面进行平台产业的深度对接与合作，通过海关通关创新制度、鼓励金融创新、实行更加开放的产业和信息化政策、支持进行土地管理制度和社会管理制度改革，支撑平潭两岸共同家园示范区的发展。

4. 新模式

平潭两岸共同家园示范区的核心问题是如何探索"共同规划、共同开发、共同经营、共同管理、共同受益"的合作推进模式。解决这一问题的关键是吸收和借鉴各种区域经济一体化形式的优点，对两岸共建共同家园示范区进行机制制度创新，加大平台两地在新能源开发、海洋资源开发、旅游业、生态环保产业及低碳经济等领域的合作与发展。另外，可在平潭综合实验区内先行实施ECFA签订的项目和条款，为ECFA的全面实施探索途径，积累经验。

建设平潭两岸共同家园示范区，从全局的角度来看，必须突破传统思维定式，加快创新两岸合作发展模式，积极探索两岸"共同规划、共同开发、共同经营、共同管理、共同受益"的有效途径，促进两岸合作模式由经济领域向社会、文化、教育以及政治等领域延伸，实现两岸经济、社会、文化、教育和政治的互动发展，促进两岸交流合作向宽领域、深层次方向发展，最终走向一体化。从两岸共同家园示范区建设的内容上来看，平潭两岸共同家园示范区建设应从加工贸易合作开始逐步推向高端服务业合作，合作将更多地采取项目合作的方式开展。因此，这必将对今后两岸经济、社会、文化合作思路和措施产生极其深远的影响。

二 平潭两岸共同家园示范区的建构目标

当前，两岸和平稳定、共同发展已成为两岸关系发展的主流，也是未来两岸关系发展的重要目标。其中关键就是通过两岸各式交流合作的平台，加速两岸整合,寻求两岸共同利益,形塑两岸共同价值,形成具有两岸特色的家园认同、家国认同。就目前平潭经济社会发展的现实以及《海峡西岸经济区发展规划》中阐明的内容而言,平潭两岸共同家园示范区建设的目标主要包括如下内容。

(一) 构建两岸区域合作前沿平台,探索合作新模式

围绕"五个共同",按照创新合作模式、深入推进交流合作的要求,积极探索具有示范效应的两岸经贸特区、两岸旅游合作实验区、两岸文教合作紧密区等更加开放的合作方式,开展两岸经济、文化、教育和社会等各领域交流合作的综合实验,率先在合作体制和政策上实现创新与突破,推进两岸产业深度对接,推动两岸投资自由贸易化,推进两岸多种形式的民间交流合作,为两岸交流合作开辟新路、拓展空间、创新机制,以此来带动两岸共同家园的建设和发展。

(二) 建设两岸直接往来的便捷通道

抓紧规划建设平潭至福州的海峡第二通道,畅通平潭岛与陆地联系的通道。适时开通平潭至台湾的海上快捷客货滚装航线,构建两岸直接往来的便捷通道。加快建设环岛路等内部路网体系和市政设施,加强生态环境保护和综合防灾体系建设,优化人居环境,建设现代化花园岛城市。

(三) 打造两岸民众"共同生活圈"

积极寻求中央赋予平潭综合实验区特殊政策与灵活措施,优化人居环境,建设现代化海岛城市,创造平潭两岸民众吃、住、行的便利条件,追求共同的生活方式,形成具有两岸特色的家园认同、家国认同,打造平潭两岸民众"共同生活圈"。

(四) 构建两岸经贸合作特殊区域

积极寻求中央赋予平潭综合实验区特殊政策与灵活措施,将平潭作为"两岸ECFA特别试行区",允许国家禁止之外、不涉及国家安全的各类台商投资项目落地建设,高起点发展电子信息、海洋生物科技、物流、旅游等高新技术产业和现代服务业;发展低碳技术,加强两岸旅游合作,对接台湾文化创意产业,促进两岸产业深度对接与融合。

(五) 创新共同家园管理新模式

建构平潭两岸共同家园示范区,表明两岸的合作战略将出现从"经贸合作""产业合作"向建设更加讲求科学性、合理性的"共同家园"转变

的趋势；体现了中共中央谋求突破两岸体制障碍实现区域合作发展的理念，体现了中央在区域经济发展方面的长远战略思维，同时也体现了福建省关于平潭综合实验区不同行业适度非均衡发展的思路。因此，积极探索台胞参与平潭社会事务管理的方式，把平潭打造成为适宜两岸民众居住的示范区，这不仅是两岸同胞的一致愿望，也是两岸关系和平发展的迫切要求。

三　平潭两岸共同家园示范区建构的战略性推进建议

两岸共同家园示范区建设是一个边研究、边尝试、边完善的长期复杂的系统工程，许多合作需要中央政府和国家各部委的政策支持。当务之急是福建要根据ECFA和目前闽台两地经济社会发展现实，转变观念、大胆创新，不断优化平潭综合实验区的资源配置。

（一）积极争取对建设两岸共同家园起关键作用的资源

首先，福建省委、省政府应充分把握国家层面高度重视平潭综合开发的战略机遇，顺势而上，力争尽快将平潭综合实验区提升为国家级新区，为两岸共同家园建设争取到国家新区政策。其次，福建要充分利用平潭对台的独特区位优势，积极向中央和国家各部委争取我国经济国际化改革的重大项目，在平潭综合实验区内先行先试，这样才能不断增强平台之间的经济联动。再次，争取中央赋予福建一定的立法权限，制定和完善地方性法规和政策，建立跨越制度鸿沟的两岸共同家园协调创新合作机制，为打造平潭两岸共同家园示范区提供法律保障。

（二）规范平潭共同家园建设的市场秩序

加强两岸海关、检验检疫、税务、质检以及食品药品监管等部门的合作，就两岸经贸纠纷调解与仲裁、知识产权保护、投资者权益保护、避免双重课税等问题，在充分协商的基础上签订区域性协定，建立有利于平台产业互补合作的软环境，推动平台经济技术层次的建制性安排。同时，通过政府建制力量，在彼此不改变现行经济体制、不影响其他地区实际利益前提下，在实验区范围内统一工业制品、农产品质量标准，检验检测标准和相关认证标准，为实验区内企业的生产、经营和服务活动以及企业间的合作交流提供便利，使平台两地缺乏规范、松散、不稳定的产业经济交流，逐步向规范化的互补合作关系发展，形成由小到大、由浅到深、由低到高、由分散到集中的两岸经济一体化发展态势。

（三）积极探索平潭两岸共同家园治理的新模式

打造两岸共同家园，是一项艰巨复杂的社会、经济、文化综合改革实验，必须下大决心改革一切不适宜共同家园发展的旧体制。首先，要建立与共同家园相衔接的综合管理体制和运行机制。建议高配领导机构，由省级领导直接挂帅平潭综合实验区管委会，统筹协调（福建）省、（福州）市和（平潭）县关系，也可吸收具有政经背景的台湾人士或台商参与管委会工作。其次，继续完善平台两地高层的联络员制度和年会制度，建立地方政府各职能部门对口沟通合作机制。再次，建立两岸共同家园专家委员会，由平台两地经济、社会、法律、管理、科技、城市规划、生态环境、园林绿化、文化旅游等方面的专家共同组成，负责共同家园建设的研究、咨询和论证工作，形成共同家园治理的长效机制。最后，构建有特色的社区自治模式。治理是政府、公民以及相关民间社会组织通过合作、协商的方式进行管理。两岸共同家园社区治理可以考虑在两岸事务层面对公权力的活动领域进行主动的战略收缩，让两岸民间社会力量走到前台，发挥民间社会内在的创造力和自我约束力，处理目前公权力部门尚不便直接治理或难以直接治理的民间事务，以免出现因公权力缺位造成的真空和失序。

（四）广辟渠道保证共同家园建设的资金投入

打造平潭两岸共同家园示范区，是一项功在当代、利在千秋的宏伟事业，需要大量的资金支持。为此，要坚持"两岸人民合作建设、先行先试、科学发展"的原则，通过政府投资、社会投资、银行贷款、吸引外资等多种途径，拓宽平潭两岸共同家园示范区建设的投资渠道，逐步建立起"大陆财政投资为引导，两岸社会投资为主体，银行贷款为支撑，外资引进为补充"的多层次、多渠道资金投融资体系。同时，应先行先试，积极筹建"两岸共同发展基金""两岸新文化发展基金"，通过经济活力工程、特色化发展工程、限期经营权置换基础设施工程、创新中心工程等非常规战略措施的应用，实现平潭超常规发展。

（五）加快平潭综合实验区基础设施建设

首先，平潭综合实验区基础设施建设规划等，要充分考虑共同家园示范区建设的需要；其次，平台交通及通信合作应该有所突破，应尽快在平潭实现平台"同城化"；再次，平台应联合采取优惠政策，积极吸收国内外科技、金融、管理等人才，为打造平潭两岸共同家园示范区准备人才。

  平潭两岸共同家园示范区建设不仅具有良好的外部环境，也具有坚实的合作基础，而且存在着各方面合作的基点。通过"两岸人民合作建设、先行先试、科学发展"，相信能够创造两岸经济、社会、文化合作发展的热点，使实验区成为两岸经贸合作、文化交流和人员往来的便捷通道，建成人居环境适宜、自然生态优美、产业高度发达的两岸共同家园，为两岸和平发展和实现祖国统一大业做贡献。

第六章
平潭两岸"智合"智慧岛的模式创新

第一节 智慧城市的内涵及其基本特征

一 智慧城市的概念界定

2008年,IBM提出重大社会发展理念:智慧地球(Smart Planet)。它认为世界的基础结构正在向智慧的方向发展,可感应、可度量的信息源无处不在,让一切变得更加智能。智慧地球需从智慧城市开始着手,智慧城市是智慧地球的一个核心要素和突破点。2009年8月,IBM在原有智慧城市概念界定的基础上,在《智慧的城市在中国》白皮书中进一步把智慧城市界定为"能够充分运用信息和通信技术手段感测、分析、整合城市运行核心系统的各项关键信息,从而对于包括民生、环保、公共安全、城市服务、工商业活动在内的各种需求做出智能的响应,为人类创造更美好的城市生活"。在这个概念界定中,IBM进一步阐释了智慧城市运营所依赖的技术、方法是运用先进的信息和通信技术,将城市运行的各个核心系统进行充分整合,以智慧的方式运行,为城市居民创造更美好的生活,促进城市的和谐、可持续发展。美国互联网数据中心(IDC)认为,智慧城市通过一个中央控制中心来管理,利用IP-enabled的装置将先进的宽带服务和互联网数据库相互联结和沟通,市民、居民和访客随时随地能获得周边环境中的实时信息,最终实现远程管理和控制。美国学者Andrea Caragliu等人认为,智慧城市是决策者对社会资本、人力资本和传统与现代的通信基础设施进行投资,采用参与式治理的方式来实现对资源的管理,促进经济可持续增长,提高居民生活质量。

在 IBM 提出智慧地球的概念后，智慧城市的概念便引起全球的广泛关注，其核心是在互联网的基础上凸显"智能化"和"感知化"。目前，关于智慧城市的概念，专家学者皆从各自的领域对其有不同的解释。中国智慧城市促进会的李林教授认为智慧城市有狭义和广义两种理解，狭义的智慧城市是指以物联网为基础，通过物联化、互联化、智能化方式，让城市中各个功能彼此协调运作，以智慧技术高度集成、智慧产业高端发展、智慧服务高效便民为主要特征的城市发展新模式，其本质是更加透彻的感知、更加广泛的连接、更加集中和更有深度的计算，为城市植入智慧基因；广义的智慧城市是指以"发展更科学，管理更高效，社会更和谐，生活更美好"为目标，以自上而下、有组织的信息网络体系为基础，整个城市具有较强的感知、认知、学习、成长、创新、决策、调控能力和行为意识的一种全新城市形态。① 吴胜武（2010）认为智慧城市是采用更富于智慧的方法，通过新一代信息技术来改变政府与人民相互交流的方式，通过城市信息基础设施与城市空间设施等的结合来提高交互的明确性和灵活性，使政府与社区、企业和城市居民彼此作出更明智的决策。史璐（2011）认为智慧城市是指在城市发展过程中，地方政府为行使社会管理、公共服务、经济干预、市场监督等职能，充分利用互联网和物联网等新一代信息通信技术，智能地感知、分析和集成城市管辖区域的资源、环境、基础设施、交通状况、企业和其他社会组织的运行状况，以及它们对政府职能的需求，并及时作出相应的政府行为。由王世伟等人主编的《智慧城市辞典》中将智慧城市定义为："以数字化、网络化和智能化的信息技术设施为基础，以社会、环境、管理为核心要素，以泛在、绿色、惠民为主要特征的现代城市可持续发展理念和实践。"

综上，可以看出，智慧城市作为当代城市发展的新模式，更加强调城市与互联网、云计算、物联网等的结合，强调智慧服务于人、服务于企业、服务于城市的各个环节。基于此，本书采用目前比较权威的中国智慧工程研究会对智慧城市概念的界定："智慧城市是目前全球围绕城乡一体化发展、城市可持续发展、民生核心需求这些发展要素，将先进信息技术与先进的城市经营服务理念进行有效融合，通过对城市的地理、资源、环境、经济、社会等系统进行数字网络化的管理，对城市基础设施、基础环境、生产生活相关产业和设施的多方位数字化、信息化的实时处理与利用，为城市治理与运营

---

① 李林：《智慧城市建设思路与规划》，东南大学出版社，2012。

提供更简洁、高效、灵活的决策支持与行动工具,为城市公共管理与服务提供更便捷、高效、灵活的创新运营与服务模式。"它要求城市运营者和管理者把城市本身看做一个完整的生命体,通过综合运用现代科学技术、整合信息资源、统筹业务应用系统,加强城市规划、建设和管理,形成城市系统运转的良性循环,创造生活上绿色低碳、安全宜居,经济上健康可持续发展,管理上透明高效,以泛在、绿色、惠民为主要特征的现代城市。

二 智慧城市的基本特征

智慧城市作为政府改进城市管理和服务的一个非常重要的选择,具有如下基本特征。①

1. 新

主要表现在:一是新技术。智慧城市的核心是以一种更富于智慧的方法通过广泛运用互联网、物联网、云计算等新一代信息技术,改变政府、企业和人们相互交往的方式,对于包括民生、城市服务、工商业活动、公共安全以及环保在内的各种需求作出快速、智能的响应,提高城市运行效率,为市民创造更美好的城市生活。二是新模式。智慧城市是城市发展的一种新型战略与模式。它通过感知化、互联化、智能化方式,通过对城市里分散的信息化系统、物联网系统进行有机整合,促进了城市协同管理能力和调控能力的提高,从而进一步提高城市的管理水平。

2. 强

主要表现在:一是趋势性强。从国际上看,经济发达国家纷纷以物联网产业的发展和技术应用为突破口,加快推进智慧城市建设。从国内来看,北京、深圳、上海、广东、南京等10多个省市陆续出台了智慧城市发展专项规划,希望借助物联网布局进一步提升其经济竞争力。二是系统性强。智慧城市建立了融合通信网、互联网、物联网的泛在承载网络,有利于实现城市管理的系统化、协同化、智能化。

3. 高

主要表现在:一是低碳高效。随着城镇化进程的推进,城市管理、公共服务、城市交通、环境资源面临着越来越严峻的挑战。而智慧交通系统、智慧健康保障系统等智慧城市应用系统的建设,能够为城市发展中遇到的瓶颈

---

① 陈琪:《创建"智慧城市"之思考》,http://www.chinacity.org.cn,2012-01-10。

性制约提供解决路径。二是资源的高度整合与融合。智慧城市借助新一代的信息技术充分整合、有效联结，使城市中各领域、各子系统实现高度融合。

4. 广

主要表现在：一是涉及面广。智慧城市涵盖了城市规划、建设、管理、服务、生活、人文等方面，不仅关乎经济社会发展，更关乎民生改善。二是渗透广。智慧城市改变了物与物、人与物和人与人之间的联系方式，渗透到每一个在城市生产生活的人的思维、行为中，深刻地影响人们的生活、娱乐、工作、社交等行为方式与习惯。

作为两岸共同家园建设的先行先试示范区，平潭两岸"智合"智慧岛的建设应坚持生态、低碳、智慧、开放的理念，充分发挥对台以及海岛优势，完善信息基础设施，通过智慧建设与宜居、智慧管理与服务、智慧产业与经济三大智慧平台及多个应用系统的建设，打造惠及两岸同胞的"第二生活圈"。

第二节　国内外智慧城市的实践及其经验借鉴

联合国人居署报告指出，目前城市人口已占全球总人口的50%，预计到2050年将达到70%。如今城市人口增长过快、城市资源日益紧缺、城市环境不断恶化，只有依靠高新科技进行智慧化的城市管理、智慧化的资源配置和利用，才能保证城市经济的持续繁荣。美国率先提出了全球信息基础设施（GII）计划和国家信息基础设施（NII）计划，将智慧城市建设作为保持美国国家竞争优势的根本战略。此后，加拿大、日本、韩国、新加坡、瑞典等国家先后开始实施各具特色的智慧城市战略。

一　发达国家智慧城市建设的实践

（一）美国智慧城市的实践

20世纪90年代，美国进入了新经济时代，以信息技术和高新产业为主，政府曾大量耗资建成国家信息高速公路基础设施，使美国成为全球信息产业强国并获得了巨大的经济和社会效益。这为美国智慧城市的建设奠定了良好的基础。2009年9月，美国官方对外宣布，将迪比克市建设成为美国第一个"智慧城市"。IBM提供一系列新技术，将城市水、电、交通、大坝、公共服务等系列资源网络连接起来，实现整个城市完全数字化，在分析整合各种数据的基础上，作出智能化响应。美国自然资源丰富，现代市场经济高度发达，国民经济宏观体制完善，科技力量雄厚，但由于经济发展较快，电力消费持续增长，电力设施陈旧，因此，为解决这一核心问题，美国又投入了大量资金用于智能电网建设。智能电网建设有利于美国对国家整体电力需求进行管理，实现电力优化调度、监测和控制，平衡跨区的可再生能源需求；同时，智能电网还越来越将美国分散的智能电网结合成全国性的网络体系，便于储备太阳能、氢能、水电能和车辆电能等各种能量，从而实现美国电力体系的优化管理。

美国在智能电网建设上，首先注重核心技术的研发。为促进该领域技术的发展和应用，美国政府制定了《2010～2014年智能电网研发跨年度项目规划》，建立了专门的技术研发体系。其次，为推进智能电网建设，美国相继组建了智能电网咨询委员会、智能电网特别行动小组等机构，以确保组织协调运行，为政府政策的制定提供咨询建议。再次，美国智能电网建设采用政府的大力支持与企业的积极参与相结合的运营模式，政府除了直接投资之外，还出台了一系列与智能电网相关的财政补贴与减免税政策。

在物联网发展方面，自"物联网"概念提出之后，美国的物联网产业和相关技术的研发逐步推进，美国军方、国家自然科学基金以及一些跨国企业都积极投身于对无线传感器网络的研究和开发。同时，奥巴马政府采纳了IBM首席执行官提出的关于政府投资新一代智能基础设施的建议，并将物联网建设升级为国家物联网发展战略。此外，为推进美国物联网产业发展，奥巴马政府还签署了总额为7870亿美元的《美国恢复和再投资法案》，推动物联网在相关领域的应用，如电网、卫生医疗等。

在云计算方面，美国政府正在大力推行云计算计划，内容涉及生产性产业结构调整、发展云端产业、商务业务整合、政府网站改革、社交媒体等诸多方面。2011年2月美国政府发布的《联邦云计算战略》，规定在所有联邦政府信息化项目中云计算优先。

（二）新加坡智慧城市的实践

新加坡作为一个城市小国，长期缺乏劳动力和制造业竞争优势。在20世纪70年代中后期，新加坡政府开始把发展重点放在资本和技术密集型产业上，集中精力大力发展信息产业，不断提升其信息通信产业的国际竞争力。到2012年，政府在建设资讯通信基础设施以及发展从业人员的资讯通信技能方面的投资总额已超过40亿新元，以信息通信技术促进经济增长与社会进步。为建设经济、社会发展一流的国际化城市，2006年，新加坡启动了"智慧国2015"计划。该计划主要指向提高公共服务领域，目标是实现从非连续、碎片化的服务转变为连续性、一体化的服务。为支持该计划，政府大量注资，光纤到户已实现3/5的国土覆盖。由此，新加坡在电子政务、智慧城市及互联互通方面取得的成绩引人注目：政府业务有效整合实现了无缝管理和一站式服务；电子政务体系可提供超过800项政府服务；网上商务执照服务（OBLS）为新加坡企业提供部门管辖内的超过200种商业执照申请，用户能在短时间内通过网上申请，这是一种经济有效的企业执照申请流程。这表明新加坡真正实现了政府机构、企业和民众之间的有效沟通，形成了高度整合的电子政务服务窗口。此外，新加坡的智能交通系统（ITS）也取得了显著的成绩，高度的网络联合、互联互通使交通系统之间信息传递和处理更加及时、有效，为出行者提供了实时的交通信息，方便出行者对交通时间、交通路线和交通模式作出准确的判断。

新加坡在智慧城市建设方面偏重于经济发展转型、基础设施建设、政府效率和市民幸福，同时也非常注意新技术与新理念的引入和应用。在智慧城市建设中，以政府为核心，以企业为动力，带动智能化发展。新加坡政府主要通过政策改革和业务流程再造等手段有效整合资源，以达到各部门之间充分利用其资源、数据、知识、经验的目的。

（三）瑞典智慧城市的实践

在智慧城市建设上，瑞典在智慧交通领域取得的成绩最突出。斯德哥尔摩是瑞典的经济、金融中心，14个城镇大小的岛屿由各式桥梁相连通，是一座典型的由岛屿组成的城市。多年来，这里的交通问题日趋严重，当地人口正以每年两万人的速度增长，平均每天有超过50万辆汽车驶过城市中央商务区，城市道路承受的负荷越来越大，通过传统的手段无法治理当下的交通问题。瑞典当局开始探索解决之道，采取与IBM合作模式，构建了一套先进的智能收费系统，将中央服务器、传感器和摄像头等基础设施应用于识别交通工具，根据车辆出行的时间和路段按一定标准计价收费。这一举措取得了一定成效。在这一系统中，为限制交通高峰时段通往斯德哥尔摩市中心的车流量，特意在进入斯德哥尔摩通往市中心的道路上设置了多个路边控制站点，在这些站点采用射频识别技术以及激光、照相机和先进的自由车流路边系统自动识别进入市中心的车辆，对进出市中心的注册车辆收税。这一智慧交通系统对缓解斯德哥尔摩的交通堵塞和提高市民生活质量起到了很大的作用。通过征收"道路堵塞税",城区的车流量降低了25%,交通排队所需的时间缩短50%,每天乘坐轨道交通工具或公共汽车的人数增加了4万人,道路交通废气排放量减少了8%~14%,二氧化碳等温室气体排放量下降了40%。鉴于在环保方面作出了积极贡献,斯德哥尔摩在2010年被欧盟委员会评为首个"欧洲绿色之都"。

二 发达国家智慧城市建设的经验启示

智慧城市建设已成为世界各国和政府组织关注的热点,智慧城市是提升城市竞争力、促进经济发展、提升市民生活品质、改进城市公共管理和服务的必要途径。发达国家智慧城市建设对平潭两岸"智合"智慧岛建设的启示如下。

(一)规划清晰、目标明确

上述发达国家在智慧城市建设中,都从自身城市的实际出发,结合国际经济技术形势,因地制宜,着眼长远和大局,注重城市发展的可持续性,制定了中长期发展规划,有计划、分步骤地推进城市建设。

(二)地方政府提供强有力的政策支撑

世界各地智慧城市建设中,大多是以政府为主导,通过制定、推进一系列强有力的政策、规划和顶层设计,推动智慧城市发展。例如,2003年,斯德哥尔摩政府官员意识到交通问题的严重性,制订了一些关于交通拥堵定价的计划,在向广大市民征集意见后,于2006年初瑞典当局正式宣布征收"道路堵塞税"以解决交通拥堵问题。新加坡也在2006年启动了具有重要战略意义的"智慧国2015"计划。为保证计划的实施,新加坡政府还制定了四大策略:第一,建立超高速、广覆盖、智能化、安全可靠的信息通信基础设施;第二,全面提高本土信息通信企业的全球竞争力;第三,培育具有全球竞争力的信息通信人力资源;第四,强化信息通信技术的尖端、创新应用。在韩国,2006年首尔提出"利用大数据解决市民小烦恼"的口号,启动了智慧城市建设。

(三)建设完善的基础设施

美国通过长短途、高低压的智能网络建设以及新的输电电网的建设,建立了统一的智能电网,以实现美国电力网络的智能化。新加坡一向注重通过加强基础设施建设来推动信息化的发展和消除数字鸿沟,已成为全球使用最先进技术上网的国家之一。在基础设施方面,最大限度地保证公平、透明地接入国家宽带网络,有力促进了竞争和创新机制的发展。斯德哥尔摩拥有庞大的智能调度系统、四通八达的路线,保证城市的每个角落都能顺畅运行,为智慧交通体系的建设打下了深厚的基础。

(四) 吸引和鼓励民间力量参与

在智慧城市建设中,各国政府高度重视民间力量的参与。美国政府通过给予相关企业政策支持,引入竞争机制,加强了与高新企业合作建设智慧城市的力度;新加坡政府采取"市民、企业、政府"的三方合作,通过加强与公众互动获取广泛的支持;斯德哥尔摩则在智慧交通建设中广泛采取高新技术,提高智慧城市的建设效率。

(五) 注重智慧服务

各国在智慧城市建设过程中,大多把惠民放在智慧城市建设的核心位置,强调智慧保障民生、服务民生。例如,韩国首尔在智慧城市建设中,不仅把智慧城市定位于信息技术的升级,而且更加关注智慧城市的经济、社会、文化、环境以及居民的整体发展,其重点应用领域包括政务、产业、交通、环境、福利、文化等。

三 国内智慧城市的实践探索

(一) 北京智慧城市建设

北京作为中国的首都,全国政治、经济、文化中心,无论是在智慧城市理论方面还是在实践方面均处于领先地位。1999年北京市提出了发展"数字北京"的建设目标,到目前为止,已完成了预定目标。在此基础上,北京提出在"十二五"期间,围绕城市智能运转、企业智能运营、生活智能便捷、政府智能服务等方面大力推进"智慧北京"建设。具体内容包括加强人口基础数据库的建设和应用,提高人口服务和管理的信息化水平;加快电子政务和公共服务平台建设,推广网上办公,逐步实现"零距离"办事和"零跑路"服务;建设和完善新一代城市智能交通系统,着力缓解城市交通拥堵;构建网格化管理服务和社会治安防控体系,推进社会管理和服务的信息化建设;推动信息化和工业化深度融合,加强信息通信高速网络和枢纽建设,加快推进"三网融合",完善信息安全保障体系,推动物联网应用实践,实现城市管理精细化、智能化等。北京将投资1000亿元建设城市高速信息网络,实施高清交互数字电视网络升级改造,建成国内最好的三网融合信息网络;加快云计算、物联网等产业的规模化运作,培育10家具有国际影响力、营业收入超过100亿元的世界级信息企业。

在智能交通方面,北京市交管部门构建了以"一个中心、三个平台、八大系统"为核心的智能交通管理系统体系框架,建成了视频监控、单兵定位、122接警处、GPS警车定位、信号控制、集群通信等上百个应用子系统,不断强化城市智能交通管理的实战能力。

在智能医疗方面,北京实施了"215"高层次卫生人才队伍建设工程,建设一流的卫生人才队伍,到2020年,北京将选拔和引进20名领军人才、100名学科带头人、500名学科骨干,建立20个以重点学科为依托、以培养两院院士等拔尖人才为核心的创新平台。

在智能家居方面,目前北京市丰台区左安门已经完成了68套公寓房的智能小区试点工程改造,在该小区内,采用了互联网、电信、视频三网融合的综合智能平台,将地理光纤入户,用户即使不在家,也可以通过远程遥控的方式控制家里的空调、电视等家电设施,实现家居智能化。2011年底前,在两个区完成了6000户的电力光纤入户工程,实现了电网与用户双向互动,实现了家居用电智能化。

在智能安防方面,继续增强北京市安防工程服务的竞争优势,积极促进与保安服务业的融合,支持和吸收电子信息行业中的优秀人才参与安防产业建设。

(二)天津生态城建设实践

作为中国北方较大的沿海开放城市之一,天津以滨海新区为智慧城市试点,凭借其在基础设施及物联网、云计算产业发展上的良好基础,进入了智慧城市的探索性建设和推广阶段。目前,滨海新区已经启动投资25亿元建设以"物联化、互联化、智能化"为特征的"智慧政府、智慧城管、智慧经济、智慧民生"四项智慧工程。在智慧民生方面,滨海新区建设了智慧社区,利用云计算技术,在智慧社会信息化服务平台上综合了"社区服务、社区商业、社区娱乐、社区教育医疗"等社区智慧服务,为社区居民带来了很大的便利。智慧城管中的交通、公安、环境监测系统、安全生产监管平台、卫生信息数据中心、区域能源信息管理系统和食品药品管理系统已经投入使用。例如,在交通管理方面,滨海新区在城区主要交通道路建设有完善的电子警察系统、卡口系统、信号灯系统以及流量监测系统、道路信息发布系统、公交车与出租车卫星定位以及语音调度系统、平安城市视频监控系统等,这些基础设施及子系统的建设对优化天津交通、减少拥堵、提高交通运行效率起到了重大的作用。

在网络基础设施建设方面,作为北方地区重要的信息通信枢纽之一,截至2010年底,天津光纤铺设长度已经达到了222万芯公里,城市互联网出口带宽达到415G,光纤入户128万户,无线基站达1.4万座,无线网络覆盖全市,核心区域3G网络全面覆盖,广播电视网络完成数字化整体转换,城市双向覆盖率达到90%的水平。同时,天津将投入2800亿元打造天津信息化高速公路。计划到2015年天津将实现城市互联网出口带宽1.5T以上,光纤入户覆盖率超过90%,预计到2020年,天津市出口带宽将在2015年的基础之上再翻一番,光纤入户覆盖率达到98%以上。天津在我国云计算领域也处于领先地位,是我国RFID产业联盟与物联网(天津)基地、"天河一号"超算中心、惠普全球云计算解决方案中心、腾讯首个云计算中心、滨海新区云计算基地和云计算中心,以及全国最大的数字出版产业数据中心,这些都为天津建设智慧城市提供了良好的云计算处理基础。

(三) 上海智慧城市的实践探索

上海具备发展智慧城市的潜力。上海市城市经济发展水平较高,各项基础实施在国内也都处于领先地位。目前上海市光纤入户665万户,手机用户超过3000万户,WLAN覆盖密度居国内第一。相比于其他国际先进城市,上海市在智慧资源管理、智慧公共服务、智慧产业发展方面具有潜力。上海智慧城市的建设正在稳步推进,陆家嘴街道、南码头路街道等16个社区成为首批智慧社区试点单位。在这些社区中,居民可以通过数字电视了解周边物价,在社区网上订购产品,享受平安小区视频监控安防服务。同时上海还为每位市民建立了涵盖个人信息和主要卫生服务记录的电子档案。在电子政务和智慧城管方面,上海市通过渠道整合来促进政府内部的业务协同、信息共享,最终实现资源的节约、效率的提升,使城市运行管理和百姓公共服务更加便捷。同时上海市自2003年开始,使用累计超过1.7亿元支持射频识别技术攻关和应用示范,目前相关技术已在危险品监控、食品追溯、世博票务、大型赛事及相关行业中广泛应用。

(四) 国内智慧城市建设的经验启示

1. 因地制宜、合理定位

目前,我国智慧城市的建设相对于经济发达国家而言还处于实践探索时期,不同城市的建设实践不同,且没有一个统一的建设模板作为参考。因此,在进行智慧城市建设之前,一定要明确城市所处的发展阶段,城市已经具备的发展智慧城市的条件,在此基础之上,明确城市的发展定位和目标,进行合理的规划。如天津智慧城市的发展定位于"生态智慧城"的建设。

2. 注重智慧基础设施建设

在推进智慧城市建设过程中,北京、天津、上海都非常注重互联网、物联网、电信网、广电网等智慧基础设施建设,以期建成互联互通的城市信息网络。

3. 积极推进城市管理和运行的智慧化

北京、天津、上海等城市在智慧城市建设过程中,确立了"以人为本"理念,加快了智慧交通、智慧医疗、智慧社区建设,大幅提升城市管理和服务水平。

第三节 平潭两岸"智合"智慧岛建构的重要性与优势

一 平潭两岸"智合"智慧岛建构的重要性

随着物联网、云计算等新一代信息技术的迅猛发展,建设以"低碳、生态、智慧、开放"为内涵的智慧岛已成为平潭综合实验区抢占新时期发展制高点的战略方向和重要抓手。目前,平潭正以高起点、高标准、高水平、高层次的标准,加快启动聚焦海峡交流合作、城市管理、产业发展、人文生活的"智慧岛"建设步伐,计划用3~5年时间建设成"更透彻感知、全方位互联、高度智能化"的智慧岛,努力将平潭综合实验区打造成海峡两岸通信交流的新平台,引领福建省智慧城市建设的典范。

(一)打造两岸共同家园,提升两岸民众生活品质的迫切需要

随着平潭综合实验区开放开发的快速发展,人口、环境、交通、能源、水资源管理等方面的问题也将日益凸显,平潭两岸共同家园的建设和管理将面临诸多的挑战,如何把保障改善民生贯穿于开发建设全过程,统筹事业发展,服务台胞的同时提升两岸民众的幸福指数,如何创新性地使用新一代信息技术、知识和智能技术手段,来重新审视城市的本质、城市发展的目标定位等一系列两岸共同家园建构中的关键问题,特别是通过智慧传感和城市智能决策平台解决节能、环保、绿色、资源短缺等问题,以进一步完善城市配套功能,改善生态环境,把平潭打造成两岸的共同家园,其必要性和紧迫性十分明显。

（二）抢抓新一轮信息技术发展机遇，加快向信息社会转型的迫切需要

目前，物联网、云计算等现代信息技术发展迅速，正在引发一场全方位的社会变革，也就是从工业社会向信息社会的发展。据初步统计，目前我国提出建设智慧城市 154 个，投资规模预计超过 1.1 万亿元。在这样的背景下，平潭如何牢牢把握信息技术升级换代和产业融合发展机遇，主动谋划，超前布局，加快建设"宽带、融合、安全、泛在"的下一代信息网络，突破超高速光纤与无线通信、物联网、云计算、数字虚拟、先进半导体和新型显示等新一代信息技术，推进信息技术创新、新兴应用拓展和网络建设的互动结合，加快建成两岸电子商务合作重要基地、区域国际化智能物流中心、国际信息通信枢纽，是平潭抢占新一轮信息技术制高点，加快向信息社会转型的迫切需要。

（三）促进平潭经济转型升级，推动平潭跨越发展的迫切需要

2011 年 3 月，"加快平潭综合实验区开放开发"被写入《中华人民共和国国民经济和社会发展第十二个五年规划纲要》和国务院批准的《海峡西岸经济区发展规划》。《福建省国民经济和社会发展第十二个五年规划纲要》提出要"坚持统筹规划，高起点、高标准推进平潭开发建设"，"要突出特色，高标准推进城市建设，精心设计，形成展现海岛风貌和两岸特点的城市风格"，对平潭发展寄予新的期望，提出新的要求。面对重大历史机遇，平潭发展和两岸共同家园建设站在新的历史起点上。"十二五"时期，是平潭综合实验区加快转变经济发展方式，实现科学发展、跨越发展的关键时期，是更好、更快地推进两岸共同家园建设的决定性时期。因此，应抓住平潭综合实验区列入第一批国家智慧城市试点的发展机遇，加快以信息化带动工业化，加快对传统产业的改造、优化和升级；加快电子政务、电子商务、智能交通等建设，从而以智慧城市的加快发展引领平潭两岸共同家园的跨越发展、科学发展。

（四）建设绿色平潭的迫切需要

海峡西岸科学发展的先导区，是平潭综合实验区的四大发展定位之一，而生态、低碳、智慧、开放则是平潭产业发展的定位。因此，建设平潭两岸"智合"智慧岛，应以科学发展为主题，以绿色发展、跨越发展为主线，以智慧应用为导向，着眼把平潭建设成为生态岛的目标，大力发展绿色经济、循环经济，规划建设两岸合作低碳科技示范区，加强台湾及境内低碳技术和产品引进，促进低碳产业、低碳建筑发展，加快构建低碳产业体系和消费模式。同时,加快实施"四绿"工程,开展大规模植树造林绿化工程,加快建成城市东、北、南部的绿色屏障和生态安全保护体系,以智慧城市建设引领建设一个生产生活便捷、城市管理高效、公共服务完备、生态环境优美、人文智慧丰富的两岸共同家园。

(五) 促进两岸共同家园社会管理创新的需要

两岸共同家园社会管理创新,必须把保障和改善民生作为加快转变经济发展方式的根本出发点和落脚点,统筹经济建设、政治建设、文化建设、社会建设以及生态文明建设,把社会管理工作摆在更加突出的位置。通过平潭两岸"智合"智慧岛的加快建设,提供各类城市服务信息,提供旨在提高管理水平和生产效率的应用与服务,从而不断提高社会管理科学化水平,不断促进社会和谐稳定,使发展成果更好地惠及两岸民众,对于新形势下推动平潭两岸共同家园建设,创新两岸共同家园的社会管理具有重大的指导意义。

(六) 积极稳妥推进平潭新型城镇化建设的重要内容

新型城镇化的本质是人的城镇化。随着我国新型城镇化积极稳妥地推进,人口聚集势必给城市的交通、医疗和建筑带来压力,因此,在平潭建设低碳、生态、绿色的新型城镇化过程中,如何有效解决交通拥堵、城市规划的问题,更好地利用清洁燃料等都需要智慧城市的管理,即将现代的高科技管理手段和软管理方法更好地运用到城市的治理过程中,通过改变传统的城市治理和管理方式,引领城镇化和城市建设,从而增加城市的红利。

二 平潭两岸"智合"智慧岛建构的优势

(一) 政策优势

首先,建设平潭综合实验区具有重要的政治意义,为探索两种制度、两种体制交流合作与融合发展经验,促进两岸和平发展,必须走出自己的特色道路。作为两岸先行先试的实验区,平潭拥有比特区还特的先行先试权,在这里什么都可以尝试,允许错了就改,这有助于平潭两岸"智合"智慧岛的建设。目前,关于智慧城市发展路径还没有一个可以参照的统一模式,每个城市都需要根据自身的特点去不断摸索。平潭综合实验区获得的这种国家政策上的支持给了平潭更大的自由探索空间,这为寻找更适合智慧平潭建设的道路提供了更大的自由度和发挥空间。

其次,平潭综合实验区拥有的政策优势会吸引优势企业加入智慧平潭的建设中来。作为众多企业中的一员，资拓宏宇（平潭）信息科技有限公司总经理邱林盛指出，"选择平潭，看中的是这里的优惠政策"，在他看来，党中央、国务院对于平潭岛建设的支持是他们投身参与平潭两岸"智合"智慧岛建设的最大动力。

（二）区位优势

福建拥有对台"五缘"优势，即地缘优势、血缘优势、文缘优势、商缘优势、法缘优势。其中，地缘是指区位上的优势，平潭综合实验区作为祖国大陆距离台湾最近的岛屿，拥有相对的地缘优势。平潭综合实验区因台而设，为台而兴，面向世界。相对于其他区域，平潭拥有明显的对台区位优势。目前，平潭和台湾在经济发展水平上还存在较大的差距，在相关的产业发展方面，台湾地区拥有较大的优势。平潭可以充分利用对台的"五缘"优势，积极地与台湾进行相关产业的合作。同时，在国际金融危机的冲击下，全球各地都在进行产业结构的调整和升级。经济发达地区专注于深化优势产业，同时会向其他发展较慢的国家和地区进行相关产业转移。作为祖国大陆离台湾最近的地区，平潭综合实验区在积极承接台湾新一代技术密集型产业和现代服务业转移，吸引台湾投资物联网、新型信息材料等高端电子信息产业方面具有明显的优势，目前，两岸在推动企业信息化和信息服务业界的合作方面已初见成效。2012年6月18日，中国电信与台湾"中华电信"签署关于共同建设智慧平潭岛的战略合作协议，计划在平潭共同建设一个云计算数据中心，争取建成信息自由港，利用中央赋予平潭先行先试实验区的政策及闽台的地缘等优势，合作处理全球信息服务数据，推动云端产业项目的集聚发展。

（三）比较优势和后发优势突出

当前，平潭综合实验区正在努力实践"绿屏环城、内湾筑城、山海融城"的城市发展理念，建设平潭两岸"智合"智慧岛与平潭综合实验区开放开发战略、城市发展思路紧密契合，相辅相成，容易被各级政府和社会公众所接受，形成齐心创建的共识和合力。从工业化水平来看，当前平潭的工业化水平还不高，经济模式和工业体系尚未完全定型和成熟，向绿色发展转型相对于沿海发达地区反而具有成本低、包袱轻、阻力小等优势。随着两岸共同家园建设的不断推进、不断深化，平潭正迎来重大的历史性发展机遇，打造低碳、智慧平潭岛，有利于平潭进一步融入海西区、接轨长三角，提高平潭发展的"生态含金量"及对新型生产要素的吸引力、集聚力，变特色为优势，变优势为实力，真正使低碳、智慧优势成为平潭开放开发的比较优势和后发优势。

另外,平潭综合实验区开放开发建设为智慧城市建设和相关技术转化提供了广阔的实践空间。目前,国内外智慧城市研究已取得一系列成果,技术相对成熟,正需要寻找合适的应用区域。平潭综合实验区开放开发可为相关技术的创新应用和成果转化提供良好平台,以平潭列入首批国家智慧城市试点为契机,可以高起点地规划智慧城市,低成本地实施智慧城市战略,有利于发挥试点的示范作用,为国内外其他城市建设智慧城市提供样板和经验参考。此外,平潭综合实验区正在大力发展创新经济、智慧产业,推动高科技创新和应用,广泛普及智能技术、绿色低碳技术等,推动旅游业发展,为集聚各类要素创造了更加有利的条件,已成为推动平潭两岸"智合"智慧岛建设的核心力量。

(四)经济发展基础

1. 经济发展状况

按照国内外智慧城市发展的实践经验,经济发展水平是智慧城市建设的基础条件和前提,平潭综合实验区在国家和地方政府的大力支持下,经济得到进一步发展。2012年平潭综合实验区实现GDP 135.52亿元,按可比价计算,比2011年同期增长18.1%,增速比2011年提高0.9个百分点,比全省高出6.7个百分点,比福州高出6.0个百分点,在"9个设区市+1"数据单列模式和全省所有县(市)、区中,增速均列第一。其中,第一产业增加值33.11亿元,同比增长3.7%;第二产业增加值46.13亿元,同比增长44.2%;第三产业增加值56.28亿元,同比增长10.3%。三次产业结构由2011年同期的26.9∶28.4∶44.7调整为24.5∶34.0∶41.5。2012年全区城镇居民人均可支配收入为25157元,比2011年增长13.7%;农民人均纯收入为9246元,比2011年增长16.1%,增幅比城镇居民高2.4个百分点。

2. 基础设施建设

近年来,平潭综合实验区在国家政策、相关部门以及福建省的大力支持下,以一天一个亿、一天一个样的发展速度稳步推进基础设施建设。

(1)供水工程建设:在第二水厂刚刚建成运行的基础上,抓紧实施自来水厂扩建、三十六脚湖水源地扩容改造工程,目前,岛内日供水规模已达到4万吨。利用海峡大桥挂网引水4万吨,并在第二通道(海坛海峡二桥)规划引水40万吨,基本解决了平潭综合实验区未来大开发大发展用水需要。

(2)供电设施建设:目前,官树下、金井2座11万伏输变电站已建成投入使用，22万伏的竹屿输变电工程也于2013年7月正式投入运营，形成了以22万伏为支撑、11万伏为主干骨架、35千伏全覆盖的统一电网，远期规划以50万伏变电站为电源中心，配置22万伏变电站5~7座，形成22万伏双回路多环网坚强电网。

（3）污水处理设施建设：总投资8000万元的污水处理厂扩建和新建二厂项目已经动工，建成后日处理污水能力将达到5万吨，并根据岛上功能分区与地形特点，启动4个污水处理厂的规划建设工作。

（4）垃圾焚烧设施建设：按照垃圾减量化、无害化、资源化处理原则，积极开展城乡垃圾集中处理试点，启动了日处理100吨的垃圾焚烧处理发电厂建设，提高垃圾无害化处理率。

（5）管网落地工程建设：投入6100万元实施现有城区管网改造工程，实现城市管网入地。

（6）交通方面：目前，已完成平潭海峡大桥建设并正式投入运营，海峡大桥复线也于2010年9月开工建设，并将于2014年4月底全线贯通。福州至平潭高铁、长乐至平潭高速公路等重大交通基础设施也已动工兴建。岛内"一环两纵三横"交通网初具雏形，老城区"三横二纵"的交通网络形成。

三 平潭两岸"智合"智慧岛建构面临的挑战

近年来，平潭在信息化发展方面虽然取得了较好的成绩，具有一定的建设智慧城市的基础，但是仍然面临着很多问题。

（一）投资与回报的平衡问题

平潭两岸"智合"智慧岛建设初期需要大量的政府投资，将给城市财政带来一定压力，对创新建设、运营模式、保障两岸"智合"智慧岛可持续发展提出了更高要求。因此，在平潭两岸"智合"智慧岛建设过程中，无论是政府还是企业投资建设智慧城市，都要把握好智慧城市建设的投入和产出的平衡点，探索智慧城市运营和服务模式。

（二）体制和机制创新问题

两岸共建平潭智慧岛，不仅需要大陆各委、办、局等相关部门协调统一，创新体制机制，而且需要不断调整思路、更新观念，发挥两岸各自的比较优势，挖掘相互的合作潜力，推动两岸产业结构互补、信息资源共享，促进大陆、台湾两个独立关税区之间经济一体化，从而形成海峡两岸加深沟通的理想地带。

(三) 信息技术问题

信息技术挑战是平潭两岸"智合"智慧岛建设的一个大挑战。主要表现在：其一，智慧城市是数字城市与物联网和云计算等相关技术有机融合而产生的。从这里可以看出，数字城市是智慧城市的初级发展阶段和基础，智慧城市是数字城市的进一步发展和完善。目前，平潭岛正处在全面的建设之中，数字平潭还在建设当中，平潭两岸"智合"智慧岛建设面临着相关信息技术基础薄弱的挑战。其二，信息技术的快速发展和变化使得智慧城市在技术、平台等选择方面面临严峻的挑战。一方面，云计算、物联网、大数据、互联网等各种新兴技术的使用，将会改变各种应用模式，带来新的挑战；另一方面，智慧城市建成之后还将面对一系列挑战。随着技术成熟、应用的深化，城市发展将从技术驱动转向需求驱动，将是全面的战略挑战。

(四) 安全可靠问题

平潭两岸"智合"智慧岛建设是一个复杂的系统工程，需要确保信息技术安全、网络安全、信息资源安全、管理安全等。目前，智慧城市发展所涵盖的传感器、网络、智能处理等技术对外依存度较高，多数核心技术仍然掌握在国外公司手中，由此带来的信息安全风险是平潭两岸"智合"智慧岛建设面临的重要挑战，迫切要求两岸深度合作，不断加强信息安全体系建设，把平潭建设成为自主可控的智慧城市。

(五) 资源共享和标准化问题

平潭两岸"智合"智慧岛建设需要实现信息资源的共享，打破信息孤岛和行业壁垒，需要建立信息共享的标准和规范，这是一项艰巨的任务。

(六) 网络整合问题

近年来，海峡两岸日益频繁、形式多样的诸多领域的交流活动进一步加深了两岸的沟通与了解，也促进了互联网产业界的合作和交流。在网络媒体、电子商务、网络营销、网络游戏、数字内容等多个领域，两岸开展了诸多卓有成效的交流与合作，进一步推动了两岸互联网产业的发展。在平潭两岸"智合"智慧岛建设过程中，两岸如何加强沟通、理解，加强合作交流，特别是利用平潭两岸"智合"智慧岛建设的平台，加快两岸网络资源整合，促进两岸互联网产业共同繁荣，将是平潭两岸"智合"智慧岛建设迫切需要解决的问题。

（七）智慧岛管理能力的挑战

鉴于目前国内外智慧城市发展形态不一、情况各异，且对于智慧城市的发展并没有一个完整的可参考模式，因此，如何积极争取政府政策支持，先行先试，在市场准入、两岸电信资费、两岸通信交流等方面实行更加灵活的政策，建立海峡两岸"智合"智慧岛建设交流工作联系机制，是两岸共同建设平潭两岸"智合"智慧岛面临的重要挑战。而且，智慧城市信息系统储存了众多企业和个人的重要信息，这些信息的保密、公开和利用，如何通过两岸相应的法律法规加以约束和规范，也极大考验着两岸政府、企业和民众的智慧。

第四节　平潭两岸"智合"智慧岛的建构战略分析

一　平潭两岸"智合"智慧岛的建设定位

中共中央办公厅、国务院办公厅颁发的《2006—2020 年国家信息化发展战略》中指出："信息化是当今世界发展的大趋势，是推动经济社会变革的重要力量。大力推进信息化，是覆盖我国现代化建设全局的战略举措，是贯彻落实科学发展观、全面建设小康社会、构建社会主义和谐社会和建设创新型国家的迫切需要和必然选择。"

显然，平潭两岸"智合"智慧岛的建设就是在平潭开发开放中，以生态、低碳、智慧、开放的原则，通过政府信息化、城市信息化、社会信息化、企业信息化的加快建设，初步完成新一代网络基础设施建设，营造比较完善的信息化发展环境，建成一批成熟的智慧应用系统，形成具有一定规模的智慧产业基地，国家智慧城市试点建设取得显著成效，把平潭建设成为两岸共同建设、智慧应用水平领先、智慧产业集群发展、智慧基础设施比较完善、"山、海、岛、城"一体化发展的"信息智慧岛"和海峡两岸通信交流的新平台。

"生态"。建设平潭两岸"智合"智慧岛时，应高度重视生态区建设，在平潭岛的北部、东部、南部构建平潭岛生态安全有效屏障体系；平潭开放开发建设，应把生态建设和民生问题同步抓，打造"山、海、岛、城"一体的生态城市特色，促进平潭岛生态环境可持续发展。

"低碳"。低碳节能是平潭岛可持续发展的关键，应高起点编制低碳科技示范区专项规划,推动风能等清洁能源产业、电动车等新能源汽车产业、海水淡化及相关产业发展。

"智慧"。平潭两岸"智合"智慧岛的建设将由两岸合作共同建设、共同管理,加快发展以智慧为特征的低碳能源、智慧产业、智慧民生等。

"开放"。主要是"共同规划、共同开发、共同经营、共同管理、共同受益"的两岸合作新模式在智慧岛建设领域的实践和深化。

二 两岸"智合"智慧岛的运营模式分析

(一)两岸"智合"、对台引智

平潭两岸"智合"智慧岛建设,应考虑平潭独特的人文、地理等优势,打造两岸共建、共管智慧岛的鲜明特色,从而实现两岸民众在智慧城市幸福生活的最终目标。

相较于其他智慧城市发展主体而言,平潭两岸"智合"智慧岛建设有其特殊的主体。根据党中央、国务院对平潭的定位,平潭综合实验区是在区域经济一体化和两岸关系和平发展的促进和推动下,为实现两岸人民"共同规划、共同开发、共同经营、共同管理、共同受益"这种新的合作发展模式而提供的一个平台。这种发展模式的核心理念是"共同建设、共同治理"。因此,不管是在平潭两岸"智合"智慧岛建设的过程中,还是在建成以后的管理过程中,我们都要时刻发挥两岸同胞的主体作用,凝聚两岸同胞的智慧和力量。同时,台湾在智慧城市建设方面起步早,经验丰富,成效明显,在食品、医疗、物流、生物、教学等不同领域都有不少成功的案例(见图6-1),应借鉴台湾智慧城市建设的成功经验,对台引智,实现平潭两岸"智合"智慧岛"共同建设、共同治理"。

(二)两岸"智合"智慧岛建构的基本原则

平潭两岸"智合"智慧岛建设要结合平潭开放开发现状,根据不同的建设内容采取不同的建设模式。

1. 政府引导、市场运作

加强政府规划引导,强化政策法规、规范标准建设,完善市场监管,营造公平有序的市场环境。充分发挥市场配置资源的基础作用,坚持以需求为导向,以企业为主体,形成全社会广泛参与智慧城市建设的良好氛围。

2. 基础先行、创新引领

加强与两岸电信、光电运营商等大企业的合作,加快网络基础设施建

图 6-1 第十一届中国·海峡项目成果交易会台湾馆设立的台湾智慧生活区

资料来源：中新社发，刘可耕摄。

设，为两岸"智合"智慧岛发展提供安全、可靠、超前的基础保障；推进技术创新、应用商业模式创新、行业应用标准和制度创新，提高两岸"智合"智慧岛建设的联合攻关能力、协同创新能力和市场开发能力。

3. 创新发展、惠及民生

着眼于促进经济发展方式转变和市民生活改善，大力推进技术应用、管理体制机制的创新发展，探索新模式，培育新业态，不断提高城市运行效率和公共服务水平，促进经济社会协调发展，使广大市民、企业切实感受到智慧城市建设带来的实惠和便捷。

4. 重点突破、示范带动

打造政府＋通信运营商＋内容服务商的建设模式，以试点推动各行业整体应用发展，按照以点带面、点面结合的思路，结合各运营商行业发展优势及智慧应用项目建设现状，创新智慧城市投入、运营新模式。在平潭两岸"智合"智慧岛建设初期，强化政府投入的引导作用，建立政府投资的逐年增长机制。

5. 开放合作、注重实效

探索两岸"智合"智慧岛建设的市场运作机制，汇聚两岸智慧和资源，在智慧政务、民生及公共服务领域，更多选择政府投资运营、企业参与建设模式，促进运营商优势互补和共同发展；在智慧经济产业领域，更多采取政府统筹规划、企业投资建设模式，实现政府主导、两岸企业广泛参与、产业带动提升的协调发展。

三 平潭两岸"智合"智慧岛建设的主要任务

(一) 加快低碳能源建设

平潭岛拥有丰富的风能和潮汐能,是我国风力资源和潮汐资源储备丰富的区域之一,其年平均风速达 8.24 米/秒,平均有效风速 (4.5~27 米/秒) 达 6576 小时,且方向稳定。全区可利用的风能区域约 230 平方公里,可装风力发电机约 60 万千瓦,年发电量约 20 亿千瓦时。同时全岛平均潮差为 4.31 米,西海岸幸福洋竹屿港口是我国潮差较大的地区之一,浪高为 1~3 米,最高 9.1 米,蕴藏着丰富的潮汐能。全区潮汐能可供开发的有 11 处,总装机容量约 32.46 万千瓦,年发电量约 8.95 亿千瓦时。平潭岛所拥有的这些储备丰富的绿色能源,将对平潭低碳岛的建设起重要的作用。

(二) 加快智慧岛基础设施建设

集聚行业力量,高起点、高标准、高质量、高层次地推进平潭综合实验区信息通信基础设施建设。一是围绕构建在国内同类城市中处于先进水平的信息基础设施体系,组织实施城市光网示范工程、无线宽带城市示范工程、两岸通信直通工程、通信共建共享工程、电子政务应用工程、社会民生应用工程、企业商务应用工程、应急保障指挥与管理平台工程、三网融合示范工程等九大工程建设,积极推进两岸通信领域的先行先试。二是大力实施城市光网工程,加快发展实验区宽带通信,推进"光进铜退",新建一批光纤入户小区,提供 20M 以上的高速宽带接入能力,构建新型宽带高速传输网络。[①] 三是加强两岸通信、互联网、电视运营商合作,在生产流通、文化教育、生活保障等方面,努力构建服务两岸民众和岛内企业的电子商贸服务平台及智能化生活信息平台。四是按照共建模式推进平潭新建道路的配套管道建设,大力推进通信管道和基站的共建共享,力争新建道路通信管道共建率达到 100%。[②]

(三) 加快智慧应用体系建设

一是以社会管理创新和民生公共服务应用平台建设为出发点和立足点,着力进行智慧社区、智慧医疗、智慧教育、智慧房产、智能建筑等系统平台的设计和系统工程建设;二是积极推进两岸各方广泛参与"智慧平潭"建

---

① 姜红德:《智慧平潭,辐射海西》,《中国信息化》2012 年第 1 期。
② 姜红德:《智慧平潭,辐射海西》,《中国信息化》2012 年第 1 期。

设，引入两岸先进物联网技术并吸取其运行维护经验，推进基于云中心的智能旅游、智能通关通检、智能园区、智能商业和智能政府信息服务等系统建设和应用，持续推进闽台物联网合作；三是全力争取设立平潭云计算数据中心，培育扩大联想、戴尔等产业基地，积极引进发展下一代移动通信终端、移动互联网智能设备、平板电脑、电子书、感知终端等多种云端产品，推进两岸信息网络互通和离岸、在岸通信业务深度合作，促进两岸电子口岸联网；四是大力推进面向企业的招商引资、电子商务、企业信用、农产品溯源、食品安全等公共服务信息平台建设，推进各专业应用系统与12345政务服务热线、市民卡等综合性公共服务平台的无缝链接，进一步拓展应用功能和范围；五是加快建立平潭智慧岛展示馆，加快海峡云呼叫中心和智慧口岸、闽台一卡通等核心项目落地实施，通过应用示范带动新技术、新业态、新模式的推广，使城市运行更安全、经济发展更协调、政府管理更高效、公共服务更完善、市民生活更便捷。

（四）加快智慧交通建设

建设以无线射频、高速影像识别处理、GPS等全面感知技术为基础的平潭两岸"智合"智慧岛智能交通系统（见图6-2），通过实时采集、整理和分析城市车辆运行数据，逐步实现车辆精准管理、城市路网动态监测、车

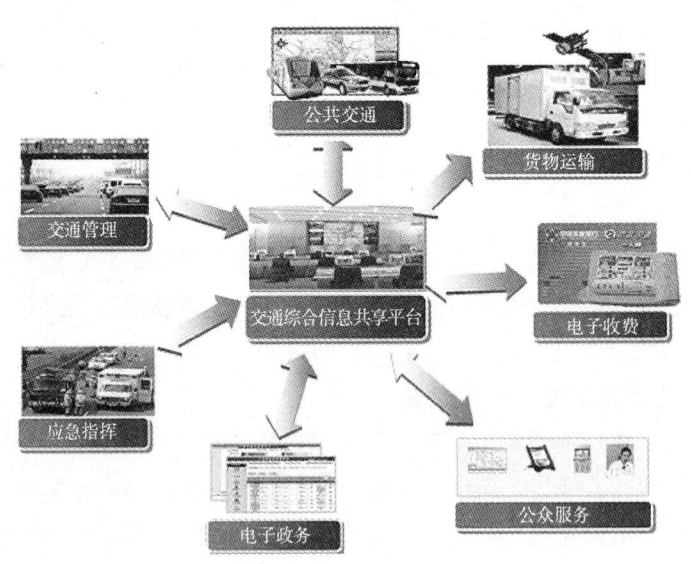

图6-2 智能交通示意图

资料来源：http://www.tupian.hudonq.com。

流统计与分析、各种交通规（税）费的动态稽征等功能；在此基础上，通过交通信号控制、智能导航、停车诱导、公交信息服务等一系列交通管理及服务系统，引导交通流合理分布，实现平潭两岸"智合"智慧岛交通的动态管理，提高交通运行效率，保障城市畅通有序，形成平潭智慧岛的重要基础应用，有效促进城市交通管理水平的提升，带动平潭智能交通技术研究及相关产业发展。

（五）加快智慧民生建设

促进面向社会管理和公共服务的信息系统集成和服务渠道整合，使市民切实感受到信息化带来的便利与实惠，不断缩小不同区域间、人群间的"数字差距"。一是建设"小台中""小高雄""小新竹"等城市综合体，使平潭成为台湾民众的第二生活圈。二是积极推进面向政府的信息公开、行政审批、行政执法、政府决策等智慧政务服务体系建设，推进面向市民的住房、教育、就业、医疗、社会保障、供电、供水、供气、防灾减灾等便民服务智慧应用系统建设，推进数字社区、数字城管平台建设，提升两岸"智合"智慧岛建设和管理的规范化、精准化、智能化水平。三是按照全方位、实时化的要求，加快推进社会治安监控体系、应急体系、安全生产重点领域防控体系、环境污染监测体系等智慧安保系统建设，完善两岸共同家园建设应急处置机制。四是开发家政养老、社区医疗、商务支付、校园学习等应用系统，为社区居民提供信息化服务。五是建立实验区卫生信息数据中心和专网，整合与完善公共卫生、医疗服务等信息系统。

（六）加快智慧人才培养

创新体制机制，在平潭综合实验区开展两岸合作办学，建设两岸信息化教育培训基地。大力培养和引进新一代信息技术研发、物联网应用技术、云计算、智慧城市运营管理等高层次的创新人才。目前，拟在平潭建设平潭大学、平潭海洋大学等高校。先期由福州大学、福建师范大学、福建中医药大学联合台湾相关高校组建3个二级学院。2012年秋季，福州大学与台湾有关高校联合创办"海峡理工学院"，福建师范大学将与台湾世新大学联合创办"海峡学院"，福建中医药大学将与台湾元培科技大学、台湾嘉南药理科技大学合作创办"健康学院"等。9所重点高校将根据平潭综合实验区的产业发展要求和学校优势科技资源，联合两岸高水平大学在产业创新联合研究院设计研究中心，合作共建科技创新、技术服务和产业孵化平台和高层次应用型人才培养、高水平人才聚集基地。这为平潭两岸"智合"智慧岛的建设培育、储备了大批人才，能够为两岸"智合"智慧岛建设提供智力支持。

（七）加快智慧产业发展

平潭两岸"智合"智慧岛的建设过程，就是以社会经济繁荣为目标，以社会和谐稳定为前提，以民生幸福为考核标准，通过以云计算为代表的信息技术手段进行融合创新，推进新型城镇化发展的过程。其关键是要将政府职能与信息技术充分融合，解决能源供给、交通、医疗、社会保障等一系列社会管理服务问题。在这一过程中，将会催生一系列新的产业，促进传统产业的变革与升级，为社会经济的持续繁荣创造更多的发展空间。这将为平潭两岸共同家园建设提供一条全新的发展道路。

智慧产业是平潭两岸"智合"智慧岛建设的支撑和依托。因此，一是要充分发挥平潭独特的对台优势，加快推进闽台产业合作共建共管的专业园区，积极承接台湾新一代技术密集型产业和现代服务业转移，吸引台湾投资物联网、新型信息材料等高端电子信息产业，整体提高产业承接对接能力，加强两岸信息化交流合作。二是要推进新型平板显示、物联网、LED、数字电视、汽车电子和太阳能光伏等产业在产品标准、知识产权、创新联盟、示范应用等方面的优势互补和对接合作。三是要协调有关部门，支持平潭综合实验区在现有国家法律和政策规定内探索建设离岸云数据中心，拓展对台服务外包业务，面向亚太地区提供运维、系统集成、软件外包、呼叫中心、IT咨询、业务流程和知识流程外包等服务，打造云计算服务外包整体产业链。把平潭综合实验区建设成为国家级服务外包示范区、两岸云计算产业合作基地和云计算服务外包门户。四是加快数字出版社和动漫产业基地建设，建设技术服务平台和版权交易中心，促进网络影视、动漫等新兴文化业态的发展。

四 平潭两岸"智合"智慧岛建构的保障机制分析

平潭两岸"智合"智慧岛的建设既是一项巨大的系统工程，也是一项全新的实验，必须超越传统模式和做法，在体制机制创新上先行先试、大胆探索、寻找突破，为福建智慧城市的科学发展、跨越发展提供经验和示范。

（一）制度保障机制

建立完善相应的领导体制和工作机制，成立平潭两岸"智合"智慧岛建设领导小组，负责确定智慧岛建设发展战略、规划和政策，统筹协调发展中存在的重大问题，形成统一、高效、畅通的协调推进机制。智慧产业基地、智慧应用具体项目的相关责任单位应成立相应的工作推进小组，明确分工，确定责任。制定平潭两岸"智合"智慧岛建设总体规划和年度实施方案，通过扶持和实施一批重点项目，推动智慧岛重点工程项目的建设。加大智慧岛工作考核力度，将智慧岛建设纳入实验区政府对各部门的目标考核，检查和督导智慧岛建设规划、方案和年度计划的落实情况。

（二）政策支持机制

制定出台支持平潭两岸"智合"智慧岛建设的财税和土地政策。鼓励实验区各类企事业单位按照智慧城市理念进行产业升级和智能化改造。积极推进与两岸相关企业、研究机构的合作，对智慧岛建设项目在用地指标、基础配套、资金贷款、项目审批等方面给予优先安排，保障智慧岛建设有序推进。

加强与工业和信息化部的沟通对接，推动部省签署战略合作框架协议，进一步争取国家支持发展平潭的信息通信政策，并在离岸云数据中心等方面给予政策支持。鼓励和支持两岸电信运营企业在平潭创业发展，并从市场准入、财政补贴、人才培养帮扶、资金融通等方面给予特殊政策。建立平潭智慧岛建设专项基金，对各类智慧项目给予扶持，对智慧城市建设试点给予资金引导，对试点工作先进地区、园区、企业给予扶持或奖励。积极促进省政府与通信集团公司深化战略合作，推动海峡信息外包服务中心建设，促进闽台通信业深度对接合作，努力将平潭综合实验区打造成海峡两岸通信交流的新平台。

（三）资金保障机制

积极争取中央和省级政策资金扶持，加大各级财政对平潭两岸"智合"智慧岛建设的资金保障力度。设立平潭智慧岛建设专项基金，保证政府投资智慧岛建设的资金需求。充分调动两岸各界参与智慧岛建设的积极性，逐步构建起以政府投资为引导，两岸企业投资为主体，金融机构积极支撑，民间资本广泛参与的智慧岛投融资模式。实验区与通信运营商、专业IT服务提供商签订智慧岛建设战略合作协议，采取BOT、BT等市场化运作手段，推动两岸各方在公共服务应用等领域的广泛合作。

（四）标准法规机制

加强信息化技术标准、法律规范、制度规则的创新和应用示范工作，提高智慧岛建设的技术标准、法律规范、制度规则的创新能力和保障能力，形成由技术通用标准、监管制度和法规制度等组成的支撑保障体系。引进培育一批相关领域的标准化研究机构，开展技术标准、法律规范、制度规则的研究制定和试点示范工作。

（五）开放合作机制

加强闽台间的合作，积极学习借鉴台湾智慧城市建设的先进经验，吸引台湾更多有实力的企业和咨询机构参与平潭两岸"智合"智慧岛建设，更好地汇集两岸的智慧和资源，为平潭两岸"智合"智慧岛建设服务。围绕平潭两岸"智合"智慧岛建设的目标、主要任务，加强两岸信息资源规范化、标准化对接工作，推动闽台间电子政务、社会管理与公共服务信息系统的互联互通。加强与两岸科研院所、电信及广电运营商等单位合作，共建产学研联合体，力争实现一批核心技术的突破，不断为平潭两岸"智合"智慧岛建设注入新的动力。

（六）决策咨询机制

适时调整提升"促进平潭开放开发顾问团"功能，从宏观上把握智慧岛发展的方向；探索成立包括两岸信息化专家委员会、科研院所、行业协会相关人员的智慧岛建设专家咨询委员会，为台湾同胞搭建直接参与智慧岛建设与管理的平台，推动台湾人士参与智慧岛建设重大事项决策，推动开放开发顾问团由顾问角色向资政角色转化。

（七）信息安全机制

网络与信息安全是平潭两岸"智合"智慧岛建设的基石。要进一步完善信息安全保障体系，认真落实信息安全管理责任制，以政务内网和关系实验区经济发展、社会稳定和国家安全的重要信息系统为重点，全面推行信息安全等级保护和风险评估制度，加强网络安全防护体系建设，定期开展信息系统安全检查。进一步加强信息安全测评认证体系、网络信任体系、信息安全监控体系及容灾备份体系建设，建立网络和信息安全监控预警、应急响应联动机制。加快完善密码管理基础设施和电子政务统一认证服务平台，全面推广电子证书在电子政务、电子商务等系统中应用。加强信息安全技术攻关，加快建设信息安全评测中心，扶持发展信息安全产业，建立应急专家咨询和救援队伍。

（八）人才保障机制

认真贯彻落实平潭人才特区战略，以"四个一千"人才工程为抓手，用5年时间，面向台湾引进1000名专才，面向海内外招聘1000名高层次人才，从省内选派1000名年轻干部到平潭工作，培养1000名实验区人才，推进平潭人才资源优先开发；大力培养、引进和高水平使用复合型的高层次信息化专业技术人才、高技能人才和网络设施与商业应用经营管理人才；促进校企联合，依托高校院所、园区、企业和社会办学机构，联合建立各类智慧人才教育培训基地，加强企业与大专院校适用人才的联合培养，提供教育、培训和职业资格考试等服务。进一步强化台湾及海外人才的引进工作，促进国际人才交流与合作，建成海峡两岸人才交流合作先行先试示范区、海峡西岸人才政策和体制机制改革实验区、海内外创业创新人才宜居宜业聚集区。

第七章
平潭国际低碳经济示范岛的模式创新

第一节 国内外低碳经济发展现状

一 低碳经济成为全球经济发展的新动力

低碳经济是指以低能耗、低污染、低排放为特征的经济形态，是人类社会继农业文明、工业文明之后的又一次重大进步，其实质是能源的高效利用和清洁能源的开发，核心在于通过能源技术和减排技术创新、产业结构和制度创新以及人类生存和发展观念的根本转变，最大限度地减少温室气体排放，缓解全球气候变暖态势，实现人类社会的可持续发展。

21世纪以来，低碳经济作为一种新的经济形态和增长方式，引起了国际社会的广泛关注，成为人类应对全球气候变暖的战略选择。就低碳经济的覆盖范围而言，涉及电力、交通、建筑、冶金、化工、石化等多个行业，以及可再生能源及新能源、油气资源、二氧化碳捕获与埋存等众多领域，最终将带来新的世界经济及工业发展模式的转变。

谁率先在低碳经济领域布局，谁就能在未来经济发展中抢占"制高点"。正是基于此，世界各国纷纷将低碳经济作为新的经济增长点，低碳经济也被专家们称为继蒸汽机、电力、原子能等之后的第四次工业革命。

二 国际低碳经济发展现状

低碳经济的提出最早可追溯到1992年的《联合国气候变化框架公约》和1997年的《京都协议书》。1992年6月，在巴西里约热内卢举行的联合国环境与发展大会上，150多个国家签署了《联合国气候变化框架公约》，其宗旨是将大气中的温室气体浓度稳定在不对气候系统造成危害的水平。1997年12月在日本京都召开的《联合国气候变化框架公约》第三次缔约方大会上，参加国通过了《京都议定书》作为《联合国气候变化框架公约》的补充条款。《京都议定书》是第一个为发达国家规定量化减排指标的国际法律文件，文件明确规定，2008~2012年，发达国家的温室气体排放量要在1990年的基础上平均削减5.2%，其中美国削减7%，欧盟削减8%，日本削减6%。2007年12月联合国气候变化大会制定了应对气候变化的"巴厘岛路线图"，要求发达国家在2020年前将温室气体减排25%~40%，"巴厘岛路线图"对全球迈向低碳经济具有里程碑的意义。2008年联合国环境规划署确定，"世界环境日"（6月5日）的主题为"转变传统观念，推行低碳经济"，对进一步促进世界各国向低碳经济发展方式转变起着推动作用。2008年7月，在八国集团峰会上八国领导人表示，将寻求与《联合国气候变化框架公约》的其他签约方一起，努力争取实现在2050年将全球温室气体排放减少50%的长期目标。

为实现《京都议定书》承诺期碳减排的刚性约束目标，发达国家加快了对低碳经济的前景规划和发展速度。

2003年英国政府发布了能源白皮书《我们能源的未来：创建低碳经济》，首次以政府文件的形式提出了低碳经济的概念，同时提出将于2050年建立低碳社会的目标。2008年英国颁布了《气候变化法案》，这是英国为减少温室气体排放、适应气候变化而建立的具有法律约束性的长期框架，按照该法律，英国政府必须致力于发展低碳经济，到2020年英国必须削减26%~32%的温室气体排放；到2050年实现温室气体的排量降低80%的长期目标。2009年7月英国发布了《英国低碳转换计划》《英国可再生能源战略》，英国成为世界上第一个在政府预算框架内特别设立碳排放管理规划的国家。根据英国政府的计划，到2020年可再生能源在能源供应中要占15%的份额，其中40%的电力来自风电等绿色能源。在住房方面，英国政府拨款32亿英镑对住房进行节能改造。在交通方面，新生产汽车的二氧化碳排放标准要在2007年基础上平均降低40%。与此同时，英国政府还积极支持绿色制造业，研发新的绿色技术，从政策和资金方面向低碳产业倾斜，确保英国在碳捕获、清洁煤等新技术领域处于领先地位。[①]

---

① 王宇：《绿色经济政策渐渐流行》，《中国经济时报》2009年10月13日。

2007年日本环境部提出了低碳规划。2008年日本政府通过了"低碳社会行动计划",提出到2030年,风力、太阳能、水力、生物质能和地热等的发电量将占日本总用电量的20%,到2050年温室气体排放量比目前减少60%~80%,将日本打造成为世界上第一个低碳社会。2009年4月日本政府通过了《绿色经济与社会变革》的政策草案,提出通过实行削减温室气体排放等措施,大力推动低碳经济发展。

2007年7月美国提出了《低碳经济法案》,公布了题为《抓住能源机遇:创建低碳经济》的报告,提出了创建低碳经济的10步计划,对风能、太阳能、生物燃料等一系列可再生能源项目实行减免税收、提供贷款担保和经费支持等优惠政策。2009年2月美国正式出台《美国复苏与再投资法案》,投资总额达7870亿美元,主要用于新能源的开发和利用;2009年6月美国众议院通过了《美国清洁能源和安全法案》,以立法的方式提出了建立美国温室气体排放权(碳排放权)限额-交易体系的基本设计,试图通过市场化手段,以最小成本来实现减排目标。

2007年初欧盟委员会提出了一揽子能源计划,确立了低碳经济为欧盟经济未来的发展方向。2008年底欧盟委员会联合企业界和研究人员制定了欧盟发展低碳技术的"路线图",通过了能源技术战略计划,包括欧盟排放交易体系修正案、欧盟成员国配套措施任务分配的决定、可再生能源指令、碳捕获和储存的法律框架、汽车二氧化碳排放法规和燃料质量指令等6项内容,计划中制定的具体措施可使欧盟实现其承诺的"3个20%":到2020年将温室气体排放量在1990年基础上至少减少20%,将可再生清洁能源占总能源消耗的比例提高到20%,将煤、石油、天然气等化石能源消费量减少20%。2009年3月欧盟宣布,在2013年前投资1050亿欧元支持绿色经济发展,促进就业和经济增长,以确保欧盟在低碳产业领域的世界领先地位。2009年10月欧盟委员会建议欧盟在未来10年内每年增加500亿欧元专门用于发展低碳技术。2010年3月欧盟公布了"欧洲2020战略",提出将加大在节能减排、发展清洁能源等领域的投入,将低碳产业培育成未来经济发展的支柱产业。

除英国、日本、美国以外,加拿大、法国、意大利等发达国家也在低碳发展方面作出了积极的努力。随着发达国家向低碳经济转变进程的推进,发展中国家逐渐认识到参与全球气候保护、承担减排或限排义务的重要性。中国、巴西、墨西哥、印度等发展中国家也主动减排、限排,发展低碳经济已成为国际社会的战略选择。

三 中国低碳经济发展现状

对于国际上的低碳经济发展理念和措施,中国政府和社会各界高度重视发展低碳经济,并积极探索一条可持续、投入小、消耗少、能循环、科技含量高的新型工业化道路。

(一) 重视气候变化问题和低碳经济的国际合作

2007年9月8日国家主席胡锦涛在亚太经合组织(APEC)第15次领导人会议上,明确主张发展低碳经济、研发和推广低碳能源技术、增加碳汇、促进碳吸收技术发展。2009年哥本哈根会议上中国提出了到2020年降低单位GDP碳排放强度40%~45%的自愿减排目标,充分体现出中国作为一个负责任的发展中国家对气候变化问题和国际合作的重视。

(二) 制定了能源可持续发展战略

在制定《中国21世纪议程》的时候,我国就把能源列为实施可持续发展战略的重点领域之一。《中华人民共和国国民经济和社会发展第十个五年计划纲要》提出了坚持资源开发和节约并举,把节约放在首位,提高资源利用效率、实现永续利用的发展战略,还指出要积极发展风能、太阳能、地热等新能源和可再生能源,推广能源节约和综合利用技术。《中华人民共和国国民经济和社会发展第十一个五年规划纲要》则把节约资源作为基本国策,提出到2010年把单位GDP能耗降低20%和主要污染物排放总量减少10%的"节能减排"的具体约束性指标,推动了社会各个层面的节能减排工作。此外,2006年以来中国还先后发布了《中国应对气候变化国家方案》《国家环境保护"十一五"规划》等一系列法律、规划、方案,提出大力发展新能源技术、提高能效、开发替代能源。

配合国家战略部署,2004年国务院通过了《能源中长期发展规划纲要(2004~2020)》(草案);之后出台了《节能中长期专项规划》《关于做好建设节能型社会近期重点工作的通知》《关于加快发展循环经济的若干意见》《关于加强节能工作的决定》等政策性文件。2007年国家发改委在《可再生能源中长期发展规划》中提出到2020年前可再生能源的发展目标,并发布了《中国应对气候变化国家方案》,确定了中国长期应对气候变化的指导思想、原则、目标以及相关的政策措施。我国是全球第一个出台应对气候变化方案的发展中国家。

（三）制定了应对气候变化的低碳经济发展规划

科技部等部门联合发布了《应对气候变化科技专项行动》，以全面提升我国应对气候变化的科技能力。2008年10月29日，国务院新闻办公室发表了《中国应对气候变化的政策与行动》白皮书，阐明了中国在应对气候变化的战略目标、减缓气候变化的政策和行动、提高全社会应对气候变化意识、加强气候变化领域的国际合作、应对气候变化的体制机制等重大问题上的原则立场和各种积极措施。2009年4月，国家发改委宣布，国家已着手制定《关于低碳经济发展的指导意见》。此后，全国各地都在探索适合本地区经济、社会和环境协调发展的道路模式，纷纷制定低碳经济发展规划，并以低碳经济理念来指导国民经济和社会发展规划。

（四）形成了较为完善的发展低碳经济的法律政策体系

2005年全国人大常委会通过《可再生能源法》，2007年通过了修订后的《节约能源法》，同年11月国务院批准了《单位GDP能耗统计指标体系实施方案》《主要污染物总量减排统计办法》《主要污染物总量减排监测办法》《主要污染物总量减排考核办法》等，实现了节约能源和开发新能源的有法可依。2009年1月1日，正式实施《循环经济促进法》，成为我国实行节能减排，发展低碳经济的一个基本法制保障。此后，《环境保护法》《环境影响评估法》《大气污染防治法》《矿产资源法》《煤炭法》《电力法》等国家行政法规相继修订。[①] 2009年8月全国人大常委会通过了《关于积极应对气候变化的决议》，强调要立足国情发展绿色经济、低碳经济，把积极应对气候变化作为实现可持续发展战略的长期任务纳入国民经济和社会发展规划，初步形成了适应国情和低碳经济发展的政策法规体系，为我国低碳经济发展提供了基本政策法律保障。

（五）节能减排取得一定成效

从表7-1中可以看到，"十一五"期间中国降低单位GDP能耗的努力取得了很大成效。图7-1则显示了中国能源消费构成的变化，从中可以看到，煤炭占能源消费的比例已有一定程度的下降，而水电、核电、风电等清洁能源所占比例已从1991年的5.1%逐步升至2010年的8.6%。

---

① 金开好：《中国低碳经济发展的现状及问题分析》，《安徽商贸职业技术学院学报》2010年第4期。

表7-1 "十一五"期间中国单位GDP能耗变化

单位：%

年份	2006	2007	2008	2009	2010	2006~2010年均
单位GDP能耗变化	-2.74	-5.04	-5.20	-3.61	-4.01	-4.12

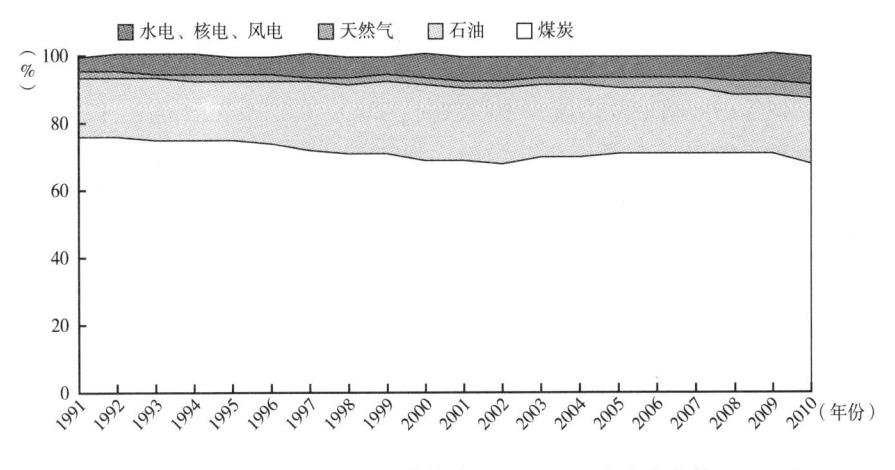

图7-1 中国能源消费构成1991~2010年变化趋势

第二节 国际低碳经济发展模式及其经验借鉴

一 国际低碳经济发展模式

（一）欧盟低碳经济发展模式[①]

欧盟是世界第一大经济体系和第二大能源消费体系，也是目前低碳研究最先进和新能源产业最发达的地区。为应对气候变化，欧盟采用"新老产业并进＋全方位发展"的低碳经济发展模式，制定了一系列促进节能减排的政策，包括现有能源的高效率利用、工业和其他项目的减排、清洁能源和可再生能源的利用等，全方位开展低碳运动，其具体举措如下。

1. 制定低碳法律框架

2001年欧盟发布了《环境2010：我们的未来、我们的选择》，制定了

---

① 张利群：《低碳经济之欧盟模式》，《国际商报》2011年3月17日。

气候变化和自然、自然资源和废弃物、环境与健康等方面的相关政策和措施。2004年欧盟制定了应对气候变化的法律以及碳排放权交易的计划。根据规定，从2005年起欧盟国家的发电厂、石油精炼厂和钢铁厂必须持特殊许可证才能排放二氧化碳以及进行二氧化碳排放权的交易活动。2005年欧盟正式启动欧盟排放交易体系（EU ETS），规定了某些特定设备的二氧化碳排放上限。[①] 2006年欧盟委员会制定了《欧盟能源政策绿皮书》，提出发展可再生资源，鼓励能源的可持续利用。2007年欧盟委员会提出了一揽子能源计划，把低碳经济确立为未来发展方向。2008年12月欧盟通过了"气候行动和可再生能源一揽子计划"的新立法建议，包括欧盟排放交易体系修正案、欧盟成员国配套措施任务分配的决定、碳捕获和储存的法律框架、可再生能源指令、汽车二氧化碳排放法规和燃料质量指令等6项内容。此外，欧盟还就排放交易权、可再生能源利用和碳捕获出台了相关规范文件，这些法律法规以及政策制定，使欧盟发展低碳经济得到了进一步保障。

2. 实施责任分担机制

为承担全球温室气体减排责任，欧盟建立了排放交易体系。根据2005年启动的欧盟排放交易体系，欧盟在成员国间推行责任分担协议（Burden Sharing Agreement，BSA）机制，把欧盟的总体减排指标层层分配，逐一分配到各成员国、各行业以及各企业，目前已覆盖了地区内30%~50%的工业和能源行业。[②] 排放交易被认为是以最低成本来实现减排的重要工具，不仅帮助欧盟和各企业实现减排承诺，也为发展中国家提供了实质性的投资和获取清洁技术的渠道。

3. 重视低碳科技研发

科技创新是节能减排的重要保证。近年来，欧盟为了发展低碳经济，成立了"欧洲能源研究联盟"和"联合欧洲能源研究院"，重点加大了清洁能源技术的研发投入。2010~2020年，欧盟将投入530亿欧元进行低碳技术的研发与应用研究，其中60亿欧元用于风能研究，160亿欧元用于太阳能技术研究，90亿欧元用于生物质能研究，70亿欧元用于核能研究，20亿欧元用于电网研究，130亿欧元用于二氧化碳捕捉与储藏示范项目。[③] 另外开

---

① 华金秋等：《欧盟发展低碳经济的成功经验及其启示》，《科技管理研究》2010年第11期。
② 郇公弟：《欧盟已抢占低碳经济制高点 倡导模式输出》，《中国证券报》2010年8月11日。
③ 赖流滨等：《低碳技术创新的国际经验及启示》，《科技管理研究》2011年第10期。

发了一系列的节能减排技术并给予一定资金投入。目前欧盟成员国已有多种型号具备节能减排功能的新型涡轮发电机投入使用,可将工厂锅炉产生的多余动能用于发电,从而产生更多的电能,其能效提高了30%以上。另外,通过成员国企业联合的方式,将工厂产生的余热收集起来,直接提供给其他制造业企业或城市耗能设备。据悉,仅此一项改造就节省电能20%,减少二氧化碳及有害气体排放量15%。欧盟成员国还将垃圾转换能源(WTE)的理念视作"生态循环社会"的一个重要标志,极大地促进了垃圾焚烧新技术和设备的开发、生产及实际应用,提高了垃圾和烟气中的有机物燃烧效率和热利用效率,大幅度减少了有害物质的生成,最大限度减少了环境污染和温室气体排放量。新型建筑材料也成为欧盟成员国不断研发的重点,并使得以往的砖、石、土、木等传统建筑材料被保温、防腐、耐辐射、密封性能优良的混合型建材和各种各样的节能玻璃所取代。①

4. 鼓励节约能源,发展可再生能源

2006年欧盟委员会公布并实施了"能源效率行动计划",该计划提出到2020年前减少总能源消耗20%的宏伟目标,并提出了覆盖建筑、运输和制造等行业的75项具体措施,拟在未来6年围绕更新电力产品节能商标、限制汽车排放量、鼓励能源效率投资、提高发电站能效和建立刺激节能的税收制度等十大优先领域,力争在2020年前实现节能20%的目标。根据"能源效率行动计划",欧盟对家用冰箱、空调、工业用抽水机和风扇等各类耗能产品规定了最低能效标准,并辅以定级和标志制度;同时对新建和翻新建筑规定了最低能效要求,大力推广节能型建筑。

近年来,欧盟主要是通过政策上的支持和经济上的补贴,对风能、太阳能等新能源的生产和使用进行资助,鼓励家庭安装小型太阳能和风力发电装置,为利用新能源的小发电厂入网制定低价政策,确保企业投资新能源的积极性。目前欧盟内对新能源电厂的促进模式有两种。一是德国模式。这种模式规定新能源进入电网适用最低的入网价格。二是英国、丹麦实行的"份额制"模式。该模式规定,用户在用电时将被分配一定份额的来自新能源的电力。因为风力和太阳能电力供应商多为中小企业,难以负担高额的入网费用,所以这两种促进模式为它们入网发电扫除了成本上的障碍。

---

① 刘助仁:《部分发达国家推动节能减排的主要经验及对我国的启示》,《中国发展观察》2007年第11期。

5. 实施财税等鼓励政策

近年来，欧盟国家出台并实施了促进二氧化碳减排的相关法律和政策。比如，征收碳税，对节能、可再生能源等减排二氧化碳技术给予税收优惠或财政补贴。① 比如，英国通过开征气候变化税、排放交易机制、气候变化协议、碳信托基金等多项财税政策的实施，引导、鼓励企业积极参与低碳产业和新能源产业。法国出台了减免税政策，鼓励在工业、建筑业、交通运输业以及服务业等领域使用节能型设备，同时增设了二氧化碳排放税，鼓励企业和个人增加使用太阳能、风能等可再生能源，努力创造"零碳经济"。此外，芬兰、丹麦、意大利、挪威、荷兰、瑞典等国家，开始对燃烧产生二氧化碳的化石燃料开征国家碳税。德国、奥地利等国家也相应引入了能源税和碳税制度。实践表明，财税政策是欧盟成员国发展低碳经济的有效方法之一。

(二) 日本低碳经济发展模式

日本作为世界能源消费大国，其资源极其匮乏，所需石油的99.7%、煤炭的97.7%、天然气的96.6%都依赖进口。由于自给率极低，资源安全面临极大的风险，强烈的资源危机意识驱使历届日本政府以战略的眼光来看待资源短缺问题，并不断出台重大政策大力发展低碳经济，作为促进日本经济发展的增长点。②

1. 低碳管理制度创新

日本低碳管理制度的创新，主要体现在建立完整的法律体系、推行富有特色的政策手段以及建立运行有效的组织机构三个方面。目前，日本已相继制定了《节约能源法》《环境保护法》《循环型社会形成推进基本法》《促进建立循环社会基本法》《促进资源有效利用法》《绿色采购法》《家用电器回收法》《关于促进利用再生资源的法律合理用能及再生资源利用法》《废弃物处理法》《化学物质排出管理促进法》《关于促进新能源利用的措施法》《新能源利用的措施法实施令》等与低碳有关的法律、法规，形成了完善的低碳经济法律体系，制定了碳排放权交易、"碳足迹"标示、特别折旧、补助金、"领跑者"、节能标签等方面的制度，构建了从中央到地方的完善的环保管理体系。

---

① 黄海：《发达国家低碳管理的经验借鉴及其启示》，《全球科技经济瞭望》2010年第2期。
② 《日本怎么成了资源大国？》，《党政干部参考》2011年第4期。

2. 重视低碳技术的创新与应用

日本政府高度重视低碳技术的创新，建立了以市场为导向，以政府为主导，以企业为主体，以节能环保为基轴，"产官学"一体化相结合，技术开发、技术使用和技术普及三位一体的创新机制，全方位立体化地开展低碳技术的创新与推广。为完善创新环境，早日实现建立低碳社会目标，2008年日本国会通过了《研发力强化法》，不断加大对低碳科研经费的投入，投入巨资开发利用核能、太阳能、风能、光能等替代能源和可再生能源技术，积极开展潮汐能、水能和地热能等能源方面的研究。根据日本内阁府2008年9月公布的数字，在科技预算中，仅单独立项的环境能源技术的开发费用就达近100亿日元。在2008年的达沃斯世界经济论坛上，日本政府宣布今后5年日本将投入300亿美元实施"环境能源革新技术开发计划"，以率先开发生物质能应用技术、快中子增殖反应堆循环技术、气温变化监测与影响评估等减少碳排放的革新技术。2008年5月日本公布了"低碳技术计划"，提出了建设低碳社会的技术战略以及环境和能源技术创新的促进措施，主要涉及超燃烧系统技术、超时空能源利用技术、节能型信息生活空间创生技术、低碳型交通社会构建技术和新一代节能半导体元器件技术等五大重点技术领域的创新。与此同时，日本还大力推进开发二氧化碳的碳捕集及封存技术。

3. 实施激励性财税政策

为落实节能减排政策，引导、鼓励开发节能技术、使用节能设备，日本政府相继出台了补助金制度、特别折旧制度、特别会计制度等财税优惠措施。一是特别折旧制度。使用指定节能设备，可选择设备标准进价的30%的特别折旧或者7%的税额减免。二是补助金制度。对于企业引进节能设备、实施节能技术改造给予总投资额1/3~1/2的补助，对于企业和家庭引进高效热水器给予固定金额的补助，对于住宅、建筑物引进高效能源系统给予其总投资额1/3的补助。三是特别会计制度。由经产省实施支援企业节能和促进节能的技术研发等活动，该项预算纳入"能源供需结科目"，主要来源于国家征收的石油煤炭税。此外，日本政府还出台了环保车减免税、节能环保投资减税、中小企业减税等鼓励低碳产业发展的财税措施。[①]

4. 倡导"低碳"生活方式

日本政府和相关团体通过电视、网络、报刊以及举办讲座等形式，对国

---

① 邵冰：《日本低碳经济发展战略及对我国的启示》，《北方经济》2010年第7期。

民进行节能减排的宣传教育，倡导国民夏天穿便装、男士不打领带、出行时多乘坐电车、购买减碳型住房等低碳生活方式，以节约能源消耗。2009年5月日本政府出台了旨在促进节能环保家电消费的"环保积分制度"，对购买符合一定节能标准的空调、冰箱和数字电视的消费者返还"环保积分"，所获积分可用于兑换消费券。

5. 加强低碳领域的国际合作

近年来，日本政府把地球环境保护作为拓展大国外交的重要领域，充分利用其主办八国集团峰会、第四届非洲发展东京会议和有关国家科技部部长会议等重要国际会议机会，积极推进与国际社会在低碳领域的技术合作、市场合作、科研合作以及政治协商等环境外交活动，谋求日本在解决环境问题上的国际领导权，其中同中国的合作是最活跃的，也是最有成效和最具潜力的。

（三）丹麦低碳经济发展模式

据统计，丹麦近20年经济增长了56%，而能源消耗仅增长3%，二氧化碳排放量减少约13%，① 创造了经济增长和节能减排并存的童话般奇迹，成为全球低碳发展的领跑者，其发展低碳经济的成功经验被称为"丹麦模式"。

1. 优化能源消费结构

近年来，丹麦能源消费结构发生了显著变化，煤炭所占比重明显减少，天然气以及风能、太阳能、生物质能源等可再生能源所占比重不断增加；在可再生能源开发利用方面，特别是在风力发电和生物质能热电联产应用上，丹麦利用三面临海、风力强劲的优势，大力开发利用海上风力和陆上风能，全国风电比重不断提高；太阳能、沼气等可再生能源也日益受到重视。丹麦率先在全球建立绿色能源模式，成为欧盟唯一的能源净出口国和最低单位GDP能源消耗国。在过去30年中GDP增长160%，而总能耗仅有微小增加，石油和煤消费量减少了36%，天然气消费比重达到20%，可再生能源和风能比重超过35%，而同期CO_2排放量则减少约17%。②

2. 大力发展绿色能源技术

为了提高能源利用效率，实现节能政策目标，丹麦政府不断增加对能源

---

① Energi Styrelsen, "The Danish Example"—The Way to Anenergy Efficient and Energy Friendly Economy, 2009.
② 郎一环、李红强：《构建城市低碳能源体系的国际经验与中国行动》，《中国能源》2010年第7期。

技术研发的资助,能源科技已成为丹麦政府的重点公共研发投入领域,其常规的支撑技术包括清洁高效燃烧、热电联产、工业化沼气、风电和建筑节能等。着眼于未来发展需要,尚在开发和试验的新技术有第二代生物乙醇、燃料电池、新型太阳能电池、海浪发电等。①

3. 建立政策激励机制

政府的经济激励政策在推动丹麦低碳经济发展中扮演着重要的角色。强有力的经济措施,使得丹麦在较短的时间内实现了低碳经济的迅速发展并取得了显著的经济社会效益。其政策主要包括以下几个方面:(1)实施激励性的财税政策。丹麦政府通过开征碳税、财政补贴、税收优惠、价格杠杆等多种政策措施,为发展低碳经济提供了积极的、长期的财政支持。(2)加大政府对能源技术创新的资助力度。(3)丹麦政府实施了输配电分开制度,打破了输配电的垄断,为风电并网提供了可能,也为风电的发展排除了后顾之忧。(4)创新"私人投资与家庭合作投资"的能源投资模式,极大地提高了公众对风能推广的认可度,也激发了居民的投资热情,使国家、投资者和电力使用者都获得了较大的收益。

4. 建立低碳生活方式

丹麦政府以消费者和企业为重点,以节能的方式减少能源的消费量。一是推广低碳建筑。丹麦实施严格的建筑标准,按能耗高低对建筑分类,并通过对建筑物的能耗进行一年一度的例检,加强对建筑节能达标的有效监管,以切实降低建筑能耗。二是推行低碳交通。目前,丹麦是全球汽车税最高的国家。在丹麦人的出行工具中,自行车为首选,公共交通为次选,最后才是私家车。丹麦是自行车的王国,政府还为自行车设置了专门的车道。三是开展低碳教育。丹麦政府通过举办气候和创新夏令营、生态城市宣传片等一系列公益性的低碳宣传活动,不断提高人们的低碳意识。

二 发达国家发展低碳经济对中国的启示

目前,中国是全球第二大碳排放国家。联合国开发计划署的统计资料显示,截止到2008年,中国的二氧化碳减排量已占到全球市场的1/3左右,预计到2012年,中国将占联合国发放全部排放指标的41%,② 节能减排面

---

① 章宁:《从丹麦"能源模式"看低碳经济特征》,《全球科技经济瞭望》2007年第12期。
② "碳交易介绍",http://news.QQ.com,2009-10-16。

临巨大压力。而发达国家发展低碳经济的成功经验与探索,为中国发展低碳经济提供了十分可贵的经验。具体来说,有以下几点启示。

(一) 制定和完善低碳经济发展的相关法律法规

目前,我国已制定了《节约能源法》《循环经济促进法》《煤炭法》《清洁生产促进法》《可再生能源法》等法律,其中《循环经济促进法》《可再生能源法》《清洁生产促进法》的实施,对节能减排、提高资源能源的利用效率、发展新能源和可再生能源等具有重要的意义。此外,近年来我国还相继制定了《中国应对气候变化的政策与行动》《节能中长期专项规划》《核电中长期发展规划(2011—2020年)》《可再生能源中长期发展规划》《节能减排全民行动实施方案》《能源发展"十一五"规划》《新能源与可再生能源产业发展"十五"规划》等规划与政策,应对全球气候变暖带来的挑战。当然,我国的低碳经济发展在政策法律体系方面还有待进一步健全和完善,今后应加快修订《环境保护法》《大气污染防治法》《环境影响评价法》《电力法》《矿产资源法》《煤炭法》等环境和资源领域的专门法律,抓紧制定《可再生能源法》与《循环经济促进法》的配套规范性文件,以完整的法律体系和完备的法律形式保障和推进我国低碳经济的发展。

(二) 建立完善的低碳经济促进制度

为使节能减排的相关法律法规得到切实具体的实施,实现低碳经济发展目标,欧美国家政府先后配套出台了各种制度,以切实推动低碳经济的发展。目前,中国的碳交易市场还处于初级阶段,一是应尽快出台《低碳经济法》《低碳发展国家行动方案》《碳排放权交易所管理办法》等法律法规,设计相应的调控总量和约束性细则,提高企业的节能减排积极性。二是建立优先发展低碳产业的机制。通过税收减免、财政补贴、信贷倾斜、设立低碳基金等优惠政策的实施,加大低碳经济激励力度,扶持低碳产业的快速发展,推动产业结构转型升级,从而实现中国经济发展方式的根本转变。三是建立高碳产业的退出机制。着手建立由能源税、碳税、环境税等组成的一整套低碳经济税制体系,限制高碳产业发展。同时,加快建立绿色认证制度,引导企业调整能源消费结构和发展可再生能源,促进企业节能减排、提高能源效率和降低化石能源消耗。四是加强碳金融领域的国际合作,加快碳掉期交易、碳证券、碳期货、碳基金等碳金融衍生工具的创新步伐,提升我国在全球碳市场价值链中的地位。

(三) 加强低碳技术的研发投入

美、日、欧等发达资本主义国家，已有十几年低碳经济产业布局和技术积淀。而我国的低碳产业，目前还处于刚刚起步的阶段，缺乏核心技术的前期积累。面对这种情况，中国政府应抓住自主创新这一核心，加大对低碳技术研发的投入和支持力度，努力研发传统能源的清洁技术，如对传统煤的清洁处理，提高其能源利用效率；努力研究开发新的能源技术，加快太阳能、风能等技术的转变并应用于各个方面，力争在低碳领域核心技术和尖端工艺等方面取得领先优势，提升我国低碳技术的自主创新能力。此外，应以企业为主体，推进企业与政府、研究机构和大学合作，建立官产学研合作机制，提高能源技术研发与应用效率。

(四) 积极参与国际低碳经济合作

气候变化、温室气体排放作为全球公共产品，具有公共产品的一般特征。因此，解决气候变化问题要依靠经济、知识、技术和治理的全球化。作为一个发展中国家，我国发展低碳经济，既要积极参与国际合作，从发达国家那里引进更为先进的低碳技术，并促进这些技术在国内的应用与推广，又要通过示范项目探索低碳技术、切实可行的低碳政策及其投资解决方案。同时，要积极参与国际合作与国际谈判，研究探索符合我国国情和实际利益的碳标签体系及碳足迹核查标准，并通过自身在国际贸易中的重要作用、在碳排放国际体系中的重要地位，以及我国不断上升的综合国力和国际影响力，把握主动权，争取话语权，主动、积极参与世界低碳经济规则的制定，开拓低碳发展之路。

(五) 倡导低碳社会氛围和生活方式

低碳型消费是发展低碳经济的一条重要途径。在经济发展水平、产业结构几近相同的情况下，美国人均能源消耗为10吨标油，日本仅为4吨标油，美日能源消耗差距的70%可归因于美日消费模式的差异。我国要实现低碳经济转型，人的理念和行为必须转变，要通过宣传、教育等各种措施，引导人们形成低碳的生活模式和消费方式。

第三节 两岸共建平潭国际低碳经济示范岛的重要意义

平潭开放开发是海西对台合作先行先试的一个重大举措，其核心主题是"共建"。"共建"首先应解决好如下三个问题：谁来共建、共建什么以及如何共建。当然，第一个问题答案是肯定的：两岸民众是共建的主体。但迄今为止，台湾社会对此仍存在不同的杂音：一是"牛肉"论，牛肉在哪里？就经济角度考虑，平潭开发条件并不比其他地方强。二是"统战"论，认为"共建"是大陆对台湾的一种"统战"。如何突破这样的瓶颈，是平潭开放与共建所面临的一个严峻挑战。两岸共建平潭国际低碳经济示范岛将是有效突破这一瓶颈的一种路径选择。

一 平潭国际低碳经济示范岛的发展思路

平潭岛是台湾海峡西北部的一个海岛，被确定为对台合作综合实验区。创建平潭国际低碳经济示范岛，是按照低碳经济发展的最新理念，发挥平潭生态环境和岛屿资源优势，积极借鉴国际成功经验，综合应用当代最先进的低碳技术和手段，围绕"绿色、生态、低碳、科技"四大基本战略，积极探索平潭岛低碳经济发展模式和路径，建设生态环境优美、产业低碳发展、旅游国际化程度高、文化魅力独特、两岸民众融合的具有对台特色的国内低碳经济先行区和引领国际低碳经济发展潮流的生态示范岛。

二 两岸共建平潭国际低碳经济示范岛的重要意义

低碳经济是以低能耗、低污染、低排放和高效能、高效率、高效益（三低三高）为核心的绿色可持续经济，是人类社会经历原始文明、农业文明、工业文明之后的生态文明形态。近年来，随着全球气候变化的日益加剧，低碳经济发展逐渐成为继循环经济、绿色经济和生态经济之后的一种新的国际潮流。从国内来看，各地围绕自身的重点领域大力发展低碳经济。例如，重庆的低碳产业园、河北保定的"中国电谷"、珠海的"低碳能源"战略，等等。平潭建设国际低碳经济示范岛，既有不可或缺的重要地位和不可替代的重要作用，也有得天独厚的优势和无与伦比的潜力，同时也是海岛地区经济转型的迫切需要和现实选择。

（一）有利于两岸共同家园的绿色发展、科学发展

在应对全球气候变化的背景下，发展低碳经济不仅涉及应对全球气候变化，也影响着全球的社会变革和经济发展。打造平潭国际低碳经济示范岛，将集聚两岸和全球华人的聪明才智，应对环境破坏带来的挑战，为创造一个子孙后代能永续生存的区域环境提供全球性的样板。

平潭国际低碳经济示范岛的建设，将以全面、协调、可持续发展的生态

文明为理念，坚持高品位、有特色的原则，通过倡导低碳生活方式，逐步建立由低碳生态社区、低碳生态集镇、低碳生态城市构成的多层次的低碳生态节能框架；大力发展绿色经济、循环经济和低碳产业，努力提升经济总量，扩大城市规模，提高经济发展的质量和效益，改善人民生活，倾全力打造"生态平潭，人居福地"，推进两岸共同家园科学发展、和谐发展和绿色发展。

（二）有助于加强两岸在绿色低碳领域的合作和交流

低碳经济已经成为全球共同追求的一种最理想的经济发展模式，全球向低碳经济转型是大势所趋。大力发展低碳经济，创新平潭两岸共同家园发展模式，实施城市低碳化战略，可以极大地提升平潭两岸共同家园示范区的国际形象，有助于加强国际合作和交流，尤其是加强两岸在绿色低碳领域的合作与交流，为两岸合作开辟新的合作空间。

（三）有利于打造平潭生态海岛特色

平潭两岸共同家园示范区建设将在充分考虑海岛生态环境特点的基础上，坚持在保护中加快发展、在发展中加强保持的原则，注重保持和发挥海岛生态后发优势，依托科技创新，大胆引进和尝试全国乃至全世界最先进的技术并运用到平潭建筑、交通、能源、资源等各领域中，大力发展以低碳为特征的工业、建筑和能源交通体系及技术体系，提高资源利用效率，形成低消耗、高附加值的低碳型产业结构和绿色消费方式。同时，通过协调城市、产业和生态功能布局，合理控制海岛开发强度，提高土地节约、集约利用效率，强化海岛绿色屏障作用，有效保护生态环境，实现海岛生态良性循环，营造两岸民众宜居的共同家园。

（四）有助于推进"智慧平潭岛"建设

平潭综合实验区的开发开放是中央作出的重大战略决策，是海西建设的重要抓手和突破口，是两岸人民交流合作的前沿平台。党中央、国务院对平潭开放开发寄予厚望，平潭开放开发要坚持高起点、高标准、高层次、高水平建设，实现科学发展、跨越发展，打造低碳智慧岛。以低碳科技创新为核心，重视低碳技术研发，推广绿色低碳节能节水技术，发展以"智慧"住宅、节能、观光为主的智慧经济，建设低碳、富于智慧的科技示范社区（见图7-2），是平潭建设两岸共同家园示范区的一项重要任务。[①]

[①]《低碳·智慧平潭岛建设与发展论坛举行》，《福建日报》2010年11月1日。

图 7-2　低碳、富于智慧的科技示范社区设计图

（图中文字：在社区中通过建筑的能源采集，公共绿地的有机水循环，将低碳理念贯注在生活之中）

（五）有利于倡导形成两岸共同家园新模式

低碳经济是以减少温室气体排放为前提谋求最大产出的经济发展理念或发展形式。"低碳"强调的是一种区别于传统的高能耗、高污染发展方式的新发展思路。"经济"则强调了这种新理念在根本上不排斥发展。因此，广义上，两岸民众共建平潭国际低碳经济岛可以被视为平潭经济发展在环境保护、节能降耗等方面新的约束条件。这类条件关键在于通过与新约束条件相匹配的技术和制度创新，走出一条科技含量高、经济效益好、资源消耗低、环境污染少，两岸民众的智慧和创造性得到充分发挥，市场规模不断扩大，两岸民众生产、生活方式科学，生活质量不断提高的可持续发展之路，确保两岸民众共同创造、共同建设和共同管理的共同家园模式顺利推进和持续完善。

（六）有利于提升平潭两岸共同家园的形象

良好的自然环境是平潭两岸共同家园建设最为宝贵的财富，如果失掉了这个优势，一切都无从谈起。福建省委、省政府深刻认识到，要立足于发挥平潭岛的自身优势，引入国内外生态经济、低碳产业发展的新理念，抢抓发展机遇，加大先行先试力度，用好用足国家和相关部门赋予的各项优惠政策，积极探索海岛低碳产业新体系、生态建设新模式、科学发展新机制，实现人与自然、社会和谐相处以及平潭经济社会全面协调可持续发展。因此，平潭国际低碳经济示范岛的建设，既是平潭发展的需要，也是平潭开放开发的有力支撑和可持续保障，完全符合科学发展观的要求、符合平潭转变经济发展方式和产业结构调整升级的方向,与我国建设环境友好型、资源节约型社会的总体要求相吻合。

当然,为全国乃至全世界人民保护好平潭的青山绿水,创建平潭国际低碳经济示范岛,保护好平潭的生态环境,积累岛屿低碳经济发展的经验,推进平潭进入国际低碳经济发展前列,也是一条适合中国国情、符合福建省情、平潭综合实验区开放开发实际情况的具有两岸共建特色的科学发展之路,充分体现了先行先试的要求,有利于提升平潭生态建设实效,发挥低碳经济典型示范效应。

三 两岸共建平潭国际低碳经济示范岛的可行性

(一) 发展低碳经济的后发优势

"后发"也称为"后发展",是相对于行业的先进入者而言,后进入者由于较晚进入行业而获得先进入者不具有的竞争优势,通过观察先进入者的行动及效果来减少自身面临的不确定性而采取相应行动,获得更多的市场份额。平潭经济发展相对滞后,城市化进程处于初级阶段,工业化进程对环境和生态造成的负面影响也比较少,生态恢复难度低,良好的生态环境基础便于平潭在发展低碳经济时获得后发优势,走出高效的低碳经济发展之路。

(二) 两岸形成低碳发展共识

从目前来看,发展低碳经济已成为两岸官方和民众的共识。积极参与低碳环保理念的推广,践行绿色低碳生活的两岸民众日趋增多,其中有些人甚至达到"痴迷"的程度,全身心地奉献于这一事业。因此,平潭国际低碳经济示范岛开发一定会得到两岸民众的热心支持。[①]

(三) 国际合作与交流

从目前来看,联合国、世界环境与发展委员会、经济合作与发展组织、世界银行以及众多的非政府组织和研究机构致力于全球经济与社会节能低碳环保建设,支持发展低碳经济。平潭在其国际低碳经济示范岛的开发建设中,将通过引进消化发达国家先进的节能技术、提高能效的技术和可再生能源技术,积极参与到全球应对气候变化体系中来,有利于平潭在智力、资

---

① 王秉安、罗海成、韦信宽:《两岸共建平潭国际低碳经济示范岛的设想》,《两岸竞争力论坛论文集》2010 年第 7 期。

金、技术、人才培训等方面获取国际组织与机构的全方位援助和支持。同时，通过各项低碳技术项目合作，以及企业之间，学术、研究、管理、培训机构之间的经验交流活动，获得向全球公众宣传平潭国际低碳经济示范岛的渠道和机会。

（四）软硬件条件具备

近年来，随着平潭开放开发的深入推进，平潭各项基础设施建设以前所未有的速度和力度向前推进，基础设施日益完善，在物质层面上为打造平潭国际低碳示范岛创造了良好的先期开发条件。而国际社会对发展低碳经济的广泛认同，又为打造平潭国际低碳示范岛创造了精神层面的有利环境与舆论氛围。

（五）低碳技术日趋成熟

发达国家关于低碳经济发展的技术要比发展中国家先进，平潭可加强与发达国家低碳技术的交流与合作，引进先进的节能技术和可再生能源技术，通过消化吸收再创新，促进平潭低碳技术的研发与应用，形成低碳经济产业链。与此同时，平潭国际低碳经济示范岛的创建，又为低碳技术的成熟和实用化提供了较为理想的实践与研究平台。

第四节 两岸共建平潭国际低碳经济示范岛的战略构想

按照把平潭综合实验区打造成为两岸同胞合作建设、先行先试、科学发展的共同家园的定位要求，积极探索实验区绿色经济、循环经济、低碳产业的发展模式，突出海岛生态特色，促进实验区经济社会与资源环境协调发展。

一 平潭国际低碳经济示范岛的目标定位

（一）国际低碳经济示范区

能源资源、生态环境、气候变化是21世纪世界各国面临的共同挑战，也是事关全球经济发展和人类福祉的重大问题。推进绿色低碳发展，不仅是两岸转变经济发展方式的重要举措，也是两岸提升抵御外部风险实力，实现经济、社会、环境可持续发展的必然选择。从目前来看，绿色低碳产业已成为两岸近些年来产业合作的最好切入点，双方在LED、汽车电池部件、光伏产业等领域的合作日益紧密。因此，平潭要抢抓低碳经济示范区建设的机遇，科学制定平潭综合实验区低碳经济发展规划，出台相关扶持政策，努力建设依托台湾、面向大陆的两岸合作低碳经济示范区；积极发展绿色交通及"智慧"住宅、节能、观光为主的智慧经济，建设自主创新和科技转化能力强的低碳智慧科技示范新区；同时，将发展低碳经济，践行低碳工作、生活作为一项重要工作，通过大力宣传、倡导全民节能低碳生活，形成完善的低碳经济社会体系，着力打造平潭国际低碳经济示范区。

(二) 国际低碳旅游示范区

低碳旅游是指在旅游活动中，旅游企业和旅游者以低能耗、低污染为基础的绿色旅行。低碳旅游是旅游的未来。平潭在其国际旅游岛的建设中，应认真考虑设立低碳旅游示范区，在建筑、环境、餐饮、交通、游乐项目等方面制定分阶段、有目标、高标准的节能减碳实施方案，同时将低碳科技应用到基础设施的升级改造中，优先发展针对"低碳旅游"需要的基础设施和旅游产品，积极提倡并着力践行"低碳生活、循环产业""资源统筹、节能节地""被动住宅、绿化公建""慢行系统、公交导向""雨洪管理、中水利用""垃圾分类、变废为宝"等[1]低碳旅游理念，把平潭岛建设成为国际低碳旅游示范区，向世界彰显平潭"大气大美大自然，宜居宜游新平潭"的两岸共同家园形象。

(三) 两岸共同家园示范区

作为两岸合作先行先试区域，平潭综合实验区被赋予"比特区更特"的新使命——打造"两岸交流合作的先行区、体制机制改革创新的示范区、两岸同胞共同生活的宜居区、海峡西岸科学发展的先导区"，承载着两岸民众更多的希望与梦想。因此，两岸民众应并肩奋斗、共同努力，把平潭岛建设成为经济高效、环境优美、文化开放、社会和谐、民众和睦的中华民族共同家园示范区，创造一个两岸同胞共同生活、共创未来的特殊区域，为中华民族和平统一探索新的发展模式。

(四) 两岸海洋生态文化示范区

统筹平潭超常规开发建设与平潭海洋生态环境保护，树立生态海洋、宜居平潭的发展理念，推动两岸在海域、海岛、海岸带环境修复方面的合作对接，着力挖掘海洋生态文化内涵，弘扬海洋文化，维护海洋生态安全，打造

---

[1] 王秉安、罗海成、韦信宽：《两岸共建平潭国际低碳经济示范岛的设想》，《两岸竞争力论坛论文集》2010年第7期。

生态良好、环境优美、人海和谐的文明海区，推动平潭成为生态岛、幸福宜居岛，着力打造两岸海洋生态文化示范区。

（五）两岸智慧岛共建示范区[①]

低碳经济示范岛建设是一项基础性、系统性的工程，在开放开发过程中，平潭既要建设生态岛，加快绿色、低碳的电子信息、海洋生物科技等高新技术产业以及旅游业和现代服务业等产业的发展，使平潭成为两岸共建的生态岛示范区；也要建设智慧岛，推进两岸的新型平板显示、物联网、LED、数字电视、汽车电子和太阳能光伏等产业在产品标准、知识产权、创新联盟、示范应用等方面的优势互补和对接合作，探索建设平潭离岸云数据中心，拓展对台服务外包业务，面向台湾及亚太地区提供系统集成、软件外包、呼叫中心等服务，把平潭建设成为国家级服务外包示范区、两岸云计算产业合作基地和云计算服务外包门户，把平潭综合实验区建设成为引领中国"智慧城市"先行区、"智慧福建"示范区，以及台湾智慧人才集聚区。

二　两岸共建平潭国际低碳经济示范岛的路径选择

加快平潭开放开发，推进社会经济可持续发展，最重要的原则就是要用生态观念来规范人们的生产、生活各领域的行为，通过优化能源结构，构建生态安全屏障，发展低碳产业，大力发展低碳交通、低碳建筑、低碳旅游、低碳社区、低碳技术，推进两岸共同家园的健康发展。

（一）优化碳能结构，提高能源效率

降低资源消耗，缓解当前经济发展与资源环境约束之间的矛盾已成为平潭开放开发面临的重要挑战。立足于平潭综合实验区的长远发展目标，一是应积极引导能源消费结构调整，积极推广风能、太阳能、沼气、天然气等清洁能源在生产、生活领域的综合利用，最大限度地减少煤炭、石油等化石燃料的使用，降低二氧化碳排放；二是要大力发展风能、太阳能等清洁能源，尤其是要发挥平潭终年风力资源丰富的优势，逐步加大风能发电占能源总消费量的比重，从而加快平潭低碳能源示范体系的建设和发展，力争把平潭打造成为国际低碳能源城市的样板。

（二）构建生态安全屏障体系

平潭地理位置特殊，气候环境恶劣，沿海防护林作为保障民众安居乐业

---

① 王秉安、罗海成、韦信宽：《两岸共建平潭国际低碳经济示范岛的设想》，《两岸竞争力论坛论文集》2010年第7期。

和两岸共同家园健康、可持续发展的"生命林""保安林",是两岸共建平潭国际低碳经济岛的前提和保证。为此,平潭应着力做好平潭岛西北部、北部、东北部的长江澳和流西、流东风口防护林的加宽、加厚、加密工作,积极组织开展退耕造林和前沿风口的攻坚造林,确保在平潭岛东北部和北部建起一道厚度达1000米的森林屏障;同时应抓好环岛路等主干道两边的退耕造林工作,栽种各种绿化大苗,逐步实现绿化、美化、彩化的空间立体布局,真正把平潭岛建设成为两岸民众宜居、宜业的生态旅游岛。

(三) 建设以低碳排放为特征的产业体系

就目前平潭的发展基础来看,两岸共建平潭国际低碳经济示范岛应超前部署低碳产业体系,积极构建具有国际竞争力的现代海洋产业体系。一是积极承接台湾产业转移,建设先进制造业基地,发展电子信息、海洋生物、清洁能源等现代产业体系,形成以低碳技术产业化、服务业低碳化为特征的低碳产业示范体系。二是加快两岸低碳旅游业的合作,可在低碳旅游城市建设、旅游产品开发、旅游消费模式、观光农业等领域展开。三是加强两岸低碳农业合作,重点围绕现代农业、农业循环经济、农业生物多样性保护与可持续管理以及农民的教育等领域加强合作。

(四) 建设国际低碳交通体系示范工程

低碳交通体系是低能耗、低污染、低排放的交通体系,主要包括多中心空间布局、以公共交通为主的交通工具系统、自觉低碳出行的交通主体、发达的低碳交通技术以及先进的交通管理等五个有机组成部分。鉴于此,《平潭综合实验区总体规划》正以高起点、高标准、大视野、前瞻性的眼光,对平潭岛未来的现代化立体综合交通体系进行具体规划,构建以高速公路、普通国省道干线公路、铁路、港口航运和航空为骨架的对外运输体系;构筑以绿色交通为主导,与空间布局相适应的多层次、高效率、可持续的城市交通体系,并通过大运量公共交通引导土地开发建设,创建"通达、绿色、智能、和谐"的绿色交通系统,以全面推进平潭交通体系的低碳化建设,力争打造国际低碳交通体系示范工程。

(五) 打造国际低碳建筑体系示范工程

低碳建筑是指在建筑材料与设备制造、施工建造和建筑物使用的整个生命周期内,减少化石能源的使用,提高能效,降低二氧化碳排放量。目前低碳建筑已逐渐成为国际建筑界的主流趋势。平潭以"低碳建筑示范"实现人与城市和谐发展,降低建筑的碳排放。一是要强化建筑物的节能设计，要把建筑节能监管工作纳入工程建设管理程序，对达不到建筑节能设计标准的新建建筑，不得办理开工和竣工备案手续，不准销售使用。二是鼓励新建居住建筑应用太阳能热水系统，并与建筑一体化设计、施工。三是组织实施低能耗、绿色建筑示范工程，扩大风能、太阳能等可再生能源利用。四是加快节能改造，对非节能居住建筑、大型公共建筑和党政机关办公楼进行节能改造。五是推广使用节能灯等节能电器，鼓励使用高效节能厨房系统，减少空调的使用时间，降低使用强度，从生活的各个环节上做到"节能减排"。推进平潭城市建筑的低碳化发展，力争打造国际低碳建筑体系示范工程。

（六）建设国际低碳旅游示范体系工程

发展低碳旅游是深入贯彻党的十八大精神的重要举措，也是建设美丽平潭的必然要求。平潭岛加快发展低碳旅游这种新兴的旅游方式，一是要加快编制规划，引领低碳化城市发展。组织专家加快制定《平潭综合实验区低碳城市发展规划》，制定完善的低碳旅游发展目标，以低碳理念引导旅游企业、旅游景区开发低碳环保景区，提高旅游者自觉的低碳旅游意识；二是积极开展争创"绿色服务""绿色商店""绿色饭店""绿色照明"活动，鼓励经营性服务场所广泛推广采用节能、节水、节材型产品和技术，鼓励自然资源的回收利用、短缺资源的高效利用等，最大限度地节约能源，降低能耗、降低排放；三是以低碳理念引导旅游住宅、旅游交通、旅游活动的规划设计和建设，即低碳设计、低碳建设、低碳排放；四是减少旅游垃圾、二氧化碳等污染物的生成和排放，促进旅游产品的生产、消费过程与海岛的优美生态环境相协调，力争把平潭岛打造成为交通部和住房和城乡建设部的低碳建设示范区，进而打造国际低碳旅游体系示范工程。

（七）创建低碳化社区示范工程

两岸共建平潭国际低碳经济示范岛，应该重视大部分人的生存、生活方式，积极推广面向低碳化的社区规划手段、建筑技术和社区管理方式。一是通过低碳化社区示范工程建设，建立共用阅览室、健身房、洗衣房等设施，降低社区公共设施的能耗与废弃物排放。二是倡导"非机动化"出行，限制机动车在小区内行驶，小区道路网络设计为鼓励步行，减少机动车的出行次数，缩短出行距离。三是应用低碳建筑技术，社区以风能等可再生能源作为主要能源，倡导"绿色城市照明"。四是建立低碳社区管理模式，树立低碳消费理念；倡导节约为荣、简约为美，反对浪费、鄙视奢侈的现代生活理念；倡导低碳消费、绿色消费和绿色生活方式，珍惜能源，物尽其用，少用塑料包装袋和一次性商品，尽量减少消费品的不必要替换；倡导对社区废弃物实行严格的分类处理，监督制止生活废水、废气和废弃物的违规排放，建设园林化社区，捕捉城市建设、生活消费中的二氧化碳排放，并通过开展若干低碳化社区试点，促进低碳技术的集成应用，为打造平潭国际低碳经济示范岛探索新的发展模式。

（八）构建国际低碳经济与技术研发示范工程

低碳技术既是提升一个国家或地区未来经济社会综合竞争力的关键，也是摒弃高碳发展老路和老的高碳技术模式，实现经济跨越式发展的途径。目前，平潭低碳经济发展主要是通过清洁发展机制（CDM）引进发达国家的成熟技术。随着能源结构的逐步优化，平潭可再生能源所占比重将越来越高。基于此，平潭应加强两岸在低碳技术领域的研发合作，大力开发低碳技术和低碳产品，如风能、海洋能、生物质能、地热能利用技术以及二氧化碳收集储存技术等，并由此建立起自己的低碳技术创新体系。同时，要充分利用平潭综合实验区的广阔平台，引导风险投资将国外的先进理念、技术和资金引到平潭来，共同示范、共同经营、共享成果，推动平潭低碳经济与技术研发体系发展，努力将平潭打造成为全球低碳经济与技术研发的一个中心，构建国际低碳经济与技术研发的示范工程。

（九）打造碳金融示范工程

碳金融是应对气候变化的金融解决方案，是指由《京都议定书》而兴起的低碳经济投融资活动。随着碳交易规模的扩大，越来越多的经济主体开始参与到国际碳交易当中。中国作为最大的清洁发展机制项目供应方，目前仅有北京环境交易所、天津排放权交易所、上海环境能源交易所以及深圳联合产权交易所等碳交易平台，这些平台规模较小，尚处于起步阶段。平潭岛风能、潮汐能、生物质能等可再生资源丰富，在发展碳金融方面具有得天独厚的资源优势。为此，建议平潭综合实验区把发展低碳经济和碳金融作为实验区发展的新契机，一是加快搭建一个两岸"碳源 - 碳汇"交易市场，培育建设两岸碳金融中心，占领新经济革命的战略制高点。二是引进能源风险基金。引导国内风险机构与碳基金等欧美知名机构合作，引入多元化的风险投资机制，支持二氧化碳减排和节能项目投资。三是加强与各类金融机构合作，鼓励各金融机构加大对风能、太阳能、生物质能等新能源项目的信贷投放，切实扶持海西风能、太阳能、生物质能行业规模化发展。四是引导企业运用清洁发展机制获取国际市场直接融资，实现技术水平进步。

三 两岸共建平潭国际低碳经济示范岛的基本策略

两岸共建平潭国际低碳经济示范岛是一个系统性、长期性的工程，应远近结合、分步实施，有计划、有步骤、系统地推进平潭生态岛和平潭低碳生态实践区的建设。

（一）加强对平潭国际低碳经济示范岛建设的组织领导

作为一项关系到生产生活理念和行为根本性转变的系统工程，平潭国际低碳经济示范岛的建设应在凝聚两岸共识、集中两岸智慧、汇聚两岸力量的基础上，成立"两岸低碳经济合作委员会"，共同规划、协调平潭国际低碳经济示范岛的开发和建设。委员会可下设信息部、政策研究室、低碳基金办公室、营销宣传部等职能部门。委员会成员一半应是台湾地区的专家学者、台湾地方政府代表和行业代表。

（二）建立低碳发展的长效机制

创建平潭国际低碳经济示范岛，要在发挥市场机制作用的基础上，加快低碳建筑标准体系、垃圾清洁处理制度和消费领域碳排放标准的制定与实施，采用法律、行政手段，特别是排放权交易、自愿协议等经济手段，推动提高能效技术、节约能源技术、温室气体减排技术、新能源与可再生能源技术等的开发与应用，促进平潭经济社会向着高能效、低能耗和低碳排放的可持续增长模式转变。

（三）加强对低碳发展的宣传教育

充分发挥两岸新闻媒体的主渠道作用，大力宣传平潭低碳发展的先进典型，提高平潭低碳岛的知名度与美誉度。邀请两岸专家、学者及政府领导，交流探讨两岸低碳发展与技术应用在各领域中的成功经验及教训，指导推进平潭岛的低碳发展。开展低碳生产生活进企业、学校、社区、家庭的活动，加强低碳知识、生活理念的教育普及，增强公民低碳消费意识。

（四）推进低碳发展对台招商引资

为突出鲜明的"两岸合作"特色，平潭国际低碳经济示范岛的建设应积极吸引两岸尤其是台湾的领军企业、优秀人才、科研机构投入资金、技术发展平潭的低碳产业，实验区应在土地批租、项目立项、优惠待遇及办理手续等方面给予优质的服务。进一步扩大开放，加强合作，拓宽两岸在资金、技术、人才、管理等方面的交流与合作，鼓励台资企业投资低碳技术装备等项目。

（五）搭建低碳发展的融资平台

鼓励两岸金融保险机构加大对平潭新能源和节能环保产业的支持力度，广泛吸收台资参与低碳产业发展，形成政府、企业、社会相结合的多元化投资格局。开拓资本市场融资渠道，鼓励企业通过改制、资产重组、引进战略投资等方式，加快新能源和节能环保产业发展。政府应鼓励各类担保资金向新能源企业倾斜，逐步建立担保机构资本金补充机制，加大风险补偿，落实信用担保机构减免营业税政策。

（六）多层面开展低碳产业、低碳技术的交流与研讨

当前两岸合作正面临着新的发展机遇。通过多层面开展产业低碳技术交流与研讨，特别是在新能源开发、新材料应用、废弃物循环利用、生产组织方式、产业周边碳汇等方面的交流与研讨，能够进一步加强平潭与台湾有关团体、社会组织和各界人士的紧密联系，形成共识，确定目标，共同承担提高人民生活质量、减缓地球暖化的责任，以及使有限的天然资源可持续利用的使命。

第八章
平潭国际旅游岛的模式创新

第一节 海岛旅游研究述评

一 国外对海岛旅游的研究

国外发达国家对海岛和国际旅游岛的开发较早,研究较为成熟,主要集中在国际岛的可持续开发、旅游的区域影响、旅游规划与管理、旅游市场开发以及可持续旅游等方面。

在旅游可持续发展的研究方面,Jerome L. McElroy(1998)以加勒比海 20 个小岛屿国家和地区的旅游业发展情况为研究对象,提出了旅游渗透指数及其分级管理的建议;Abeyratne RIR(1999)认为海岛地区必须充分考虑旅游开发对经济、社会、文化以及环境生态等方面的影响,提出了加强旅游区域合作、海洋科技应用,以促进海岛旅游业的适度开发和可持续发展的建议。M. Kent,R. Newnham and S. Essex(2002)研究了西班牙马略卡岛淡水资源的可持续供应和旅游之间的关系,认为旅游发展必须加强对水资源的规划和保护,并提出应引进"la ecotasa or 'eco-tax'",向到该岛旅游的游客和访问者征税。Jithendran Kokkranikal 等(2003)以印度的洛克沙威群岛为例,研究了通过行为控制和加强旅游管理进行旅游结构调整,以促进海岛旅游可持续性发展的策略。在旅游的区域影响方面,Riaz Shareef(2005)比较分析了 20 个小岛屿国家和地区的经济、社会发展情况,得出旅游发展速度与经济风险概率成正比的结论。自此,旅游危机管理日益受到各方的重视。Ray Green(2005)以泰国苏梅岛城镇的居民感知为研究对象,采用定性和定量相结合的研究方法研究了当地旅游业发展对居民的生活和环境所造成的负面影响。在旅游规划与管理方面,Edward(1993)比较分析了印尼巴厘杜阿岛、墨西哥坎昆旅游开发的依据,发现这两个海岛在制定旅游规划时均制定了明确的旅游容量指标。Catalina Juaneda(1999)对德国和英国游客的行为特征进行了比较分析,研究表明,旅游者的旅游动机、偏好、心理、对价格的敏感程度以及旅游者的不同国籍等因素都会对旅游细分市场产生影响。在旅游市场开发方面,F. M. Diaz(2005)认为必须对旅游市场进行持续性的细分,才能够有针对性地进行旅游形象的设计、旅游产品的创新,并创新市场营销方式,从而提高海岛的旅游竞争力。在国际旅游岛的开发模式方面,国际上已形成了许多成功的模式,主要有:(1)"马尔代夫(Maldives)模式"。马尔代夫立足海岛自身的实际情况,因地制宜地开发海岛旅游资源,通过"整岛出让,差异发展;海岛开发,规划先行;环保意识,无处不在;统一管理,加强监督;特色经营,优质服务"逐渐形成了"马尔代夫模式"。(2)"夏威夷(Hawaii)模式"。夏威夷主要通过"做出优势,重点发展;旅游服务,旅游促销;基础设施先行发展,开发独特文化,重视环境"建立了其独特模式。

二 国内对海岛旅游的研究

近年来,国内相关研究机构和学者对海岛和国际旅游岛旅游进行了积极探讨,研究多集中于海岛旅游资源评价、海岛旅游市场分析、生态环境保护以及旅游规划管理等方面。其中,陆林(2007)根据10多年来国内外相关文献,就海岛旅游发展对当地海岛环境、经济以及社会文化等方面所产生的影响,海岛旅游目的地演化,海岛旅游规划管理和海岛旅游可持续发展等方面的研究进展情况进行了较为详尽的分析,认为国外海岛旅游研究已经逐渐成熟,形成了较完备的体系。在旅游资源评价方面,陆林(2002)对三亚等海滨(岛)旅游地和黄山等山岳型旅游地的国内客流季节性特征进行了比较分析,分析表明,自然和社会因素是海滨(岛)旅游地季节性变化的最主要因素;唐少霞(2004)分析了海南岛的特色旅游资源,提出打造旅游资源品牌是海南旅游持续发展的关键。在市场研究方面,文善恩(2011)研究了如何完善海南国际旅游岛的外汇服务,促进投资贸易便利化,更好地为海南国际旅游岛建设服务。在区域合作方面,文吉（2004）认为，解决旅游目的地替代性竞争问题的关键是建立海岛旅游联合区，推进区域旅游联合开发。在规划管理方面，王晓华（2007）指出在建设国际旅游岛中应设立旅游发展委员会，协调旅游相关行业和部门；黄振达（2010）提出了海岛开发的原则和目标、思想基础、文化基础和制度基础。在生态环境方面，张灵杰（2000）应用数量最终环境界值法，计算了大鹿岛旅游环境的日容量，并提出了具体的对策和建议；李金克（2004）利用系统科学的理论和方法，系统地剖析了海岛可持续发展系统，并给出了相应的评价指标体系。

三　国内对平潭旅游发展的研究

国内外对平潭旅游的研究并不多，内容比较分散，尚未形成系统。在旅游资源方面，林军、施文耀（2000）对平潭旅游资源的地学地质资源的特征和形成原因进行了研究，认为平潭岛最具特色的资源之一就是其地质地貌景观；侯红长、李宗斌等（2010）对平潭岛旅游资源的基本特征及其分布情况进行了分析，提出了平潭岛旅游资源持续性开发的对策建议。在生态环境方面，骆培聪（2003）对平潭县旅游环境存在的问题及原因进行了分析，提出发展旅游业应以科学的规划为指导；丁丽英（2010）对平潭旅游资源的优劣势进行了分析，并对其可持续发展提出对策；王润、刘家明、田大江（2010）从旅游交通、旅游住宅、旅游活动等方面阐述，说明了低碳旅游规划设计的要点，将低碳理念运用到平潭旅游规划中。在旅游业发展方面，林江珠（2002）通过对平潭旅游业发展现状的换位思考，提出为适应新经济环境的变化，平潭旅游业应长远谋划；徐力（2007）、陈素文（2008），运用SWOT方法对平潭岛旅游业的发展战略进行了研究；李文祥、郑耀星（2010）从平潭先行先试综合实验区角度对平潭旅游业的发展进行了分析，并提出实现旅游业先行先试的对策。另外，在旅游安全问题方面，陈金华、秦耀辰、何巧华（2007）对平潭岛自然灾害的类型及其对旅游发展的影响进行了分析，进而提出相应对策。

综上，目前国内外学者对滨海旅游和国际旅游岛的研究取得了一定的成果。但具体到国际旅游岛的个性化发展的研究尚存在不足，而且国内也尚未有深入、系统的关于平潭国际旅游岛开发模式的研究成果。本书将在国内外相关研究成果的基础上，定位于平潭两岸共同家园示范区建设，具体探索平潭国际旅游岛的构建思路与对策。

第二节 国际旅游岛开发模式及其经验借鉴

一 国际滨海旅游业发展概况

（一）国外概况

滨海旅游是指在一定社会经济条件下，以海洋为依托，以海水、阳光、沙滩为主要内容，为满足人们精神和物质需求而进行的游览、娱乐、体育和疗养活动所产生的现象和关系的总和。[①] 涵盖在海岸、离岸水面上发生的全面的旅游、休闲娱乐活动，包括海岸上住宿、餐饮、食品工业、第二住宅的发展，基础设施支撑的海岸发展和旅游活动，例如休闲游船、依托海岸的生态旅游、豪华游船和游艇、游泳、休闲渔业和潜水。海洋和滨海旅游被广泛地认为是现代旅游增长最快的领域，在海洋产业中占有较大比重。

滨海旅游是20世纪60年代后期从拉丁美洲的加勒比海地区兴起并发展起来的，后来又逐步扩展到欧美地区和亚太地区。从地域上来看，主要包括在海滨地区、近海、海岛、大洋、海底等进行的旅游活动。随着人们对滨海旅游认识的不断深化，全球范围内出现了前所未有的滨海旅游热。从游客的分布情况来看，近年来，地中海沿岸、加勒比海地区、波罗的海及大西洋沿岸的海滨、海滩成为国际旅游者最向往的旅游度假胜地，也是最具发展潜力的地区。滨海旅游业在世界海洋支柱产业中排名第二。据世界旅游组织统计，2002年滨海旅游业收入占全球旅游业总收入的1/2，约为2500亿美元，比10年前增加了3倍；沿海37个国家的旅游总收入达3572.8亿美元，占全球旅游总收入的81%。在欧美、大洋洲和东南亚一些海滨地区，滨海旅游业早已成为国民经济的重要组成部分。[②] 据统计，进行滨海旅游的游客在法国占50%，在英国占70%，在比利时达到80%。以"出售阳光和沙滩"闻名于世的西班牙，每年的旅游外汇收入高达100多亿美元。[③] 滨海旅游业日益成为旅游业中的热点。另据英国《泰晤士报》报道，自1990年以来，预订游轮票的人数每年增加10%，客轮床位售出率达90%左右。在北美旅

[①] 胡建伟：《国际滨海度假旅游的发展策略研究》，《广西社会科学》2006年第3期。
[②] 李华等：《滨海型城区旅游地竞争力评价体系构建》，《上海海事大学学报》2007年第3期。
[③] 王诗成：《实施滨海旅游开发工程》，《海洋信息》1997年第8期。

游市场，游轮数量5年来增加了35%。在美国，滨海游钓业发展迅猛，近几年从事游钓业的游船达200多万艘，全国每年从事娱乐性游钓者达1亿人次，国家每年可从游钓消费中获取500亿美元的社会产值。①

亚太地区滨海旅游业也呈快速增长态势。澳大利亚、新西兰、泰国、印度尼西亚、马来西亚、新加坡、马尔代夫等国家已成为世界滨海旅游的重要目的地之一，主要客源地为日本及中国的台湾和香港。

(二) 国内概况

20世纪80年代以来我国的滨海旅游业蓬勃兴起，南起三亚、北到丹东的1.8万千米的海岸线及星罗棋布的大小岛屿上，滨海旅游开发一浪高过一浪。据有关资料统计，国务院批准的12个国家级旅游度假区就有大连金石滩、上海佘山、青岛石老人、福建湄洲岛、北海银滩、三亚亚龙湾等6个海洋、滨海风景区。在国家旅游局推荐的12条首批中国国家旅游线路中，中国"滨海度假"国家旅游线路是主要旅游线路之一。近年来，随着国家新一轮沿海开放开发战略的实施，滨海旅游迎来大规模开发建设的新机遇，并迅速成长为我国海洋经济的支柱产业之一。2003年，滨海旅游业受"非典"的影响，出现自改革开放以来的首次负增长。2004年滨海旅游业摆脱"非典"的影响，出现了强劲的增长势头，全年收入为3369亿元，占全国主要海洋产业总产值的4.6%，增加值为434亿元。近年来，在国家拉动内需、加大投入的政策驱动下，滨海旅游业总体保持平稳发展，2013年滨海旅游业实现增加值3725亿元，比2012年增长12.3%。②

与此同时，随着欧美邮轮市场的日渐饱和，国际邮轮产业逐渐向亚洲尤其是中国市场转移。目前，从南到北已建成了三亚凤凰岛国际客运中心、厦门国际客运中心、上海国际客运中心、天津港国际邮轮码头4个设施较为齐全的邮轮港口，此外，青岛、珠海、宁波等城市已经在制定建造邮轮客运中心的规划。邮轮经济有望在我国逐渐发展并形成更大规模。随着我国经济的发展，游艇旅游作为一种新兴的、时尚的滨海旅游业态，符合旅游者休闲娱乐、户外运动、挑战自然的旅游理念，也逐渐进入国人视野。

2008年4月国务院批准海南省进一步发挥经济特区的优势，在旅游业对外开放和体制机制改革方面积极探索，先行试验，努力把海南省建设成为

---

① 王诗成：《实施滨海旅游开发工程》，《海洋信息》1997年第8期。
② 上述数据均来自历年的中国海洋经济统计公报。

"国际旅游岛"。同时还批准在海口、三亚、琼海、万宁各开办一家市内免税商店,以方便国际游客旅游购物,这标志着我国滨海旅游投资国际化、客源市场国际化、旅游企业管理国际化时代来临。

二 典型海岛国家、地区国际旅游岛的开发模式

综观当今国际旅游业界,类似于国际旅游岛的滨海旅游胜地不胜枚举。如新加坡,美国的夏威夷群岛,印度洋的马尔代夫群岛,印度尼西亚的巴厘岛,泰国的普吉岛,太平洋的斐济、瓦图阿努等,都是依托海岛优势,大力发展国际旅游业,最终形成各具鲜明特色的旅游度假胜地。

(一) 城市型旅游开发模式

以新加坡为典型代表。新加坡地处马来半岛的最南端,毗邻马六甲海峡南口,面积为699.4平方公里,由新加坡岛及附近的63个小岛组成。相比较而言,新加坡的海岛旅游资源并不丰富,却发展成为亚洲的"旅游王国",其主要开发经验如下。

1. 塑造良好的旅游形象

新加坡政府管理部门高度重视提升城市的旅游形象。近年来,为塑造新加坡良好的整体旅游形象,新加坡政府结合本国实际和未来发展目标,斥巨资对其国家或城市的旅游形象进行恰当的定位和设计,并通过各种宣传手段传播、提升其旅游形象,比如"花园城市""无限的新加坡,无限的旅游业"的旅游形象,这种具有战略高度的旅游城市形象设计,在旅游者心目中树立并传播了新加坡清洁、安定、文明、亲和的美好形象,给旅游者带来的不仅仅是阳光花园式的美景,还有更为令人心醉的人文环境,成为吸引国际旅游者前来旅游的动力源泉。目前,新加坡有居住人口410万。2008年新加坡接待外国游客11000万人,实现旅游业收入148亿新元,较2007年增长4.8%。

2. 营造人与自然的和谐关系

新加坡政府非常注重人与自然的和谐共存,强调旅游资源开发要以生态和环境的保护为基础,并加以严格的立法保护,以最大限度保持新加坡旅游资源的独有特色。国家环境发展部负责全国的绿化规划与组织实施。此外,政府还规定,凡征用的土地闲置1年以上而不开发者,均必须种植苗圃或草坪。花园般的城市已经成为新加坡较有吸引力的旅游资源之一。

3. 打造"购物之都"信用

新加坡全力塑造"品质至上、服务至上"的购物之都形象。为了加强

对旅游业的管理，新加坡政府先后颁布并实施了《新加坡旅行社法》《新加坡旅游促进税法》《新加坡饭店法》等法律。同时，为保证商店出售的商品货真价实、质优价廉，新加坡旅游局和消费者协会还联合推出了"优秀零售计划"，有信誉的商店将获得旅游局和消费者协会颁发的红白相间的鱼尾狮标志。游客购物时遇到任何商品交易上的欺诈行为，均可到旅游局或消费者协会投诉，也可向小额索偿法庭提出申诉。一经查实，商店不仅必须加倍赔偿游客的损失，而且还会被吊销营业执照。

4. 注重保持历史和发挥特色

新加坡由于地理位置的特殊性，形成了丰富多彩、兼收并蓄的东西方文化融会特色。新加坡在城市规划建设中，注重因地制宜保护和修葺具有民族风情的建筑和设施，或按原先模样加以恢复，或古为今用、古今结合，创造了一个个反映新加坡多元文化特色的旅游产品。例如，反映中国传统文化的牛车水原貌馆、土生华人博物馆、孙中山南洋纪念馆等，反映印度文化的小印度，充满马来风情的马来文化村以及荷兰村、阿拉伯街，等等。此外，新加坡还通过举办各式各样的文化节保存和展示其多元文化，如华人的春节、各类富有民族特色的表演等。

5. 发展会展旅游，创新旅游方式

"旅游经济无止境"是新加坡旅游业发展的指导思想，在这一思想指导下，新加坡利用其交通中心和金融中心的有利条件，立足于打造亚洲地区会议、奖励旅游、论坛、展览和休闲的首选地点，大力发展会展经济。2007年新加坡首次成为全球三大会议城市之一，仅次于法国巴黎与奥地利维也纳，同时排名亚洲第一。每年在新加坡举行的各种国际会议、展览及奖励旅游达5000多次，参加各种国际会议、展览的游客占外国游客的比例为25%左右，会展对新加坡的经济发展起到了重要的促进作用。与此同时，新加坡还以积极和创新的姿态不断创新旅游发展的新业态，积极开发会议会展旅游、美食购物旅游、体育赛事旅游、教育修学旅游、医疗保健旅游、游轮旅游、商务旅游以及奖励旅游等多种旅游产品，不断满足世界各地游客的旅游观光、休闲度假的需要。

6. 加强对旅游业的管理

新加坡旅游局是专门负责推动新加坡旅游业全方位发展的经济机构。1964年开始运作时称新加坡旅游促进局，1997年正式更名为新加坡旅游局，主要使命是引领和发展新加坡旅游业，并使旅游业成为新加坡经济增长的主要动力。国际企业发展局负责开拓世界各地会议旅游和商务旅游市场，打造新加坡"亚洲会议首府"的旅游目的地。新加坡会展署主要是负责协调配合各项会展活动的策划与筹备。此外，新加坡还成立了政府的旅游咨询机构——全国旅游促进会，该协会由11个政府部门和行业团体组成，全面负责国家的旅游事业。

（二）群岛式旅游开发模式

以夏威夷群岛为典型代表。夏威夷位于太平洋中部，有大小岛屿132个，总面积16600多平方公里；地处热带，气候温和宜人，拥有得天独厚的美丽环境，风光明媚，海滩迷人，其阳光、空气和海水很少受到污染，素有"人间天堂"之美誉，也是世界上旅游业特别发达的地区之一。夏威夷本地人口仅130万，但每年的游客接待量远超700万，大约是当地人口的6倍。到夏威夷的游客中有65%是回头客，夏威夷已成为不少家庭游客的固定目的地。其群岛式开发模式的典型特征如下。

1. 先行发展基础设施

夏威夷非常重视旅游基础设施的先行发展，良好的旅游基础设施为夏威夷发展旅游奠定了良好的基础。在夏威夷，高速公路四通八达，公共汽车、快艇、游船等公共交通工具方便快捷，到周边岛屿甚至可以乘坐小飞机出行，方便快捷，价格又不贵，邮电通信设施高度发达。

2. 重视特色文化开发

夏威夷岛多种族裔、多种文化汇集创造了夏威夷独特的文化氛围，既有东西方文化融合的缩影，也有原始文化和现代文明的汇集。夏威夷旅游部门充分利用这种多元文化的经典特色，开发了一批知名的旅游项目，其中，波里西尼亚文化中心最为有名，它不仅有机地融合了太平洋各个岛屿的风土人情，而且充分展示了世界各地璀璨的文化；不仅创造了现代文明的气息，而且充满着原始文化的芳香，独特的文化深深吸引着世界各地的游客。

3. 重视旅游服务和旅游促销

夏威夷旅游业发展的成功经验之一就是不断创新优质的服务。相关调查显示，到夏威夷旅游的游客重游率高，80%的游客认为夏威夷的旅游服务是优异的或超过其他地方。夏威夷政府还高度重视旅游产品的促销，政府每年均会拨出巨额资金进行旅游市场调查和旅游产品推销，并根据调查的结果及时改善和强化各项旅游设施和旅游服务。此外，夏威夷政府还通过引导不断提升当地居民参与旅游开发的热情和对外来游客的友好度。

4. 重视环境保护

夏威夷十分重视海岛生态与环境的保护。夏威夷非常注重在海岛旅游开发的同时保护并创造更好的环境，政府不仅对各类建筑物的密度和高度进行了严格的规定，而且通过森林、公园植树绿化建设，创造了更多的绿地，更好地保护了海岛的植被、海水、沙滩、空气以及各种海洋生物。

（三）单一岛屿式旅游开发模式

以马尔代夫为典型代表。马尔代夫位于赤道附近，平均海拔1.2米，是一个仅有20多万人口的印度洋岛国，海岛总面积298平方公里，由26组自然环礁和1192个珊瑚岛组成，其中约200个岛屿有常住居民。[1] 马尔代夫海岛旅游取得了极大的成功，已成为国际热点旅游目的地。据统计，到2003年马尔代夫已开发了87个海岛度假胜地，年接待游客达到563593人次，旅游收入达7000万美元，旅游业产业增加值合1.8亿美元，占该国GDP的32.8%。[2] 马尔代夫海岛开发的成功经验主要有如下几点。

1. 重视海岛规划

马尔代夫在海岛开发过程中特别重视海岛规划。海岛自开发之初到现在，马尔代夫已相继制订了3个"十年海岛开发计划"。在马尔代夫，每一个待开发的海岛均必须委托国际知名规划公司进行规划设计，并经严格的论证后方可报国家批准建设，而且在海岛开发建设的过程中，必须严格执行原有的规划。

2. 注重差异发展

马尔代夫在海岛开发上注重保持风格各异、体现地方特色，努力营造悠闲的度假胜地以吸引国际游客。其开发的典型特点可概括为"四个一"模式：一座海岛及周边海域只允许一个投资开发公司租赁使用，一座海岛只建设一个酒店（或度假村），一座海岛突出一种建筑风格和文化内涵，一座海岛配套一系列功能齐备的休闲娱乐及后勤服务等设施。为获得开发所需资金，海岛开发实行国际公开招标，以争取经济实力雄厚的集团来开

---

[1] 侯长红等：《平潭岛海岛旅游资源开发战略研究》，《资源开发与市场》2010年第8期。
[2] 邢晓军：《马尔代夫海岛开发考察》，《海洋开发与管理》2005年第2期。

发建设。此外，政府还通过加强基础设施建设、从业人员培训、定期或不定期在主要客源地举办推介会等举措，不断完善政策措施，鼓励外商投资海岛开发。

3. 注重环境保护

为保持海岛固有的地貌特征，确保岛上生态系统和旅游资源不会遭到破坏，马尔代夫政府对投资经营者和游客提出了严格的环保要求，海岛开发严格坚持低层建筑、低密度开发、低容量利用、高绿化率的"三低一高"原则。在马尔代夫已开发的87个海岛中，所有别墅几乎都是沿着海岛建设并隐藏在树林中，楼层最高仅为两层。此外，马尔代夫政府还科学制定了每一个度假岛屿的详细的环境控制措施并严格执行以保护各度假区的环海洋生态环境。

4. 加强管理监督

1982年马尔代夫成立了海岛旅游管理机构，后来发展成为旅游部，1984年又成立了旅游咨询机构，以加强海岛的开发管理。马尔代夫还实行严格的海岛开发审查制度，由旅游部负责组织审查海岛的开发规划。同时，旅游部门每年对度假区进行两次监督检查，对不达标的度假区进行整治，以维护整个海岛地区的信誉和秩序。

5. 注重特色经营

马尔代夫实施封闭式管理，注重营造度假区安全、宁静、宽松的环境。在度假区，岛上除旅游服务人员外，非旅游人士（包括本国公民）未经允许不得进入，这样既节约了度假区经营管理的成本，同时也使游客处于一个相对安全、宁静、宽松的环境之中。此外，海岛还开发了帆船、潜水、酒吧、舞厅等旅游项目，并提供丰富的自助餐厅食品，满足游客的不同需求。

（四）**城市群滨海旅游开发模式**

以佛罗里达州为典型代表。佛罗里达州是美国最南部的一个州，包括佛罗里达半岛、西北部濒墨西哥湾狭长地带及南部近海珊瑚岛礁。面积约15.2万平方公里，海岸线长1.35万公里。拥有明媚灿烂的阳光、无与伦比的海滩、首屈一指的购物体验以及举世闻名的风光，是全球闻名的顶级旅游度假胜地。旅游业是佛罗里达州最大的产业，每年吸引4000多万名游客，其中大约有700万为国际游客。佛罗里达城市群滨海旅游开发的独特经验如下。

1. 城市之间的竞合关系顺畅

佛罗里达州各个城市的旅游职能定位准确，竞合关系顺畅，各城市分工协作，各司其职，发挥着城市之间强大的旅游流输入、运转和输出功能。在佛罗里达州，迈阿密国际空港门户、奥兰多主题公园之都、棕榈滩旅游度假天堂、梅里特岛肯尼迪航天中心以及南端的原生态海岛组成了以旅游业为主导的经济产业结构。同时，佛罗里达州各城市还以观光旅游、休闲旅游、购物旅游、商务旅游以及会展旅游等行业为依托，打造不同特色的各类旅游产品。此外，在佛罗里达州，还鼓励农场开展农业旅游、大型企业开展工业旅游，甚至世界著名大学也推出校园旅游等专项旅游产品。

2. 发挥中心城市的主导与带动作用

20世纪50~60年代，佛罗里达州以阳光地带吸引了许多游客，甚至有很多游客就在佛罗里达州定居下来，使得佛罗里达州成为美国退休居民比例最高的州，成功地培育了旅游业的银发市场，打造了以迈阿密为首的中心城市。20世纪70~80年代，随着奥兰多20多个主体公园的建设，特别是迪斯尼世界的开业，旅游发展中心开始向奥兰多中心地区转移。主体公园以及迪斯尼世界等旅游产品迎合了大部分有孩子家庭的需要，同时这些旅游产品也成为佛罗里达州吸引国际游客的魅力所在，因而大大地促进了当地旅游交通业的发展和当地机场等设施的建设。20世纪80~90年代，奥兰多地区各式各类的交易会、展览会、公司会议、协会会议蓬勃发展，佛罗里达州会展旅游快速发展。

3. 错位开发各类主题旅游产品

佛罗里达以其柔软的海滩、温暖的气候和阳光普照而闻名天下。该州拥有92个州立公园与纪念公园、4座州立森林、2处国家海岸以及一些国家野生生物保留区。大沼泽国家公园是北美洲最大的亚热带野生地带，涵盖了该州南部大部分的地区。

奥兰多以"贩卖快乐"为主题，建设了全世界最大的迪斯尼世界、环球影城度假村、美国境内最大的"海洋世界"、美国进行航天飞机和宇宙飞船等航天器发射的太空科学中心以及凝聚声、光、电等高科技游乐设施精华的"未来世界"和展示十几个文明国家的建筑及社会文化的"世界橱窗"，打造了世界上唯一一座以"贩卖快乐"为主业的大城市。在奥兰多，仅迪斯尼世界每年接待的外国游客就接近美国接待游客总数的15%，能够带来170亿美元的收入。

迈阿密是美国国内首屈一指的海港城市，建有365个公园、长达20余公里的海滩浴场、400多家可同时接待20余万名游客的豪华酒店、美洲航空公司的主要集散地——迈阿密机场、世界上最大的邮轮港——迈阿密港，打造了以"世界邮轮之都"为主业的多元化大城市。邮轮旅客可以从各种各样的目的地中选择，包括巴哈马、墨西哥、加勒比、南美、欧洲、远东和世界各地的其他港口，而充满乐趣、丰富多彩的行程更是从4天到14天不等，甚至可以延长时间。

从迈阿密往南是一串珍珠一般的小岛，自基拉戈岛向西南延伸成锁链状的岛群。这些小岛和大陆通过多段跨海大桥连接，最长的一段约有12公里。这些小岛上有数不清的度假别墅、酒店和露营车基地，吸引旅游者不知疲倦地前往探索。

棕榈滩岛是佛罗里达州东南部的旅游城镇，以舒适的海洋性气候、优美的自然风光、多元交错的文化、瞩目的社交活动而成为美国东南沿海的重要旅游胜地和全国最豪华的冬季避寒游览点。在旅游旺季，"美国四分之一的财富在这里流动"，带动着当地产业的兴旺发展。

三 典型海岛国家、地区发展滨海海岛旅游的经验

上述国际旅游岛尽管条件各异，但在海岛旅游规划编制、环境保护与旅游产品开发管理、宣传促销以及相关的法制建设等方面，都走出了一条符合本国国情的旅游发展道路，其成功经验主要有以下几点。

（一）整体规划

上述海岛在开发过程中都特别重视海岛的整体发展规划。一般来说，这些海岛在开发前，均由政府出面邀请专家对海岛的地质、地貌、区域地理位置、面积以及海岛的生态资源状况进行考察，在考察的基础上制定科学的规划，并通过政府启动资金进行旅游基础设施建设，待形成一定的投资环境后进行土地转让，但要求投资者进行景区建设时必须严格遵循规划要求。同时，政府再将转让土地的收入投进去滚动发展，从而使海岛旅游发展步入良性循环。[①] 比如，印度尼西亚的巴厘岛、墨西哥的坎昆岛等都是由政府先期投资建设度假酒店，起步后又通过制定优惠政策吸引国内外资金投资建宾馆，从而通过政府的投资示范效应吸引大量投资者前来投资。

---

① 王树欣、张耀光：《国外海岛旅游开发经验对我国的启示》，《海洋开发与管理》2008年第11期。

（二）特色开发

特色旅游产品是海岛吸引游客的基础。巴厘岛、夏威夷、希腊群岛等因完美地结合了本地独特的自然地理风光与历史文化，打造了举世无双的世界滨海旅游胜地；其他地区的滨海海岛开发也因与地区历史文化结合、与独特的生态物种结合、与独特的自然地理风貌景观结合、与独特的地方民俗风情结合、与地区独特的建筑景观结合、与特色服务结合、与地区特色餐饮结合、与传统手工艺结合等，从而创造了别具一格的滨海旅游胜地。比如，意大利的威尼斯以及希腊的罗德岛、克里特岛等滨海城市，依托不同的文化景观资源，打造成为世界著名的滨海历史文化旅游胜地；意大利半岛及其周围地区，充分利用了地质构造活动、火山岩喷发、海岸演化等自然景观，打造了令人难以忘怀的滨海风光；而在蓝色的海岸城市戛纳，则巧妙地导入旅游的时尚主题，培养了自己所独有的城市性格。

（三）生态环境保护

生态环境保护是各国滨海地区旅游开发与发展的第一理念，各国为切实保护滨海海岛海洋生态环境，都制定了极为严格的生态环境保护条例，加强对滨海旅游区环境质量进行评价，监测旅游的影响，监督协调在保护区内及周边地区的旅游经营活动。例如，在马尔代夫，政府高度重视海岛的生态环境，对有海鸟生活的海岛、鱼类等生物物种丰富的海域的开发均十分慎重，宁可不开发，也不危及这些物种。另外，各国还要求海岛上的建筑风格应尽可能与周围环境相协调，开发建设时应依山就势，不得破坏地形、地貌。例如，印度尼西亚巴厘岛在规划设计时，就对度假区建筑限高15米，建筑物最高覆盖率25%，采用具有独特风格的巴厘岛砖式建筑材料，户外广告牌也受到严格控制，只允许有方向的标志等。[①] 泰国的普吉岛强调建筑与环境的协调，无论是建筑物还是海岛绿化都十分注重风格的统一与原生植被的保留，特别是重视营造具有热带特色的景观环境，所有的建筑物都体现泰国建筑风格。此外，许多海岛为保护海岛自然环境处于良性循环状态，还规划出大面积的区域作为自然保护区。

（四）提供优质服务

国外海岛旅游开发成功的一个关键因素是提供周到齐全的社会服务和进行人性化管理。他们不仅使旅游市场井然有序，而且提供周到细致的服务。

---

① 王树欣、张耀光：《国外海岛旅游开发经验对我国的启示》，《海洋开发与管理》2008年第11期。

比如，在墨西哥坎昆旅游度假区的海滩上，为避免游客由于不知道涨潮退潮的规律盲目下海而出现危险，人性化地设计了不同颜色的风球警示，禁止入海时用黑球表示，不宜下海或需多加小心时用红球表示，可以下海则用黄球表示；在海滩上每隔一段距离设置瞭望塔并配备救生艇、救护车和救生员，随时准备救护；同时，度假区内还提供周到齐全的各项社会服务，方便游客兑换各种钱币，享受到各种送货服务等。此外，还设有旅游监督与咨询服务处，接受游客咨询和投诉。

第三节 平潭国际旅游岛开发模式

一 国际旅游岛的概念界定

国际旅游岛在历史上没有现成的模式可以借鉴，也没有统一的标准。2001年12月，中国（海南）改革发展研究院提出建立海南国际旅游岛框架协议。2002年6月，在其《建立海南国际旅游岛可行性研究报告》中提出，国际旅游岛是指在特定的岛屿区域内，限定在旅游产业领域范围中，对外实行以"免签证、零关税"为主要特征的投资贸易自由化政策，有步骤地加快推进旅游服务自由化进程。《海南国际旅游岛建设行动计划》将国际旅游岛的基本内涵定位为"三新"，即新目标：实现服务、管理、景区、产品四个"零距离"，建成世界一流的热带海岛度假休闲胜地；新体制：建立符合国际惯例的旅游发展与管理体制机制；新政策：实行以"免签证、零关税、放航权"为主要特点的旅游开放政策。海南省委、省政府在《关于加快推进国际旅游岛建设的意见》中认为，国际旅游岛就是旅游国际化程度高、生态环境优美、文化魅力独特、社会文明祥和的世界一流的海岛型国际旅游目的地。从上述概念界定可以看出，目前国际旅游岛尚未形成一个统一的定义，但作为国际旅游岛核心要素的"国际化"和"特色化"内容大同小异；从政府的政策取向上看，其主要特征就是"免签证、零关税、放航权"。结合上述分析，可以这么认为，国际旅游岛一般是指在特定的岛屿区域内，以扩大旅游业开放为重点，对外实行以"免签证、零关税、放航权"为主要特点的旅游开放政策，推进旅游服务的国际化进程，以成为具有特色和极具影响的国际旅游度假胜地。[①]

[①] 王树欣、张耀光：《国外海岛旅游开发经验对我国的启示》，《海洋开发与管理》2008年第11期。

根据《平潭综合实验区旅游发展专项规划》，平潭旅游部门制定了"三步走"的目标，力争到2025年，将平潭打造成国际知名的海岛度假胜地。届时，平潭"国际旅游岛"将具有以下基本特征。

一是"以旅为媒"，参与海峡西岸经济区建设，以旅游业促进海洋渔业、房地产业、对台贸易、物流产业和高新技术产业的发展，使旅游业成为平潭综合实验区的战略性支柱产业与先导产业；

二是建成世界自然遗产地和世界地质公园，打造集观光、休闲、度假、疗养、会议、商贸、娱乐于一体的国际海岛旅游目的地；

三是以尚品购物旅游发展统领旅游产品建设，积极争取境外游客购物离境退税、离岛旅游免税购物以及在平潭设立赴台旅游组团社等特殊优惠政策，建设亚洲最大的国际名品购物城、游艇俱乐部、台湾精品购物街；

四是海岛观光、休闲度假、文化体验旅游产品丰富多元、布局合理，尚品购物、冲浪运动、沙地运动等旅游新兴业态得到长足发展；

五是旅游管理、服务、营销与国际接轨，与全球著名的酒店管理集团、旅行社、旅游交通运营商等大企业建立广泛的合作关系，旅游营销网络覆盖全球主要客源地。

二 平潭建设国际旅游岛的优势

（一）旅游资源优势

平潭岛是中国的第五大岛，位于海坛海峡与台湾海峡之间，是大陆与台湾距离最近的岛屿，由126个岛屿组成，陆地面积371.91平方公里，滩涂面积64.65平方公里，海域面积6000多平方公里。平潭岛旅游资源丰富，旅游环境容量大、特色旅游功能强、专题旅游内容多，素有"海滨沙滩冠全国""海蚀地貌甲天下"之称。具体分析如下。

1. 清新迷人的沙滩沙景

平潭海岸线中有30多公里为优质沙滩（见图8-1、图8-2），其中，坛南湾、坛南湾、山岐澳三大海滨沙滩环境清幽、树木葱茏、沙源丰富、沙质纯净、沙白滩缓、松软适度，其沙滩质量居我国同类景源前列，甚至超过三亚、北海、大连、青岛等滨海城市，堪与夏威夷、巴厘岛等国外一些著名的海滨沙滩相媲美。

图 8-1 海坛湾、坛南湾、山岐澳三大海滨沙滩

资料来源：http://www.fjshw.com。

图 8-2 海坛湾、坛南湾海滨沙滩

资料来源：http://www.cnfol.com。

2. 神秘奇特的岛屿礁石

以"泮洋石帆""海坛天神"（见图 8-3、图 8-4）为代表的岛礁奇石，不仅拥有我国罕见的、奇特的自然景观，而且历史典故、神话传说也赋予其一层神秘的色彩。其中，"泮洋石帆"的两个石柱都是由粗粝的灰白色花岗岩组成，东侧高达 33 米，西侧高 17 米，底部呈四方形体，直立在礁石上。据地质学家考证，它是世界上最大的花岗岩球状风化海蚀柱，对游人有着强烈的震撼力和吸引力,是垄断性的世界级旅游资源,被明代旅行家陈第誉为"天下奇观"。① 此外,平潭还拥有生动丰富的象形山石。据初步统计,平潭有60余处拟人状物的象形山石,内容涉及佛、僧、翁、媪、禽、兽等,神态传神,造型生动,分布集中。

图 8-3　泮洋石帆

资料来源：http://www.photo.pconline.com.cn。

图 8-4　海坛天神

资料来源：http://www.foryn.cn。

---

① 侯长红等：《平潭岛海岛旅游资源开发战略研究》,《资源开发与市场》2010年第8期。

3. 奇特多趣的海蚀景观

平潭岛海蚀地貌优势得天独厚,形态各异、奇特多趣的海蚀崖、海蚀洞、海蚀拱桥、海蚀峡谷、海蚀平台等星罗棋布。其中,有以雄奇险峻著称、堪称海蚀地貌之一绝的海蚀竖井——仙人井(见图8-5)。仙人井是由于海水长期侵蚀自然形成的,直径将近50米,深约40米,井壁陡直,井底遍布浑圆的鹅卵石并有3个小洞直接与东海相通。

图8-5 仙人井

资料来源:http://www.107zj.com。

4. 民居民俗文化资源丰富

自古以来,平潭就是兵家必争之地,有明代防倭抗倭的龟山古营寨、桃花寨等军事工程遗址、遗迹,有现代"三军实战演习"的军事工程遗址,有贝壳堆积形成的新石器时代遗址壳丘头文化遗址,有1873年万国公会建立的我国东南沿海最大的灯塔牛山灯塔(见图8-6)。此外,还有颇具深厚文化底蕴的摩崖石刻,如道彰岩石刻、龙屿石刻、观成万亩石刻、明镜石刻、玉楼堂防波堤碑刻,等等。此外,岛上的石头民居具有独特的、无法复制的旅游资源特性,保护一些独特的聚落建筑,引导居民发展独具平潭岛特色的民宿和特色餐饮,能够塑造不同于其他海岛的吸引力。

图 8-6 牛山灯塔

资料来源：http://www.fzdqw.com。

5. 层次分明的旅游体系

平潭现已规划出 6 个风景游览区、2 个海滨度假区、1 个风景恢复区、1 个自然保护区、3 个森林公园和 16 个独立景点，共 128 个景点，其中一级景点（国家级风景区）8 个、二级景点 23 个、三级景点 57 个、四级景点 40 个，构成层次分明的风景旅游体系。

6. 开发潜力巨大，旅游产品多样

平潭景源丰富多彩，可以根据不同类型游客的不同需求，开发出不同类型的旅游产品，主要可开发的旅游产品有海岛观光、岛屿文化、滨海休闲度假、影视基地、选美基地、会议旅游、体育旅游、修学旅游等。

7. 气象条件优越

平潭岛四季分明，阳光充足，年平均气温在 19℃～19.9℃，最热月平均气温 27.9℃，最冷月平均气温 10.2℃，每年 5～10 月平潭海域水温均高于 20.0℃。尤其是在仲夏、初秋时节，平潭岛天气晴好、阳光充足、水温适宜，是开展海上运动、沙滩体育运动，进行海水浴、沙浴、阳光浴、空气浴，建立医疗康复中心的理想场所。

（二）较为雄厚的产业基础

据平潭综合实验区的统计报告显示，2011 年平潭的经济增速居福建全省第一，高于全省近 5 个百分点，累计完成固定资产投资 303.5 亿元人民币。2012 年平潭投资总额将达到 600 亿元人民币，整个"十二五"期间，投资将完成 2500 亿元以上。目前，平潭在供水、供电、吹沙造地、植树绿化、垃圾及污水处理、景区建设及星级酒店、旅游设施建设方面发展势头强劲，基础设施不断完善。特别是平潭海峡大桥、渔平高速公路正式通车，"海峡号"海上高速客货运航线相继开通，大量的车流、人流涌入平潭岛，带动了第三产业的发展。据平潭综合实验区 2012 年初的汇总统计，2011 年到平潭旅游的人数同比增长 57%，旅游业总收入同比增长 57.4%。全岛第三产业的增加值占到 GDP 的 45.02%，充分显示出加快推进的"平潭速度"。与此同时，2012 年长平高速、福平快速铁路及跨海的公路铁路大桥全线开工。2014 年 4 月底平潭海峡大桥复桥将建成通车。届时，平潭岛可望迅速形成四通八达的"海、陆、空"三维立体交通网络，通达闽台、通达各地。

平潭高端产业发展初见成效。据统计，平潭综合实验区 2011 年生产总值增长 17.1%，财政总收入增长 45.5%，全社会固定资产投资增长

322.4%。2012年的目标是实现全实验区生产总值增长18.5%，财政总收入增长45%。目前，两岸联手在平潭打造集旅游休闲区、综合商务区及生态居住示范小区于一体的台商集聚的现代化滨海城市综合体——海峡如意城，将打造全国首个集低碳环保科技和云端智慧科技于一身的高品质国际社区。而从事集成电路分装生产、液晶平板显示器研发生产的协力科技产业园，总投资73亿元，预计达产后年产值100亿元以上。冠捷科技集团、台湾育达商业科技大学、佳格食品、纳米科技、安稳等10家台资关联企业和高校入驻平潭台湾科技园区。此外，高规格、高品位、高质量的大学城、协和医院等三级甲等医院、博物馆、会展中心、国际森林花园岛建设在快速发展中。软件园、创新研究所、对台小额贸易市场、小企业总部、航运中心、邮件处理中心、环保及资讯化中心、保税物流基地、旅游养生基地、海洋生物产业高新科技示范基地等也已全面动工建设，成果斐然。

（三）先行先试的政策优势

党中央、国务院高度重视平潭的开放开发工作，中央领导先后对平潭规划建设作出一系列重要的指示。《中华人民共和国国民经济和社会发展第十二个五年规划纲要》明确提出加快平潭综合实验区开放开发，国务院批准实施的《海峡西岸经济区发展规划》明确了平潭综合实验区开发建设的定位。2011年底，发改委正式发布《平潭综合实验区总体发展规划》，中央在平潭规划中明确了一系列的政策支持，在通关模式、财税支持、投资准入、金融保险、对台合作、土地配套等方面赋予平潭比"特区"更"特"的多项优惠政策，平潭成为继深圳之后国家重点建设的经济特区之一。同时，国土资源部、海关总署、财政部、国台办、交通部、原铁道部、商务部等相关部委也密集调研平潭开放开发，并出台了多项优惠政策。国家旅游局已将海峡西岸旅游区列为优先规划和建设的12个重点旅游区之首，国家将大力支持海西发展，积极推进构建海峡西岸旅游合作体系，打造"海峡旅游"品牌，更好地服务祖国和平统一大业。为支持平潭建设，福建省委省政府出台了开发平潭的12项优惠政策。如赋予平潭设区市及部分省级经济管理权限，省财政10年内对平潭实行地方财政收入全留的财政体制；将平潭列为国土资源部土地管理改革综合试点等。据《福建省"十二五"旅游业发展专项规划》，未来的平潭将把旅游业列入四大发展产业之一，打造海峡西岸高端休闲养生度假区。此外，交通运输厅、海洋与渔业厅、通信管理局、外贸厅、检验检疫局等厅局，也相继从各自行业的角度出台了扶持平潭发展的相关优惠政策，在进一步改善平潭岛的旅游环境、加快旅游基础设施建设、推进两岸便利交往等方面起到巨大的推进作用。

（四）得天独厚的区位与对台优势

平潭地处海峡西岸经济区的核心地带，西临福泉厦旅游金三角，东临台澎经济繁荣区，扼太平洋西部，居南北"海上走廊"的中部要冲，距台湾新竹港仅68海里，为东北亚经济圈和东南亚经济圈的接洽点，处于福建沿海大开放地带的前沿，是福州闽江金三角经济圈南翼的突出部。平潭交通便利，规划建设有平潭海峡大桥、平潭高速公路、京台铁路、环岛路以及多个港口，通过海运、铁路、航空、公路与周边地区形成了立体的交通网络。平潭又是一座相对独立的岛屿，四面环海，便于隔离和监控，在封闭与开放并存的岛上开展各种实验，不会对周边地区已形成的发展格局造成冲击。

平潭与台湾具有深厚的历史渊源。壳丘头遗址表明早在4000年前台湾海峡曾出现"陆桥"，是海峡两岸亲缘关系的见证。平潭人移居台湾人数众多，在台湾的同胞多达数十万。台湾与平潭岛具有相同的地名"苏澳"，也有相同的街名"北盾"。近年来，随着台海关系的改善，周末包机正常化、海空联运正常化，平潭凭借地理优势、环境优势、资源优势、历史优势等决定了在区域旅游市场一体化中将扮演着很重要的角色；平潭作为祖国大陆距台湾最近的岛县，必将成为市场认可的对台旅游桥头堡、绿色通道、旅游集散中心及商贸交流中心。

三 平潭国际旅游岛的发展战略

（一）平潭国际旅游岛的发展定位

面临现阶段的发展机遇和"先行先试"的发展浪潮，平潭建设国际旅游岛更应冷静思考，研究和确定好发展方向和定位。平潭岛开发的终极目标是建成两岸"共同家园"。这一家园不仅是两岸人员往来的便利地、闽台旅游的方便地，而且可能成为两岸事务的重要协商地。因此，平潭国际旅游岛建设的出发点是科学定位的问题，要有基于市场、资源考虑的正确定位。首个定位是海峡两岸旅游合作开发的实验区。要吸引更多的台商，发展旅游，走低碳经济之路。其次是海岛度假休闲旅游示范区。平潭国际旅游岛的建设，应充分发挥天然海滨沙滩、海蚀地貌等独特的资源优势，依托优越的生态环境,以海坛东南部海湾为主体,串联环岛主要旅游景点,重点发展滨海度假、文化旅游、旅游购物、休闲养生等旅游产业,建设两岸离岛－本岛集散中心,促进客源、资源互补共享,共同打造两岸"海峡旅游"品牌;同时分区分档建设屿头岛、大(小)练岛、东(小)庠岛、塘屿岛、草屿岛等附属岛屿,建设各具特色的功能岛。屿头岛主要发展高端居住区、休闲度假区及海洋文物区,建设沉船博物馆、海底文物研究中心和沉船打捞技术研究中心。大练岛主要发展特色船舶(含游艇)修造产业。东庠岛主要发展海洋观光渔业。草屿岛规划建设台湾海峡海上补给基地。塘屿岛规划发展为高端度假区。力争将平潭建设成为"海峡旅游"的新增长区域、两岸旅游合作试验区、两岸旅游集散中心和国际知名的海岛度假休闲旅游目的地。

(二)强化政府职能,确实做好规划实施

平潭国际旅游岛的建设需要用大手笔来书写。平潭综合实验区管委会应在《平潭综合实验区旅游发展总体规划》的基础上,进一步完善平潭国际旅游岛发展规划,从国家法律或地方法规层面上制定平潭岛开放开发的相关法律、法规,以法律为准绳,明确可开发海岛的开发方式、规模、期限以及生态环境保护措施等,确保平潭岛旅游开发法制化、规范化、有序化。加强政府引导,建立多元化的投资体系,协调政府、开发商和当地居民等各利益主体的利益,形成旅游开发合力,保证平潭岛旅游开发的顺利进行。同时,政府相关部门应加强对交通、餐饮、住宿等旅游设施的建设和开发,进行协调与统一,规范旅游市场体系,消除旅游发展瓶颈。

(三)依靠台海优势,打造两岸免税购物区

台海特色的本质是海峡两岸的血脉情以及源远流长的中华民族文化的传承与融合。首先,打造两岸免税购物中心。平潭可选择一个离主岛较近、交通便捷的岛屿,打造两岸免税购物中心,如汇聚亚太地区各种特产、美食和时尚消费品,并积极争取平潭境外游客购物离境退税、离岛旅游免税购物、设立赴台旅游组团社等特殊优惠政策,将旅游与购物有机结合,打造独具特色的对台小额商品免税交易市场,成为两岸旅游的中转衔接点,促进旅游线路的对接与延伸,实现两岸旅游业携手发展新突破。其次,发展总部经济。平潭土地资源较沿海城市丰富,能以较低的地价吸引海峡两岸企业集团或大型国有企业到平潭设立"海西总部",开拓对台经济、海西经济的交往和合作。总部经济区的建立能够给平潭带来大量的商务旅游、会议旅游者,提高平潭的知名度和影响力，同时也会进一步推进岛上休闲旅游业的发展。此外，能够深入合作发展文化娱乐产业旅游和进行各种节庆活动。

（四）挖掘文化元素，建立特色海岛旅游

平潭属暖温带海滨，不仅具有优良的海洋生态环境、优美的景观环境，还拥有丰富的人文环境。一是应积极挖掘多元文化的内涵，把文化与海岛旅游资源密切结合起来，打造平潭国际旅游岛的名片。如新石器时代文化（壳丘头遗址）、海丝文化（碗礁一号）、民居古村落的渔耕海洋文化、戍台文化、抗倭文化等都是平潭的特色文化资源，此外，还拥有平潭闽剧、灯牌蛇、藤牌操、十番音乐等非物质文化遗产。这些文化资源应深入挖掘、开发利用起来，以丰富平潭旅游产品内涵。比如，可以在深度挖掘上述文化的基础上，加快福建戍台名将博物馆、海洋博物馆、平潭博物馆等的设计和建设。二是可依托海岛的自然风貌和人文景观，为游客提供不同风格的观光、休闲、度假、康体、娱乐、购物、美食以及节庆文化体验等多元的旅游产品，以多元化的功能，提升平潭的旅游吸引力。三是在娱乐业中先行先试，争取在平潭设立两岸福利彩票运作中心和两岸娱乐中心。此外，还可通过对平潭古街的修复，保留古街的历史文化，发展平潭影视产业、文体产业，打造魅力文化平潭。

（五）加大宣传促销力度，提高平潭知名度

作为新兴的滨海旅游区，平潭在国内外旅游市场的知名度不高，亟须加大平潭的旅游营销力度。一是要善于造势营销。创新营销手段，通过媒体广告、旅游形象推广、专项推介等营销方式全方位推广平潭旅游，在主要目标市场树立起平潭旅游的品牌形象。二是借势营销。利用海峡两岸经贸交易会、投资贸易洽谈会以及海峡论坛等多种形式的投资贸易洽谈活动，搭车宣传平潭旅游，扩大平潭的知名度和美誉度，拓展平潭旅游市场的竞争力和影响力。三是境外营销。要与境外目标市场著名的公众传媒和旅游经营机构合作，联合在境外目标市场促销平潭旅游。

（六）打造生态旅游环境

平潭岛的自然旅游资源和人文资源具有不可再生性，实现平潭生态旅游的可持续发展必须高度重视旅游业与生态环境的和谐发展，强化平潭岛旅游资源"有限开发"的理念，制定细致的平潭岛生态系统保护法规，建立科学的管理体制和监管系统，合理规划和管理海岛土地资源，加强滨海防护林体系建设，以保持平潭岛整体景观的和谐之美，实现生态旅游与环境保护之

间的良性循环。其中，应重点保护平潭岛的三十六脚湖湿地生态系统，防止因资源利用过度而导致湿地的生态环境恶化、生物多样性受损。同时，必须严格遵守《中华人民共和国海洋环境保护法》《福建省海洋环境保护条例》，加强对平潭岛近岸海域、重要水产养殖区、陆源入海排污口及邻近海域和海洋灾害的监测，促进平潭岛海岛旅游的可持续发展。

第九章
两岸海洋经济深度合作先行区的模式创新

第一节 国内外海洋经济发展现状

一 海洋经济成为全球经济发展的新动力

海洋经济是指开发、利用和保护海洋的各类产业及相关经济活动的总和。其主要包括为开发海洋资源和依赖海洋空间而进行的生产活动，以及直接或间接为开发海洋资源及空间的相关服务性产业活动，如海洋交通运输业、海洋渔业、海洋旅游业、海洋船舶工业、海洋能源产业、海洋生物产业等。

海洋是人类存在与发展的资源宝库和最后空间。2001年，联合国在正式文件中首次提出了"21世纪是海洋世纪"，这预示着21世纪将是人类挑战海洋的新世纪，海洋日益成为国际竞争的主要领域。从目前看，主要发达国家已将战略重点从外太空转向海洋，人口趋海移动加速，海洋开发日益迅猛，海洋经济正在并将继续成为全球经济新的增长点。

二 世界海洋经济发展的主要特征

（一）海洋经济的战略地位日趋突出

自20世纪60年代开始，世界各国尤其是沿海大国纷纷把维护国家海洋权益、发展海洋经济、保护海洋环境作为基本国策，竞相制订了海洋"开发规划"和"战略计划"。如1999年美国制订了《海洋战略发展计划》，强调海洋是保持美国实力和战略安全不可分割的整体。2000年美国颁布《海洋法令》，2004年发布《21世纪海洋蓝图——关于美国海洋政策的报告》及《美国海洋行动计划》。1997年加拿大颁布实施了《海洋法》，成为世界上第一个进行综合性海洋立法的国家。2002年加拿大又颁布了《海洋战略》，提出要发展海洋产业，提高贡献，扩大就业，占领国际市场。英国颁布了《海洋科技发展战略》，把发展海洋科学作为迎接跨世纪的一次革命。澳大利亚强调要加强海洋资源的可持续利用与开发，并先后制订了以综合利用和可持续开发本国海洋资源为中心的《海洋拯救计划（1991～2000）》、《海岸带行动规划》和《海洋工业发展战略（1990～1994）》等。日本一直把加速海洋产业的发展作为国家的战略方向，1999年日本政府提出了《海洋开发推进计划》，制订了在21世纪成为海洋强国的战略目标。韩国则把海洋作为其民族的"生活海、生产海、生命海"，进行大力开发和利用。

（二）海洋经济成为沿海国家（地区）经济发展的新增长点

随着海洋管理科学和技术的日渐成熟，世界范围内海洋资源开发和利用的规模迅速扩大，海洋渔业、海岛旅游业、海洋交通运输业、海洋油气开采业等主要海洋产业发展迅猛，海洋化工业、海水淡化产业等新兴海洋产业初具规模，海洋生物医药、海洋能源利用等高新技术产业迅速崛起，海洋经济逐渐发展成为一个独立的经济体系，并成为沿海各国（地区）国民经济的支柱产业。据统计，20世纪60年代末，世界海洋经济产值仅130亿美元，70年代初世界海洋产业总产值仅为1100亿美元，1980年增至3400亿美元，1990年达到6700亿美元，2002年达到13000亿美元。[1] 近30年来，世界海洋产值增长速度远远高于同期GDP的增长速度。1970年海洋经济产值约占世界经济总量的2%，1990年达到5%，目前已上升到10%左右，预计到2050年，这一数值将上升到20%。[2] 据欧洲委员会的研究估计，海洋和沿海生态系统服务直接产生的经济价值每年在180亿欧元以上，临海产业和服务业直接产生的增加值每年为1100亿～1900亿欧元，占欧盟国民生产总值（GNP）的3%～5%，涉海产业产值已占欧盟GNP的40%以上。[3]

（三）海洋产业结构不断优化

从全球海洋经济发展来看，虽然海洋渔业仍然是海洋经济发达国家的一个重要产业，但所占比重已逐步缩小，目前以美、日、英等为代表的海洋经济国家，其海洋渔业所占的比重已降到10%以下。而以高技术支撑的海洋油

---

[1] 郁芳、杨明：《世界与中国海洋经济发展状况与发展战略》，http://www.gdass.gov.cn/2011/0420/954.html，2011－04－20。
[2] 《世界海洋经济发展态势》，《市场报》2005年7月11日。
[3] 国家海洋局科技司、国家海洋局信息中心译《欧洲综合海洋科学计划》，2003。

气业、海洋生物产业、临港工业等第二产业迅速崛起，在海洋开发中扮演越来越重要的角色。同时，滨海旅游业、现代物流业和海洋生产性服务业迅猛发展，并逐步成为海洋经济的重要增长点和海洋产业结构调整的重要方向。

（四）高新技术在海洋经济中的作用显著上升

20世纪50年代以来，深海勘测与开发技术成为全球海洋研究的焦点和热点。随着深海勘测和海洋开发技术的逐渐成熟，以及科学考察船、深海拖拽系统、载人潜水器、遥控潜水器、卫星等高技术设备在海洋勘探与开发中的广泛使用，主要海洋经济国家对海洋的开发开始由近海向深海领域转移，开发内容逐步向高、深以及精加工领域拓展。例如，海上油田开发从勘察、钻探、开采和油气集输到提炼的全过程，几乎都离不开高技术的支持。而随着新材料开发、海洋生物、环境工程、资源管理等技术在苗种培育、生产和管理中的广泛应用，传统捕渔业从近海捕捞向远洋捕捞发展，并逐步发展成为从事海洋捕捞、海水养殖、水产品精深加工的现代海洋渔业；计算机技术在船舶设计和生产中的广泛应用，使现代船舶制造的自动化、现代化程度得到了很大的提高。

（五）海洋综合管理力度显著增强

21世纪以来，随着世界经济的不断发展，世界海洋管理的范围由近海扩展到大洋，由沿海国家的一国管理发展到各国间的区域性及全球性合作，海洋综合管理力度显著增强。目前，全球约有100个沿海国家制订了海洋综合管理计划并实施了海洋综合管理。例如，美国在20世纪50年代就成立了"海洋资源部门委员会""美国海洋资源和工程发展委员会""国家海洋大气局"等机构，负责管理海洋资源、环境、科研等工作。日本也于2004年发布了第一部海洋白皮书，提出对海洋实施全面管理。从管理内容来看，各国对海洋的综合管理主要涉及对影响海洋环境的陆地人类活动、海洋开发利用活动、大气沉降活动、海洋自然生态系统的管理等。管理方式与管理体系强调利用法律手段，主要是使用培训和宣传教育手段。海洋管理科学和技术也日趋成熟，形成了由海洋法律科学、海洋经济学、海岸科学以及相关技术培训和教育等组成的海洋管理科学体系。开发方式也逐渐向现代综合开发转变，开发海域向专属经济区、公海推进，开发内容由资源的低层次利用向精深加工领域拓展。[1]

---

[1] 储永萍、蒙少东：《发达国家海洋经济发展战略及对中国的启示》，《湖南农业科学》2009年第8期。

（六）海洋运输向综合物流服务转移

海洋是交通和货物运输的重要通道。目前，全世界拥有9800多个港口，其中贸易港2300多个，年吞吐量亿吨级的超过10个，海上货运量占全球货运总量的60%以上。①

20世纪70~80年代，发达国家的航运企业认识到物流管理与实体分配结合起来管理可以大大提高企业整体效益，于是提出了综合物流的概念。到了80~90年代，企业将综合物流的内涵和外延进一步扩大，包括了原材料的供应商和制成品的分销商，形成了供给链的概念。进入90年代以后，世界贸易高速发展，航运业竞争更趋激烈。如何在海洋运输的基础上，全面介入物流服务，保证客户供给链准确高效地运营，有效地降低物流总成本，引起国际航运企业的高度关注，并成为国际航运企业发展的大方向。

（七）海岸带综合开发与城市化协调发展

20世纪50年代以来，主要海洋国家在海洋资源的开发利用过程中，把海洋资源的开发与海岸带城市规划发展结合起来，逐步形成了海岸城市带。例如，日本在战后为充分利用其海洋资源，以1950年公布的《国土综合开发法》为基本法，确立了"太平洋海岸带"发展方案，并先后实施了4次国土综合整治计划，形成了由东京、名古屋、大阪、神户等临岸城市构成的"太平洋海岸城市带"。

1972年，美国颁布了世界上第一个海岸带管理法，规定领海线内海洋资源由各州政府管理，领海线外海洋资源由联邦政府管理，各州基本参与了海洋开发与管理，并制定有地方法律和实施计划。这对于美国西海岸的开发与建设具有重大意义。随着"到西部去"口号提出，"阳光地带"加州迅速崛起，产生了旧金山硅谷高科技区，形成了以洛杉矶为中心的美国第二大经济中心。如今，美国西海岸城市带已成为美国经济最为活跃的增长带。

在韩国，政府重视海洋经济开发，早在20世纪70年代就开始强化临海工业带的规划与建设，明确提出以连接黄海的西海岸为开发重心，投资建设了120余项大工程，推动了西海岸城市带的发展，带来了作为

---

① 郁芳、杨明：《世界与中国海洋经济发展状况与发展战略》，http://www.gdass.gov.cn/2011/0420/954.html，2011-04-20。

"亚洲四小龙"之一的经济成就,也是拉动中国北方海陆经济的外来合作力量。

(八) 各国围绕海洋权益的斗争日趋尖锐

20世纪90年代以来,世界各国为争夺岛屿和划分海洋疆域的"岛礁主权"争议此起彼伏,国际冲突接连不断。例如,日本与韩国之间的竹(独)岛之争,中国和东南亚国家之间的南沙群岛之争,中国与日本之间的钓鱼岛之争,等等。此外,各国围绕渔业的纠纷与对峙也在不断增加。例如,英国和冰岛之间的"鳕鱼大战",加拿大和美国之间的渔事纠纷,日本和俄罗斯之间的渔业纠纷,等等。

三 中国海洋经济发展现状

21世纪以来,我国海洋经济一直保持着快速增长的态势,增长速度高于同期国民经济增长速度。《2011年中国海洋经济统计公报》显示,2011年我国海洋产业生产总值为4.56万亿元,同比增长10.4%,占国内生产总值的9.7%。海洋经济已成为国民经济的重要组成部分和新的增长点。

(一) 海洋经济总量稳定增长

20世纪90年代以来,我国沿海地区加快了海洋资源的开发和利用,海洋经济呈现快速发展态势,经济总量逐年增加,海洋经济对国民经济的贡献率逐年提高,且已成为我国沿海地区经济可持续发展的重要组成部分。"九五"期间,我国沿海地区主要海洋产业总产值累计达到1.7万亿元,比"八五"时期翻了一番半,年均增长16.2%,高于同期国民经济增长速度。2000年我国主要海洋产业实现增加值2297亿元,占国内生产总值的2.6%,占沿海11个省(自治区、直辖市)国内生产总值的4.2%。[①] 2001~2011年,全国海洋产业生产总值由9302亿元上升到2011年的45570亿元,2012年全国海洋生产总值达50087亿元,海洋生产总值占国内生产总值的9.6%(见图9-1、图9-2)。

(二) 沿海地区海洋经济的龙头地位日益凸显

随着海洋产业的快速发展,海洋产业生产总值占沿海地区及其各省(自治区、直辖市)生产总值的比重呈现逐步增大态势,成为带动环渤海

---

① 赵丙奇等:《我国海洋经济发展现状与对策》,《中国国情国力》2012年第6期。

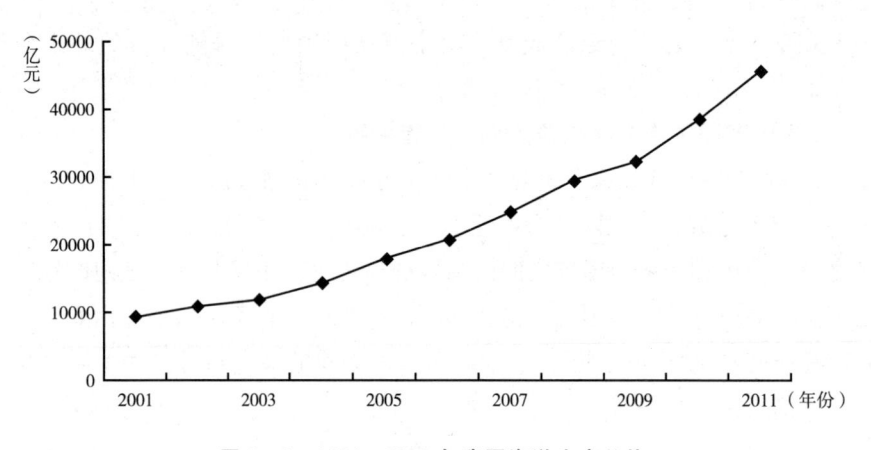

图 9-1 2001~2011 年我国海洋生产总值

资料来源：2001~2011 年中国海洋经济统计公报。

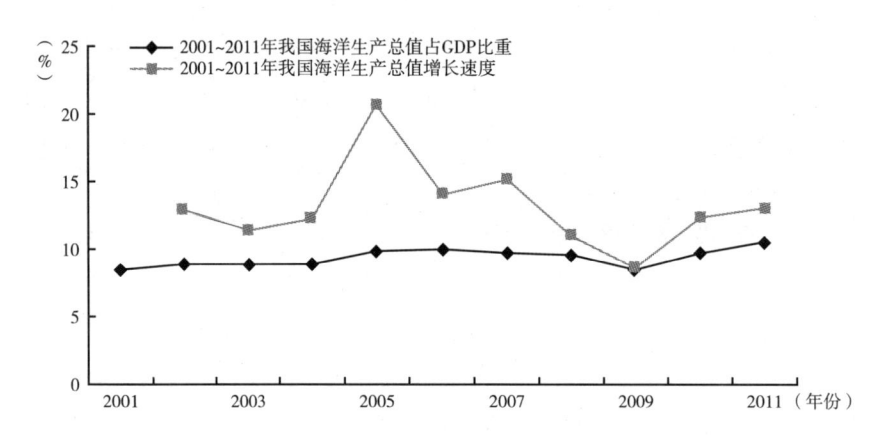

图 9-2 2001~2011 年我国海洋生产总值增长速度及占 GDP 比重

资料来源：2001~2011 年中国海洋经济统计公报。

湾、长江三角洲、珠江三角洲等区域各省（自治区、直辖市）经济增长的重要动力（见表9-1）。2011年，环渤海地区实现海洋产业生产总值16442亿元，占全国海洋产业生产总值的比重为36.1%；长江三角洲地区实现海洋产业生产总值13721亿元，占全国海洋产业生产总值的30.1%；珠江三角洲地区实现海洋产业生产总值9807亿元，占全国海洋产业生产总值的比重为21.5%（见图9-3）。此外，海洋经济的发展，还强劲地带动了城乡居民就业规模的扩大，2011年全国涉海就业人员达3420万，其中新增就业70万人，极大地促进了国家就业政策的贯彻实施。

表9-1 沿海地区及其各省（自治区、直辖市）海洋产业产值份额

单位：%

年份	2001	2002	2003	2004	2005	2006	2007	2008	2009
沿海	12.01	13.40	13.43	14.53	14.55	15.74	15.67	15.80	15.56
辽宁	7.20	8.42	9.05	13.56	12.98	15.99	15.96	15.41	15.00
河北	2.27	2.08	2.57	3.18	3.21	9.37	8.99	8.63	5.35
天津	14.71	20.29	23.21	35.86	39.15	31.41	31.70	29.72	28.69
山东	8.91	9.43	11.88	12.51	13.06	16.67	17.24	17.21	17.17
江苏	1.81	2.08	3.64	3.67	4.04	5.95	7.28	6.98	7.89
上海	12.62	13.35	13.53	26.26	25.09	38.28	35.45	34.99	27.94
浙江	8.94	13.89	12.54	17.13	17.11	11.79	11.95	12.46	14.76
福建	16.08	22.15	25.71	28.71	22.89	22.89	24.76	24.84	26.17
广东	14.61	14.39	14.21	18.55	19.17	15.70	14.58	16.32	16.87
海南	18.05	18.12	21.75	28.66	26.53	29.60	30.34	29.44	28.61
广西	5.43	6.13	2.11	3.66	3.61	6.23	5.77	5.56	5.72

资料来源：《中国海洋统计年鉴》、中国及各沿海省市统计年鉴（2000~2010）。

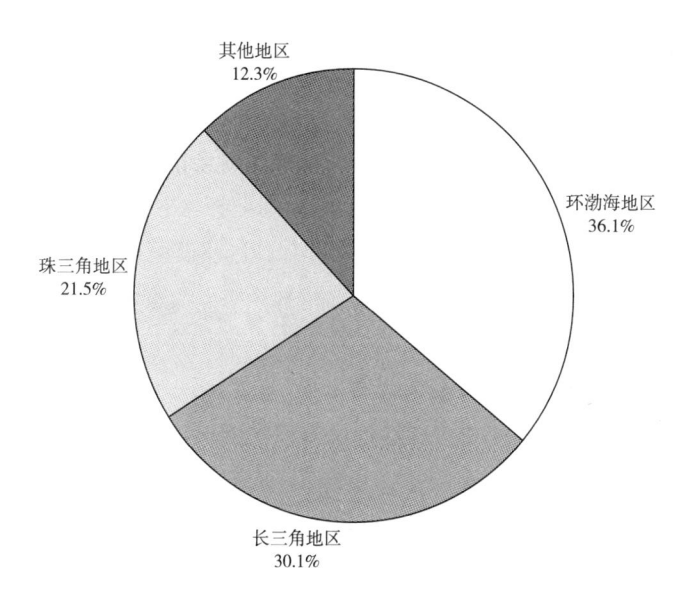

图9-3 2011年我国海洋生产总值区域分布

其他地区 12.3%
环渤海地区 36.1%
长三角地区 30.1%
珠三角地区 21.5%

（三）新兴海洋产业发展迅速

近年来，我国沿海地区海洋油气、滨海旅游、海水养殖、海洋生物医药以及海水利用等新兴海洋产业发展迅速，有力地带动了我国沿海地区海洋经济的发展。据统计，我国海洋渔业和盐业产量连续多年保持世界第一，造船

业产量居世界第三,商船拥有量居世界第五,港口数量及货物吞吐能力、滨海旅游业收入居世界前列。①

(四) 海洋战略规划体系基本形成

20世纪90年代,我国先后制定了《全国海洋开发规划》《中国海洋21世纪议程》等。进入21世纪,国务院先后批准了《国家海洋事业发展规划纲要》《全国海洋经济发展规划纲要》《全国海洋功能区划(2011—2020年)》等重大规划,为统筹海洋区域经济发展,规范海洋空间开发、控制和综合管理提供了科学指南。2011年以来,国务院还先后批复了山东半岛蓝色经济区、浙江海洋经济发展示范区、河北沿海地区等规划,我国海洋经济发展的空间布局基本成形。此后,国务院陆续批复了天津、河北、辽宁、江苏、浙江、福建、山东、广西、海南、广东和上海等11个省(自治区、直辖市)的海洋功能区划,为各地合理开发利用海洋资源、有效保护海洋生态环境提供了法定依据。

(五) 海洋生态环境保护良好

近年来,我国坚持把海洋生态环境建设作为生态文明建设的重要内容,不断加大海洋生态环境的建设投入,海洋生态环境保持良好的水平。一是加大对陆源入海排污口的监督管理,目前,加强了对全国609个陆源排污口、22个海水浴场、16个滨海旅游度假区、19个赤潮监控区、18个生态监控区的监测工作,并及时发布监测信息。② 二是海洋保护区建设取得明显的成效。目前,我国已先后建立了昌黎黄金海岸、山口红树林生态、大洲岛海洋生态、福建晋江深沪湾古森林等156个海洋自然保护区,天津大神堂牡蛎礁、山东莱州浅滩、山东蓬莱登州浅滩等12个国家级海洋特别保护区,初步形成了包含特殊地理条件保护区、海洋生态保护区等多种类型的海洋特别保护区网络体系。三是逐步实施国家重点海域保护规划以及省、市海洋环境保护规划,并就海洋环境和海域保护提出了具体的目标、任务、组织领导以及实施措施等明确的要求。

(六) 海洋管理水平逐步提高

一是海洋管理法律制度不断健全。20世纪80年代以来,中国先后加入了近20个有关海洋资源开发利用、海洋污染防治和海洋生态保护方面的国际公约。同时,还相继制定了《中华人民共和国海域使用管理法》、《中华

---

① 赵丙奇等:《我国海洋经济发展现状与对策》,《中国国情国力》2012年第6期。
② 孙志辉:《加强海洋管理 谱写蓝色辉煌》,《海洋开发与管理》2009年第9期。

人民共和国海洋环境保护法》及其附属法规和规章、《海洋倾废管理条例》、《海洋石油勘探开发环境保护管理条例》、《海洋自然保护区管理办法》等专项法律、法规,并通过《海商法》《民法通则》《民事诉讼法》《海事诉讼特别程序法》等法律,健全和完善了中国特色的海洋环境保护法律制度。二是海洋管理体制不断理顺。在国家设立了专门负责海洋工作的国家海洋局的基础上,近年来,广东、山东、辽宁、福建等一些海洋渔业大省相继成立了海洋与渔业(厅)局,海洋管理体制向综合协调管理与部门分工管理相结合迈进。三是海域使用管理力度不断加强。进入21世纪以来,我国加强了对海洋开发的管理,海洋开发逐步朝着"有序、有度、有偿"的方向发展。2008年共颁发各类海域使用权证书9120本,确权海域面积22.5万公顷,征收海域使用金58.9亿元,督察各类违法案件2000起,保证了国家重大建设项目用海活动的顺利进行,维护了海域使用权人的合法权益。[①]

(七)海洋公共服务体系初步建立

自1986年7月1日起,我国加强了海洋监测预报体系、海域动态监测体系、海上搜救体系和水生动物疫病防疫体系的建设,为海洋资源勘探开发、海水养殖、海洋捕捞、海洋运输、海难救助等提供专项预报。为有效降低海洋灾害的损失,保障人民的生命财产安全,2006年起,我国逐步建立了国家、省、市、县四级联动的海洋自然灾害应急反应机制。目前,我国首个"数字海洋"公众服务系统已投入使用,为海域使用动态管理提供了切实有力的技术支撑。

四 中国建设海洋经济强国条件具备

进入21世纪,党中央、国务院提出了逐步把我国建设成为海洋强国的宏伟目标。党的十八大报告也提出,要提高海洋资源开发能力,发展海洋经济,保护海洋生态环境,坚决维护国家海洋权益,建设海洋强国。我国海洋资源丰富,区位优势突出,产业基础较好,体制机制灵活,科教实力较强,具备建设海洋强国的优势和发展潜力。

(一)海洋自然条件优越,资源丰富

中国在自然禀赋方面有着成为海洋强国的基本条件。中国海域辽阔,跨越热带、亚热带和温带。海洋资源种类繁多,海洋生物、石油天然气、固体

---

① 孙志辉:《加强海洋管理 谱写蓝色辉煌》,《海洋开发与管理》2009年第9期。

矿产、可再生能源、滨海旅游等资源丰富,开发潜力巨大。其中,有海洋生物2万多种,海洋鱼类3000多种;海洋石油资源量约240亿吨,天然气资源量14万亿立方米;滨海砂矿资源储量31亿吨;海洋可再生能源理论蕴藏量6.3亿千瓦;滨海旅游景点1500多处;拥有长达1.8万公里的海岸线,其中深水岸线400多公里,深水港址60多处;滩涂面积380万公顷,水深0~15米的浅海面积12.4万平方公里;在国际海底区域,中国还拥有7.5万平方公里的多金属结核矿区。此外,中国的海洋区位也相当重要,从南海经马六甲海峡可通往印度洋,从台湾东部沿海地区可直接进入浩渺的太平洋。

(二) 具有一定规模的海洋产业基础

中国作为航海大国和造船大国,是世界上拥有最大海洋运输船队的国家之一,拥有海洋运输船舶21万艘,总计8600多万载重吨。远洋运输船队的航迹遍及世界各地,90%以上的进出口贸易都是通过海洋运输实现的。与此同时,中国造船业近年来也有长足发展,年产量已达855万吨,居世界第三位。目前,中国已为世界118个国家和地区建造船舶2000多万载重吨,出口船舶占造船总量的70%以上。在海洋科技的引领和支撑下,我国的海洋生物医药业、游艇业、海水利用业、海洋信息服务业等海洋战略性新兴产业获得了突破性的发展;传统渔业向休闲渔业、现代种苗业、水产品精深加工业和现代渔业物流业等都市型渔业方向发展。

(三) 具备建设海洋经济强国的技术和能力

海洋经济强国是指在探索认知海洋、开发利用海洋、综合管控海洋方面具有强大实力的国家。强大的科技力量是建设海洋强国的基础和先决条件。经过新中国成立以来60多年的发展,中国已培养了一批具有较高水平的海洋科技队伍,海洋技术和能力建设有了迅猛发展,海洋科学研究有了长足进步,"雪龙号"科考船已多次对北极地区进行了科考,"蛟龙号"潜水器在深海科考方面也已达到世界先进水平。此外,中国还具有实力较强的海洋科技教育能力,有利于提升海洋经济发展核心竞争力。

(四) 海洋经济发展的社会条件日趋成熟

20世纪90年代以来,我国把海洋资源开发作为国家发展战略的重要内容,把发展海洋经济作为振兴经济的重大措施,逐步加大了对海洋资源与环境保护、海洋管理和海洋事业的投入。同时,为规范海洋开发活动,保护海洋生态环境,国家先后公布实施了《中华人民共和国海洋环境保护法》《中华人民共和国海上交通安全法》《中华人民共和国渔业法》《中华人民共和国海域使用管理法》等一系列法律法规。全民海洋意识日益增强。沿海一些地区迈出了建设海洋强省（自治区、直辖市）的步伐。我国已具备加快海洋经济发展的良好社会条件。

第二节 发达国家海洋经济发展模式及其经验借鉴

一 世界海洋经济发展模式

（一）美国模式[①]

美国海岸线漫长，拥有1400万平方公里的海域面积，海洋资源丰富。目前，美国海洋产业对经济的贡献是农业的2.5倍，占美国海外贸易总额的95%。此外，美国30%的原油和23%的天然气产自外大陆架海洋油气。[②] 美国海洋经济发展模式的最主要特征是大陆立国、海洋突破，具体表现如下。

1. 高度重视海洋发展规划

美国政府十分重视海洋战略及政策的制定和实施，1999年成立了国家海洋经济计划国家咨询委员会，实施了"国家海洋经济计划"（NOEP），并从沿海旅游、沿海社区、水产养殖、生物工程、近海石油与天然气、海洋探求、海洋观测、海洋研究等方面制定了一系列战略规划。2000年美国颁布了《海洋法令》，2004年发布了《21世纪海洋蓝图——关于美国海洋政策的报告》和《美国海洋行动计划》。2007年，美国联邦政府在充分吸收海洋产业界、海洋科技界、管理界以及其他社会各界对海洋经济发展的意见后，发布并实施了《规划美国今后十年海洋科学事业：海洋研究优先计划和实施战略》。事实说明，美国推出的"21世纪海洋发展战略"，为维护美国海洋经济利益、加强全球规模的安全保障、保护海洋资源和实行海洋探求作出了重大的贡献。

2. 注重海洋技术的研究、开发与应用

美国以"科技兴海"发展海洋经济，十分注重海洋高新技术的研究与开发。据报道，美国政府每年投资270亿美元有针对性地建设了一批海洋科

---

① 罗天昊、刘彦华：《全球海洋经济三大模式》，http://www.sina.com.cn，2011-03-17。
② 罗天昊、刘彦华：《全球海洋经济三大模式》，http://www.sina.com.cn，2011-03-17。

学研究机构。目前,美国拥有700多个各类海洋研究与开发实验室,聘请的海洋科学家和工程师人数占到全国科学家和工程师总人数的3/5。[1] 20世纪70年代以来,美国政府加快了新兴海洋产业的发展,海底采矿、海上油气、海水养殖以及海水淡化等新兴产业发展迅猛。目前,在海洋生物技术、海洋工程技术、海洋能发电技术、海水淡化技术等领域,美国居世界领先地位。

3. 兴办海洋科技园区

美国政府以各地不同的海洋资源为依托,兴办了形式多样的海洋科技园区。比如,在密西西比河口和夏威夷开办了两个海洋科技园。密西西比河口海洋科技园主要从事军事和空间领域的高技术向海洋空间和海洋资源开发的转移工作,以加速密西西比河区域海洋产业的快速发展;夏威夷海洋科技园以夏威夷自然能源实验室为核心,在致力于海洋热能转换技术研究与开发的同时,还广泛开展海洋生态环境保护、海洋生物、海洋矿产等领域的技术研发与产品开发。目前,美国的海洋科技园在美国乃至世界上具有重要影响力。

4. 完善海洋技术转让机制

为加速海洋产业研究成果的商品化,美国政府出台了一系列措施,吸引私营企业主参与海洋开发,以保证海洋开发获得所需的资源、资金、服务和市场。同时,美国政府为加快海洋科研成果上市速度,建立完善了海洋技术转让机制,为陆地产业涉海创造了有利的条件。此外,美国政府还制订了一系列的海洋经济发展标准,以在保护海洋环境的前提下实现海洋经济的可持续发展战略。[2]

5. 大力发展滨海休闲旅游业

据统计,美国旅游业的年产值已超过7000亿美元。滨海旅游作为最主要的旅游目的地,每年有近1.8亿美国人到滨海地区旅游、度假,滨海旅游收入占美国旅游总收入的85%,这既反映了海洋和海岸带的独特吸引力,也反映了居民生活水平的提高,促进了美国海洋产业结构的合理化和高度化。[3]

---

[1] 储永萍、蒙少东:《发达国家海洋经济发展战略及对中国的启示》,《湖南农业科学》2009年第8期。
[2] 吴克勤:《美国扶植海洋高新技术产业的政策与措施》,《海洋信息》1997年第3期。
[3] 宋炳林:《美国海洋经济发展的经验及对我国的启示》,《吉林工商学院学报》2012年第1期。

(二) 日本模式①

作为典型的岛国，日本陆地资源极度匮乏，其经济发展主要是依靠丰富的海洋资源。而海洋经济的发展，又需要以大陆为依托，因此，日本海洋经济发展的典型特征就是以港口经济发展为依托，以拓宽港口腹地为基础，陆海联动，全面开发，具体表现如下。

1. 陆地先行、陆海联动

日本海洋资源开发利用最为突出的特点是陆地先行、陆海联动，即在大规模开发利用海洋资源、建立临海产业集聚区之前，临港工业发展已具备相当的发展规模和发展水平。在临港工业发展的基础上，以大型港口城市的快速发展为依托，以海洋高新技术和海洋高新产业的发展为先导，集中地方优势，积极发展利于发挥地方资源优势的海洋产业，不断拓宽港口城市的腹地，极大地推进了近畿地区产业集群、关东广域地区产业集群等九大地区产业集群快速发展。

2. 重视海洋立法和海洋规划

为保障对经济水域的拥有权，日本加大了海洋立法的力度并加快了立法步伐。2007年日本出台了《海洋基本法》《专属经济区海洋构筑物安全水域设定法》等法律法规，为日本强化其海洋国家战略，解决与周边国家在领土主权、海域划界和资源争夺方面的争端提供了法律依据。

日本是较早制定海洋经济发展战略的国家之一。1961年日本成立了海洋科学技术审议会，开始着手制订海洋科学技术发展指导计划，70年代日本提出了海洋开发的基本设想和战略方针，90年代日本海洋规划全面展开。进入21世纪，日本的海洋规划在强化其海洋技术规划的同时，更为强调综合规划、产业规划和各种专项规划的整体协调发展，注重海洋资源开发的国际合作，海洋规划由针对性强的专项规划向综合性规划转变。海洋规划的日益完善，为日本在一定时期内的海洋经济发展指明了方向，也为日本海洋各项事业的发展提供了宏观调控的依据及保障。

3. 重视海洋科技的发展

日本非常重视海洋科技的发展。为推进日本海洋经济的发展，日本政府制订了深海研究计划、天然气水合物研究计划、海洋走廊计划等一系列海洋科技计划，并投入大量的人力、财力和物力，加快海水资源利用技术、海洋

---

① 罗天昊、刘彦华:《全球海洋经济三大模式》, http://www.sina.com.cn, 2011-03-17。

再生能源技术、海洋生物资源开发技术、海洋矿产资源勘探开发技术和海洋环境探测技术等的研究、开发和应用。目前，日本的海洋卫星已能够同时对海面水温、海面风及海洋水色变化进行全面的观察，并能够通过互联网向全国和全世界提供大量的相关气象画像，为人类的海洋活动和经济社会的发展服务。

4. 加快海洋资源的开发和利用

近年来，日本已形成了港口及运输业、海洋渔业、沿海旅游业、船舶修造业、海洋土木工程、海底通信电缆制造与铺设、海水淡化等近 20 种海洋产业，构筑起新型的海洋产业体系。其中，港口及运输业、沿海旅游业、海洋渔业、海洋油气业等四大海洋产业产值占日本海洋经济总产值 70% 左右。[①] 海洋土木工程、船舶修造业、海底通信电缆制造与铺设、矿产资源勘探、海洋食品、海洋生物制药、海洋信息等新兴海洋产业也都获得全面发展。

5. 重视海岸带综合开发与城市化的协调发展

日本在其海洋经济开发过程中，综合考虑了海洋资源开发与海岸带城市规划，推动了日本以海岸城市为中心的海岸经济带的发展。在第二次世界大战前，日本就提出了"国土规划"的概念。战后为充分利用其海洋资源，颁布了《国土综合开发法》，并以此为基本法，确立了太平洋海岸带城市发展规划。此后，还先后实施了 4 次国土综合整治计划，打造了由东京、名古屋、大阪、神户等城市构成的"太平洋海岸城市带"。此外，日本还计划在太平洋海岸带建造 5 座人工岛，其中，拟在东京南面规划建设一座可容纳 100 万人口、面积为 25 平方公里的海上城市。

日本海岸经济带的规划与建设，加上中国北部海岸城市的相继开放，带动了东北亚经济的发展。在日本倡导环日本海经济合作的背景下，联合国开发计划署（UNDP）牵头规划并推动了图们江区域的合作开发，促成中、俄等国家一批经济中心出现在日本海海岸地带，充分显示了海岸带开发与经济带发展超越国界的巨大作用。

6. 鼓励海洋休闲娱乐产业发展

20 世纪 70 年代，日本通过开展沿岸和近海渔场的整治工作，在沿海建造人工渔场、投放人工鱼礁，大力改善渔村、渔港环境，并采取各种措施推动栽培渔业、"鱼类牧场"的发展；同时，政府还鼓励兴办退潮滩涂采捕、矶钓、船钓、防波堤钓等多样性的海上娱乐项目，以推动日本休闲渔业的发

---

① 罗天昊、刘彦华：《全球海洋经济三大模式》，http：//www.sina.com.cn，2011 - 03 - 17。

展。据统计,目前日本每年从事休闲渔业人数已达到6000多万。此外,日本还在全国各地兴建了20多个海洋公园。

二 发达国家发展海洋经济对我国建设海洋经济强国的启示

海洋经济有着区别于陆地经济的鲜明特点,发达国家发展海洋经济,由于各自国家的资源禀赋不同,其海洋经济发展模式存在着明显的差异,但也存在海洋经济的共同特征。在发达国家推进海洋经济发展的过程中,其值得借鉴的经验如下。

(一) 制定海洋国家战略

近年来,我国越来越重视海洋经济的发展,自北向南已布局了10多个沿海开发区域,沿海各地也加快了海洋经济的开发与建设。但从发展的现实看,不少地区发展的海洋经济仅仅是陆地产业的简单延伸,并不是真正意义上的海洋经济。为此,一是要转变重陆轻海的传统意识,从国家战略的高度重新审视我国海洋经济的发展,牢固树立新的海洋价值观、经济观、国土观,加强海洋生态文明建设。二是要普及海洋知识,培育全民海洋意识,积极调动资金、建设、管理、人才等各类要素向海洋集聚,营造海洋经济发展的良好氛围。三是充分发挥政府的战略主导作用,在《全国海洋经济发展规划纲要》的基础上,在宏观层面上进一步完善国家总体海洋发展战略,在中观层面上制定海洋产业、海洋区域发展战略,在微观层面上应注重各地海洋资源因地制宜地开发,形成有资金、政策、法律、管理支撑的海洋开发战略体系。[①]

(二) 优化海洋产业结构

在海洋经济体系中,发达国家的海洋产业呈现为"三、二、一"结构,滨海旅游、海洋油气、海洋运输以及矿采等新兴海洋产业所占比重较大。而我国海洋产业中,第二、三产业的比重小,海洋渔业在海洋产业发展中占据着优势地位,导致我国海洋经济比较薄弱。建设海洋经济强国,应重点提升我国海洋船舶制造业、海洋装备制造业的自主创新能力,培育具有国际竞争力的海洋船舶制造产业集群;同时,在政策、税收、资金等方面出台优惠政策,引导、扶持和推进海洋工程、海洋药物、海上油气、海洋电子等新兴海

---

① 宋炳林:《美国海洋经济发展的经验及对我国的启示》,《吉林工商学院学报》2012年第1期。

洋产业的快速发展；推进企业与高校和科研机构的合作互动，利用先进海洋技术改造传统海洋渔业、海洋盐业等产业，进而提高我国海洋第二、三产业的比重，实现海洋产业的合理布局，进一步提升我国海洋经济的国际竞争力。

（三）推进沿海港口与内陆地区的海陆联动

海洋经济是海洋资源、海洋产业与海洋经济区三位一体的综合性经济，其发展不仅是海洋产业发展的结果，也是海洋产业空间布局不断优化的结果。发达国家在海洋经济发展过程中，其海洋产业与陆地产业的发展是紧密联系、相互推进的。借鉴发达国家海洋经济发展经验，以海促陆、以陆带海应该是我国建设海洋经济强国的重要途径。一是海陆产业互动。依托沿海港口、滨海旅游、造船、海洋装备制造以及滩涂养殖等临海产业的发展，把海上生产同陆上加工经营、贸易、服务相结合，同时通过产业关联将人才、技术和资金等扩散到海洋产业中去，形成海陆产业互动的产业发展新局面。① 二是构建以海铁联运、公铁联运为重点的集疏运体系。应着力加强我国海铁联运、公铁联运的建设，实现多种运输方式的对接，提升沿海港口服务中西部地区经济建设的功能。三是加强陆海综合管理。将海洋发展纳入国民经济规划，制订海岸带功能区划，建立海岸带综合管理机构，统筹人与海洋、海洋与社会、海域与陆域的协调发展，切实加强对陆上污染源以及沿海开发区、工业园区的监督和管理，有序开发、科学利用海洋资源，陆海互动，加强对我国海洋生态环境的保护。

（四）加强海洋科技创新

20世纪80年代，我国就已提出了科技兴海的发展战略。但从目前来看，海洋高新技术对我国海洋经济的贡献率和科技转化率还是比较低的，科技兴海战略的实施效果并不明显。因此，优先发展海洋高科技，培育和扶持新兴海洋产业，是提高我国海洋经济综合实力和竞争力的必然要求。一是加大国家对海洋高新技术的研发投入，加强关键技术创新和系统集成，在海洋技术关键领域和重要行业科技领域形成具有自主知识产权的海洋高新技术，占领海洋科技、海洋产业的制高点；二是积极参与国际重大海洋科学研究计划，加大对国际海洋科技项目的培育力度，同时，应合理保护知识产权，对专利的申请、转让以及合理利用等实行严格的规范与监管，为海洋科技创新

---

① 向云波等：《世界海洋经济发展趋势及上海海洋经济发展战略初探》，《海洋开发与管理》2009年第2期。

提供良好的市场环境；三是拓宽融资渠道，形成多元化、市场化的科技兴海投资体系；四是重视海洋科技人才的教育和培养，为国家海洋经济发展培养更多的有用人才。

（五）加强海洋生态环境保护与可持续发展

随着我国海洋资源的开发利用和日趋明显的产业濒海化趋势，海洋生态环境保护面临前所未有的压力。为此，一是要严格执行海洋功能区划，加大重点海洋生态环境功能区建设力度，落实海域有偿使用制度，真正确立"科学用海"的理念和政策导向。二是要积极改善海洋生态环境。要从减缓和控制近岸及海域陆源污染着手，建立以重点海域排污总量控制制度为核心的海洋环境监管机制，形成以海限陆、源头把关、陆海协同、防治结合的海洋环保管理新模式。把海洋生态修复放到更加突出位置，加大近岸海洋生态修复和海洋生态环境功能区的建设力度。三是加强海洋生态环境能力保障体系建设。应加快建立健全海洋灾害预警机制和防灾体系；建立海岸生态防护网，加强沿海滩涂湿地保护；加强防潮堤坝建设，提高现有防潮工程标准；对现有重大涉海工程进行评估，降低对生态环境的后续影响等，从而建立起健全的海洋生态环境建设平台。

第三节　平潭打造两岸海洋经济深度合作先行区的优势与挑战

一　平潭打造两岸海洋经济深度合作先行区的重要意义

大力发展海洋经济，建设两岸海洋经济深度合作先行区，对于优化沿海区域开放开发格局，推动平潭加快转变经济发展方式，培育两岸合作的新增长点，加强两岸在海洋经济领域的合作与对接具有重要意义。

（一）有利于优化沿海区域开放开发布局

党的十七大提出"实施海洋开发战略"，《中华人民共和国国民经济和社会发展第十二个五年规划纲要》明确要"发展海洋经济"。党的十八大提出建设"海洋强国"的战略目标。近年来国务院先后提出了海峡西岸经济区建设、平潭综合实验区建设等区域发展战略。充分发挥海洋资源优势，推进平潭海洋经济发展，北承长三角地区、南连珠三角地区，有利于进一步完善国家沿海区域发展布局，也是落实国家建设海洋强国战略的实际行动。

（二） 有利于促进平潭海洋经济转型升级和可持续发展

随着平潭对台经济合作的不断深入，充分发挥平潭的区位优势和海洋资源优势，科学规划平潭海洋经济的发展，可以进一步深化平潭对台经贸合作，利用平潭与台湾产业关联度高、合作基础好的优势，引进和吸收台湾的资本、技术、人才和管理经验，加强两岸在海洋生物医药、海洋工程装备制造、海洋可再生能源、海洋新材料和深层海水利用等新兴海洋产业的合作，推进产业的转型升级。

（三） 有利于培育两岸合作的新增长点

加快平潭海洋经济发展，积极推进两岸海洋经济深度合作先行区建设，为深化两岸经济合作提供了新的机遇。两岸可强化在海洋经济合作领域的协商，推进两地优势互补，在海洋旅游、海洋航运、海洋资源开发、海洋开发技术、科研教育培训等方面开展合作，寻求两岸共同的海洋经济利益，为两岸海洋经济合作的深化提供更有力的机制保障。

（四） 有利于加强两岸在海洋经济领域的合作与对接

积极推进两岸海洋经济深度合作先行区的建设，加快在平潭综合实验区实施分线管理的特殊通关模式，积极探索两岸涉海领域更加紧密合作的具体途径和方式，争取在两岸贸易投资便利化、人员往来便捷化、货物往来畅通化等方面先行先试等，有利于进一步发挥平潭对台优势，增强对台商、台胞的吸引力，加强在海洋经济领域的对接与合作，为今后两岸经贸合作和平潭综合实验区建设提供有益的经验。

二 面临的重大发展机遇

（一） 发展海洋经济从地方战略上升到国家战略

党的十八大报告提出，提高海洋资源开发能力，发展海洋经济，保护海洋生态环境，坚决维护国家海洋权益，建设海洋强国。报告对建设海洋强国、发展海洋经济的部署，必将推动海洋经济大发展，使之成为沿海地区乃至全国经济发展的重要引擎。2012年11月国务院批准了《福建海峡蓝色经济试验区发展规划》，同时，以该规划为依据制订的《福建海洋经济发展试点工作方案》也获得了国家发改委的批复。这意味着，福建海洋经济发展上升为国家战略。在国家新的战略扶持层面上，海洋经济将成为国家推动东南沿海省份新一轮率先发展的重要经济增长点，这无疑为平潭打造两岸海洋经济深度合作先行区提供了强大的助推力。

（二）海峡两岸合作进入黄金期

2008年3月以来，两岸关系向着和平稳定的方向发展，开启了一个难得的历史机遇期。两岸关系的重大突破、海峡西岸经济区战略的实施，以及《海峡两岸经济合作框架协议》的签署，为海峡西岸经济区加快发展和与台湾地区开展全方位合作提供了重大的历史机遇。平潭具有得天独厚的优势，可以在海洋渔业、海洋生物医药与保健食品、船舶（尤其是游艇业）、海洋信息服务等领域加强与台湾产业的融合，做大"海峡旅游"品牌。

（三）海洋经济正成为沿海地区发展模式转型的战略重点

深度开发利用海洋是当今世界大势所趋，攸关一个沿海国家（区域）未来的发展动力。"十二五"期间，国家面临由浅海向深海、由传统海洋产业向新兴海洋产业、由粗放用海向集约用海的战略转型。滨海城市带将承担起发展海洋战略性新兴产业、进行海洋管理制度改革、协助维护国家海洋权益的历史使命。沿海各省（自治区、直辖市）纷纷推出海洋发展战略，如河北省提出"环渤海"战略，天津市提出建设"海上天津"，山东省提出建设"半岛蓝色经济区"，浙江省提出建设"海上浙江"，福建省提出建设"海峡西岸经济区"，广西积极推动"环北部湾经济区"开发，海南省建设"国际旅游岛"等。山东、浙江、广东、福建海洋经济发展试点将构建我国海洋经济发展的新格局。

三 平潭打造两岸海洋经济深度合作先行区的潜在优势

平潭海洋资源丰富，对台区位优势独特，海洋经济发展基础初步具备，涉海基础设施日益完善，具备共建海洋经济示范区的潜在优势。

（一）得天独厚的海洋资源优势

平潭岸线资源丰富，海岸线总长408公里，人均海岸线长度居全省第一；拥有良好的港湾和优越的深水岸线，适宜建设大中型港口。旅游资源独具特色，优质沙滩长达70公里，海蚀地貌景观遍及全区，拥有平潭海岛国家森林公园和海坛国家重点风景名胜区，以及世界级的水下文物资源。清洁能源资源丰富，可供开发的风能、潮汐能潜力较大（见图9-4、图9-5）。矿产资源丰富，花岗岩、沉积硅砂（石英砂）储量丰富，分别达到8亿吨和3亿吨。全区土地资源相对充裕，主岛海坛岛可建设用地面积约160平方公里（其中中部平原可建设用地约100平方公里），加上12座具备开发建设条件的小岛，总计可开发面积达255平方公里，具有广阔的开发空间。

图 9-4 长江澳风电二期

资料来源：http://www.bioenergy.cn。

图 9-5 新型海洋垂直轴风力风电

资料来源：http://www.channel.cmir.com.cn。

（二）对台交往合作优势

平潭是祖国大陆距台湾本岛最近的地区，距台湾新竹仅68海里。两地交往源远流长，平潭历史上就是东南沿海对台贸易和海上通商的中转站，清咸丰年间被辟为福建省5个对台贸易的港口之一。改革开放以后,平潭成为最早被批准设立台轮停泊点和开展对台小额贸易的县份之一,2011年率先开通对台海上直航客滚航线,放大平潭口岸的交通枢纽作用。随着两岸经贸交流的不断发展,平潭与台湾在贸易、劳务等方面建立了稳定的交流合作关系。重要的对台区位和对台联系,以及互补性的资源、产业、人文等优势,使平潭成为两岸交流合作的重要前沿平台。平潭综合实验区的开放开发上升为国家战略后,中央地方各级政府赋予平潭特殊灵活的对台政策和措施,使平潭在承接台湾产业转移、开展对台产业合作方面具有特殊优势。

(三) 海洋经济发展基础初步具备

目前平潭的海洋经济仍以传统海洋渔业和海洋运输为主。海水养殖面积达5万多亩,建成国内唯一的坛紫菜原种场和全省规模最大的深水抗风浪网箱养殖区;拥有福建三大渔场之一的闽中牛山渔场,水产量居全省第二。拥有各类民营运输船900多艘,总运力达900万载重吨,居全省第一。船舶修造业年修造能力超过100万吨位。海洋可再生能源、海洋生物、海水综合利用、海洋工程装备、港口物流、海洋信息服务、海洋研发与教育等新兴海洋产业和服务业正处于规划起步阶段。

(四) 涉海基础设施日益完善

平潭海峡大桥、福清渔溪连接海峡大桥的渔(溪)平(潭)高速公路建成通车,平潭至福州行车时间缩短至1小时30分钟;平潭第二跨海大桥(公铁两用桥)及合(肥)福(州)铁路延伸平潭上岛线、长乐古槐至平潭高速公路均已列入部省路网规划并正在开展前期工作,建成后平潭将纳入福州半小时生活圈。环岛路一期工程即将全面动工建设,城区已形成四纵四横道路框架,岛内所有乡镇、行政村已通达等级水泥路。海上运输便捷,距福州马尾港50海里、距台湾新竹港68海里、距基隆港100海里、距厦门港130海里。水利基础设施逐步完善,有中小型水库23座,经由福清的岛外调水工程项目前期工作正在抓紧推进中。

四 平潭打造两岸海洋经济深度合作先行区面临的挑战

平潭综合实验区是全国首个面向台湾的两岸交流合作的综合实验区,不同于一般意义上的区域开发。发展海洋经济在推进平潭开发建设中担负着重要的使命,既要加快速度发展,做大做强海洋经济;又必须在平潭综合实验区的超常规开发建设中着力转变发展方式，提高发展的质量，实现海洋资源开发利用与环境的协调发展。同时，支撑平潭海洋经济大开发、大发展要求和趋势的海洋经济各类人才极为缺乏，平潭海洋产业的发展面临激烈的外部竞争、两岸合作中台湾方面的迟疑或消极态度等都成为平潭加快发展海洋经济的障碍。

（一）海洋经济发展总体水平较低

海洋经济发展缺乏宏观指导、协调和规划，海洋资源开发管理体制不够完善；海洋产业结构不尽合理，产业层次低，产业支撑能力还相对不足；海洋资源开发深度不够，综合利用水平不高；海洋科技总体水平低，人才队伍难以满足海洋经济发展的需求；渔业资源破坏严重，海洋环境污染问题突出；陆域面积不大，产业转移有局限性；土地淡水资源有限，生态容量较小；海洋基础设施和技术装备建设滞后；等等。

（二）海洋经济发展面临激烈竞争

发展海洋经济已成为国家的重要战略和沿海城市"十二五"产业发展的重点，沿海区域与城市竞争加剧，市场、技术、人才等资源的争夺更加激烈。平潭不仅面临着厦门、泉州、漳州、宁德等省内地区的竞争，而且面临着来自东部其他沿海城市的竞争，特别是面临山东、浙江、广东三省国家海洋经济发展试点城市在发展海洋战略性新兴产业方面的竞争。平潭综合实验区先行先试政策，与其他地区的招商引资优惠政策相比并不具有明显的优势，加上投资环境尚未完善，产业链的配套环境尚未形成。

（三）台湾方面参与的积极性不高

平潭综合实验区是发展平潭海洋经济发展的主战场，平潭综合实验区的开发建设是两岸共建平潭海洋经济示范区的战略性力量。当前，台湾岛内对平潭开发尚存有政治性的解读，台湾当局对平潭开发持消极观望态度。就台湾民间而言，企业界参与平潭开发的程度较低，加之两岸现行法律法规与政策的限制，降低了台湾民众参与平潭开发的意愿。此外，台湾还面临产业转移或是留根台湾产业的选择与平衡问题，如高雄自由贸易示范区与平潭在海洋产业发展上可能产生竞争关系，这些都对平潭与台湾在海洋经济上的深度合作产生很大制约。

（四）转型升级的要素依赖度高

平潭海洋经济发展的要素依赖包括支持产业转型的研发机构和人才支

撑，高端医疗机构、高质教育资源、高度发达的文化产业和生产类、营销类服务机构支撑。就平潭而言，目前这些先进要素的集聚功能还很薄弱，加上重要基础原材料自给不足，新兴海洋产业的发展受到制约。

第四节 平潭打造两岸海洋经济深度合作先行区的战略分析

一 平潭打造两岸海洋经济深度合作先行区的战略思路

借助平潭综合实验区实施两岸"共同规划、共同开发、共同经营、共同管理、共同受益"的合作试点，以平潭海洋经济可持续发展为根本要求，发挥两岸海洋资源优势，引进台湾先进技术和管理理念，深化两岸在新兴海洋产业、港口物流、海洋旅游、海洋渔业等领域的交流与合作，推进两岸海洋资源合作开发利用、海洋生态环境协同保护及海洋综合管理，先行先试探索两岸海洋更加紧密合作的具体途径和方式，建设两岸海洋经济深度合作先行区。

二 平潭打造两岸海洋经济深度合作先行区的目标定位

（一）两岸海洋经济合作的特殊区域

以两岸签署《海峡两岸经济合作框架协议》为契机，通过先行先试、平台建设、环境优化，加快推进两岸在新兴海洋生物科技产业、精致渔（农）业、海产品深加工等领域的交流合作；加快集疏运一体化港口配套建设，提升港口综合服务能力，打造两岸商流物流中转基地，提升平潭海洋经济发展水平。

（二）两岸休闲渔业全面合作交流示范基地

休闲渔业作为新型渔业产业形态，介于渔业与休闲旅游业之间，且兼具二者优点，具有广阔的市场发展空间。平潭渔业氛围浓厚，休闲渔业资源丰富，是我国著名的渔业基地。加快两岸休闲渔业全面合作交流示范基地建设，应以大福湾休闲水乡渔村获得全国以及福建省休闲渔业示范基地称号为契机，以休闲渔业为中心，突出对台渔业合作特色，将休闲娱乐、观赏旅游、生态建设、文化传承以及餐饮美食等资源与渔业资源进行整合优化，努力打造集渔业科技创新园、健康示范养殖园、休闲垂钓观光园于一体的两岸休闲渔业全面合作交流示范基地。

（三）两岸海洋生态环境保护示范区

统筹平潭超常规开发建设与平潭海洋生态环境保护，树立生态海洋、宜居平潭的发展理念，推动两岸在海域、海岛、海岸带环境修复方面的合作对接，着力挖掘海洋生态文化内涵，弘扬海洋文化，维护海洋生态安全，打造生态良好、环境优美、人海和谐的文明海区，推动平潭成为生态岛、幸福宜居岛，着力打造两岸海洋生态文化示范区、海洋生态环境保护示范区。

三 平潭打造两岸海洋经济深度合作先行区的路径选择

（一）推进两岸海洋产业的深度合作与对接

充分发挥平潭综合实验区近台的区位优势，积极探索两岸海洋产业的合作模式，推进两岸海洋经济合作制度性安排在平潭的先行先试，为两岸海洋经济合作的全面铺开积累与总结经验。依托平潭海关特殊监管区更优惠的政策，在两岸经济合作框架协议下发挥平潭先行先试的作用，支持在促进两岸贸易投资便利化、台湾服务业市场准入等方面先行先试，推动两岸经贸关系制度化。按照同等优先、适当放宽的原则，鼓励承接台湾产业转移，对已列入协议的早期收获条款但需分期分阶段实施的产品与项目，对《海峡两岸经济合作框架协议》中双方敏感的产品与项目，允许在平潭先试行。允许在平潭设立台湾水产品加工区，实行特殊审批政策，允许台湾原辅材料和半成品进入平潭加工后进入大陆市场。实施企业技术创新的优惠政策，对获得驰名、著名商标和名牌产品称号的台资企业，给予适当奖励。

1. 加快推进两岸新兴海洋产业的合作与对接

（1）海洋可再生能源产业。依托平潭丰富的海上风电资源，利用区位优势和台湾先进的研发、制造技术，推动合作开发海上风电项目，提高两岸海上风电产业研发和制造水平；合作推动潮流能发电实验；探索两岸新能源开发合作新模式，合作推进海洋可再生能源的开发与利用，建设实验基地和示范工程；整合大陆与台湾海洋可再生能源领域的人才优势，探索建立起可再生能源信息咨询平台。

（2）海洋生物产业。充分利用平潭丰富的海洋生物资源优势，加快海洋生物科技研发，积极筹建两岸海洋生物科技研发中心。加快打造海洋药源生产基地、两岸高优水产种苗繁育基地，发挥基地的试验和示范作用。加快海洋生物提取、海洋生物保护以及海洋资源综合利用等海洋生物科技产业合作，重点发展海洋药物、海洋功能食品和生物制品，推广海洋药物、功能食品、化妆品及其他高附加值的新型海洋生物制品。

（3）海水综合利用产业。合作探索发展海洋资源综合利用产业，引进台湾先进技术，拓展延伸海水利用和海水资源综合开发产业链，探索海水综合利用产业链发展模式，发展海水淡化产业。推动海水淡化关键技术研究与应用方面的合作，重点发展海水淡化整装设备。

（4）海洋工程装备制造业。把握台湾游艇产业转移的有利契机，大力引进台资，引进先进船舶设计、制造及配套技术，进行游艇修造及配套基地建设，建立健全游艇产业链条。围绕渔业生产需要，积极引进台湾先进技术和设备，研制开发冷藏车、组装冷库、海水保质保鲜成套设备及贝类开壳机等渔用机械和设备。

2. 加快推进两岸现代海洋服务业的合作与对接

（1）港口物流业。加快建设集疏运一体化港口配套设施，提高港口服务能力。加快平潭物流节点和两岸商贸物流中转基地建设，重点建设为两岸产业合作服务的综合物流园区、专业物流配送中心，逐步打造以平潭为中心、以江阴港和长乐空港为两翼的海峡物流走廊。支持台湾知名企业到平潭设立营运总部和物流基地，发展保税物流、保税加工、转口贸易和商贸服务，大力发展第三方物流。以平潭为试点，推动建立闽台港口分工协作机制，强化台湾海峡港口群的整体辐射功能，推动闽台电子口岸互通和信息共享。创建两岸物流合作平台，推动两岸物流信息网络相互衔接。加快福州（平潭）对台邮件处理中心建设，做强对台水路邮件业务。

（2）旅游业。加强两岸滨海旅游合作，推动旅游线路对接延伸，共同打造"海峡旅游"品牌。创造条件开设平潭—台湾—厦门—平潭环海峡游轮航线，促进建立对台旅游快速通道和信息共享平台，协商推出"一票通""联网售票"等机制，实现两岸无障碍旅游。弘扬两岸共同的海洋文化，建设妈祖文化产业合作示范园区等一批两岸文化产业园和文化产业合作中心。深化平潭与台湾滨海旅游业合作。积极引进台资发展滨海旅游产业。鼓励闽台互设旅游机构、互认导游资格，探索实施平潭在两岸旅游往来证件办理、空中航线配额、开通游轮航线、滚装车辆进出车牌互认等方面先行先试的政策。

(3) 海洋科教产业。积极开展两岸海洋产学研合作，建设两岸合作的海洋产业技术研发及应用基地。加强大陆知名高校与台湾相关高校在平潭紧密合作，规划建设两岸教育合作园区。与台湾开展海岛综合管理方面的交流与合作，共同促进两岸海洋学术界开展深层次的交流合作。引进台湾在海洋制药、海水淡化、船舶制造、潮汐发电等方面的高新技术专门人才，推进平潭海洋教育事业发展和人才培养。

(4) 海洋文化产业。搭建海峡两岸海洋文化产业博览交易平台，着力拓展两岸在海洋文化产业方面的合作渠道。以重大台湾文化项目为龙头，进一步延伸文化产业链，加强与台湾在海洋文化产业方面的衔接。对接台湾文化创意产业，集聚两岸文化优势资源，建设两岸海洋文化产业园。吸纳台湾团队或个人来闽投资文化产业，建立生产基地、地区总部、研发及营销中心等。

(5) 海洋信息服务业。建设海洋科技成果转化信息平台，推进海洋信息服务体系与台湾的对接，重点探索两岸海洋生态与环境信息数据库、海洋资源与经济数据库、海洋管理信息数据库的共享与互通机制。合作开展海洋环境实时监测和动态评估，推进两岸在海上救助方面的合作，共同提升两岸应对灾害能力。

3. 加快推进两岸现代海洋农渔业对接

(1) 现代渔业。加快平潭传统养殖区域结构调整，转变海洋渔业发展方式，建设海峡渔业科技交流园，推广高效、安全、生态化的养殖方式，实现海洋渔业持续健康发展。引进台湾海产品加工先进技术，加强海产品加工、冷冻保鲜等技术研发，发展海产品精深加工。引进台湾先进技术，加强与台湾企业合作，促进平潭现有企业进行技术改造，开发市场需求量大、技术含量高、产品质量安全的特色海产品。深化两岸在海产品繁育、加工方面的合作，建立海产品质量检验机构，全方位开展海产品质量检测合作，建立海产品及加工质量安全追溯机制，推进海产品名牌发展战略，两岸联手拓展海产品加工市场。

(2) 精致农业。在设施农业方面，积极筹备台湾农民创业园区，吸引台湾农民入驻，重点发展设施园艺业、农产品加工业。在休闲观光农业方面，以农耕区土地资源为主体，重点引进台湾名优果蔬，在岛内繁育示范、推广种植。在花卉产业方面，强化与台湾花卉产业的合作，整合两岸花卉产业技术与市场的优势，提升平潭花卉产业发展水平。

（二）建设平潭两岸海洋产业交流合作平台

加快建设平潭大型涉台经贸会展平台，举办各类两岸产业对接活动，促进并承接台湾新兴海洋产业、现代海洋服务业和现代海洋农渔业转移。注重选择关联度大、科技含量高、产业链长的战略性投资项目，大力引导两岸海洋产业合作项目向专业园区等集聚，提升专业园区的载体作用，促进两岸产业深度合作。着力提升两岸海洋科技合作层次和水平，吸引台湾科研机构和科技人员共同创建海洋科技创新平台，鼓励两岸科研机构、企业建立技术创新联盟，加强两岸海洋产业合作研发；建设海洋科技交流园，促进两岸海洋科技最新成果在园区试验示范。加强与台湾水产加工同业公会、水产加工企业合作，建成辐射大陆市场的台湾海产品加工基地和中转集散中心，优先安排台湾渔业试点、示范项目，在综合实验区建立台湾水产名优新品种引进隔离繁育基地。积极引进台湾海洋经济创新创业人才和高层次人才，建设海洋产业人才高地。

（三）优化两岸海洋产业交流合作环境

提升海洋产业发展服务水平，完善重点项目跟踪落实工作机制，建立以报送通关、项目报批、资金融通、市场开拓、人才培训为主要内容的产业发展服务体系。用足各项优惠政策，为台商提供最新的政策与行业信息咨询服务，及时有效地处理台商反映的问题，为台资企业提供优质高效的服务。专门设置对台贸易服务窗口，为台资企业提供相关的服务，加强两岸海关合作，创新监管模式，促进两岸贸易持续发展。加强服务型政府建设，探索有利于两岸产业合作的政策、法律和市场环境，完善台胞公共服务平台，加大对台湾同胞在平潭生产生活中所遇到困难和问题的解决力度，为台湾同胞提供更好的工作生活便利，进一步提高涉台事务处理能力、办事效率和服务水平。

（四）加强两岸海洋资源合作开发

发挥两岸生物资源丰富，港湾资源得天独厚，海洋旅游、矿产、能源等资源开发潜力巨大的共同优势，以及两岸各自在海洋开发过程中形成的互补性优势，加强两岸海洋资源合作开发。推进平潭与台湾在台湾海峡渔业资源调查、渔业资源养护研究、台湾海峡海洋资源可持续利用等方面的先行合作交流。推进台湾海峡海域综合地质调查，加快台湾海峡油气资源的合作勘探和联合开发进程。推进两岸共同开发利用台湾海峡航运港口资源，在平潭试点探索两岸航运港口资源合作开发建设和营运的机制，促进航运港口布局合理化。制定优惠的投资政策，按照"谁投资、谁受益"的原则，鼓励台湾嫁接和改造平潭的海洋开发企业，鼓励台资企业直接投资远洋渔业、海水养殖、海洋运输、滨海旅游、水产品加工、海洋科技、海洋环保等领域，加快平潭及福建海洋产业优化升级。

（五）加强两岸海洋生态环境协同保护

按照海洋功能区划要求，在两岸合作开发海洋资源的同时，推进两岸海洋生态环境协同保护，减少海洋生态环境的人为破坏影响，有效控制近岸海域环境质量逐年恶化、污染范围扩大的局面，增强应急与防范能力，做好突发性污染事件的防范工作。加强海洋保护区建设和生态修复，积极推进海洋自然保护区和海洋生态特别保护区建设，加快实施闽江口海洋生态保护恢复工程。推动海洋循环经济的技术创新，合作开展海洋循环经济关键技术研发，积极开展有关循环经济的信息咨询、技术推广。推进资源再生利用产业化研发，推广应用源头减量、循环利用、再制造、零排放和产业链接技术。共同开展海域海漂垃圾治理和生态环境综合整治，扩大两岸海洋环境整治的交流与合作。先行探索建立台湾海峡防污治污合作机制，共同开展台湾海峡海洋环境监测，与台湾建立海洋环境、生态及重大灾害动态监视监测数据资料共享平台。

（六）深化两岸海洋综合管理领域合作

平潭在发展海洋经济过程中，做好与台湾地区相关法律法规的协同，有效探索合作机制，深入开展海岸带、海岛、港湾开发利用的区域功能规划，加强沿海陆地与海洋区域的一体化开发，合理利用和开发海洋资源，可持续、高效益地促进海洋经济发展。探索海峡两岸海洋渔业资源开发利用的合作机制，进行渔业资源调查，促进两岸渔业资源信息资料共享，协同保护和管理渔业资源，促进海洋渔业资源可持续开发利用。合作开展两岸渔民文化和职业技术培训，协调两岸渔事纠纷，协调大陆渔工的权利保护问题。采取一致的渔业资源保护和管理措施，合作建立伏季休渔制度，保护渔业资源。加强与台湾渔业执法交流合作，与台湾海洋、渔业管理部门开展对口交流，逐步建立台湾海峡海域海洋、渔业联合执法机制。先行探索建立闽台海洋与渔业案件的通报和协查制度，联合开展两岸海域司法互助专项行动，促进台湾海峡海域和谐稳定。开展台湾海峡防灾减灾与救助合作，建立渔业海难救助的沟通协调管道，主动为两岸渔民服务。加强海洋预警预报技术研究与应用合作，相互沟通台湾海峡搜救预报信息，建立海难事故联合救助机制。

四 打造平潭两岸海洋经济深度合作先行区的基本策略

抓住平潭综合实验区开发建设的历史机遇，加快体制机制创新，强化政策支撑和人才与科技支撑，完善海洋基础设施建设，构建全方位的支撑体系和保障措施，促进平潭海洋资源优势的充分发挥，推动平潭海洋经济跨越发展。

（一）创新体制机制

发扬改革创新精神，努力突破两岸之间、平潭与周边以及国内外地区海洋经济交流合作的体制机制障碍，构建有利于海洋经济开放合作的体制机制。立足平潭现实，不断推进海洋经济管理体制机制改革创新，构建有利于海洋经济发展的保障机制。

1. 两岸海洋经济合作机制创新

按照"共同规划、共同开发、共同经营、共同管理、共同受益"的原则，争取两岸各自在外汇存底中拨出一定资金作为两岸共同产业基金或两岸和平发展基金，投向两岸新兴海洋产业和海洋资源开发。通过建立共同管理新模式、新机制，加快建立大部门体制，开展项目代办制试点。加强平潭和台湾在渔业、航运物流业、旅游业、海洋战略性新兴产业、海洋环境协同保护和海洋综合管理等领域的合作，着力破除实践中的体制机制障碍，充分做好从台湾"引资""引技""引人"三个方面的制度创新，鼓励台资参与开发建设，吸引台湾知名企业来平潭设立营运中心和服务机构，建设两岸合作的海洋低碳技术开发基地和科技示范区，使平潭成为闽台海洋现代服务业对接集中区。

2. 海洋经济管理体制机制创新

一是在项目管理方面，要突出项目管理，做好项目与海洋经济发展、产业发展及其他相关规划的衔接。建立健全项目引进的专家评审论证机制，通过行政审批制度改革，简化审批制度，开展项目代办制，为投资者全程免费提供代理项目行政审批服务等，为符合要求的落地项目提供全面管理服务。进一步完善企业投资项目核准制和备案制，推行项目法人招标和代建制，强化企业的投资主体地位，推行政府投资公示制度和重大投资项目后评价制度，健全投资调控体系。在项目执行过程中建立目标责任制和分工管理制，通过管理部门与项目法人合作，创新项目融资渠道，确保项目实施进度，跟踪监督和提供全程项目管理服务，保证项目开展的有效性。二是在海洋资源开发管理方面，要加快完善海洋资源开发保护的管理机制，确保海洋经济走绿色、低碳的可持续发展道路。逐步探索下放实验区用岛审核权、项目用海审核权等海洋资源开发管理权限。加强平潭综合实验区海洋环境整治，推进综合实验区海洋生态特别保护区建设。构建实验区海域环境综合监测网络等海洋环境监测基础设施，完善相关法律法规，提高管理人员技术水平，加大对海洋资源开发的监测和保护力度。三是在管理服务方面，要不断强化服务意识，创新服务机制，提高服务水平。简化办事程序，提高办事效率，切实为海洋经济发展提供综合性服务。建立政府与企业的沟通协调机制，实时跟踪海洋经济各领域发展、项目推进情况等，建立动态监测数据，适时向社会发布。四是在人力资源保障方面，要通过体制改革，着力解决平潭海洋经济发展中管理人员严重不足的突出问题。增加海洋管理部门的编制数量，增设海洋经济发展所需的职能部门。加强人才队伍建设，通过引进、培训、借调等多渠道提高管理队伍的素质和水平。

（二）强化政策支撑

充分发挥平潭的政策优势，用足用活国家赋予的各项特殊优惠政策，切实加强统筹协调，完善政策配套，构建推动海洋经济发展的强有力的政策支撑体系，将政策优势转化为发展优势，推动两岸海洋经济融合发展。

1. 用足用活国家赋予的政策

用足用活国家赋予平潭的各项优惠政策，发挥"一线放宽、二线管住、人货分离、分类管理"的特殊通关制度优势，促进平潭与外部特别是台湾地区之间人员、物资的高效集聚和合理流动，提高平潭的开放度，为平潭海洋经济发展创造有利条件。加快建设通关平台，完善通关模式，制定相关具体的检疫优惠措施，促进两岸物流航运和人员往来。加快推进平潭澳前旅检大楼入境通道等项目建设，建设和完善检验检疫基础设施和与功能定位、产业发展相配套的设施等。提高平潭通关制度的创新水平和管理、服务质量，充分发挥特殊通关制度的政策优势。要用活国家赋予的税收政策、财政和投资政策、金融政策、方便两岸直接往来政策、方便台胞就业生活政策、土地配套政策等一系列优惠政策，充分发挥政策优势。要进一步加大政策研究力度，制定具体政策措施和管理办法，争取最大限度地发挥政策创新优势，为进一步争取政策支持空间奠定基础。

2. 制定完善的、具体的政策措施

（1）税收政策

明确免税或保税货物的类别，加快与相关部门协商确定"一线"不予

免税或保税、"二线"不予退税的具体货物清单。完善两岸贸易往来的税收优惠政策和台湾居民在平潭发展的个人所得税优惠政策。完善平潭企业生产、加工货物外销以及平潭企业之间货物交易的税收优惠等具体政策措施，制定并完善享受减按15%的税率征收企业所得税的产业准入及优惠目录等。建立海洋高新技术企业研发费用税收抵免政策，激励企业主体科技创新的积极性，促进海洋科技的创新和相关产业的发展。制定并实施吸引在外运输船舶回平潭停靠的税收优惠政策，推动落实国家风力发电增值税优惠政策，研究制定支持海水淡化、太阳能等新能源产业发展的财税优惠政策，加大对海洋生态和资源保护等项目的税收优惠等。

（2）财政和投资政策

在中央加大转移支付和投资支持基础上，明确各级政府在财政预算中对发展平潭海洋经济的资金投入予以倾斜的比例及使用范围，发挥福建作为我国海洋经济试点省份的优势争取国家海洋相关部门的对口资金支持。各级政府在支持平潭综合实验区发展的财政投入中设立用于海洋经济发展的专项资金，根据打造平潭两岸海洋经济深度合作先行区的要求，着力支持平潭海洋经济基础设施建设、海洋人才引进、海洋产业科研创新平台建设、重大创新成果产业化、海洋战略性新兴产业基地建设、闽台海洋经济合作、海洋经济可持续发展等。

（3）金融支持政策

制定台湾及其他地区金融机构在平潭设立经营机构的具体优惠措施和管理办法、平潭台商投资企业在境内发行人民币债券的管理办法等。鼓励金融机构与海洋渔业部门合作，完善产品创新、风险控制机制和服务渠道，服务平潭海洋经济发展。完善海洋资产评估抵押登记流程，加强担保和信用体系建设，在风险可控的范围内加大金融支持力度。不断扩大渔业保险范围，探索将渔船等保险纳入政策性保险范畴，实行保险政策性补贴，扩大渔船、渔民保险的覆盖面。鼓励金融机构不断创新，开展船舶租赁融资业务、航运保险等。

（4）海域和土地利用政策

统筹全省围填海指标，对海洋经济重大建设项目和基础设施建设用海用岛予以重点保障和优先安排，并积极争取国家对平潭围填海指标予以倾斜。支持将海洋战略性新兴产业、海洋高新技术产业园等重大建设工程和海洋生态保护项目列入国家用海、用地计划，在围填海指标和滩涂利用上给予倾斜。依照海洋功能区划和土地利用总体规划，适当增加建设用围填海年度计划指标，鼓励开发利用海域滩涂资源，在新增建设用地有偿使用费的安排上，支持符合条件的海域滩涂开发。统筹安排好新增投资计划项目用海的规模和布局，优先保障涉海基础设施建设围填用海，促进重大建设项目用海及时到位，全力支持重点海洋产业发展。对于重要科研项目和两岸知名科研机构落户实验区，在供地政策上，符合划拨用地目录的可采取划拨方式供地。

（三）强化人才与科技支撑

坚持人才优先、科技兴海，科学制订海洋人才和科技发展规划，加大投入力度，发挥平潭的政策优势、资源优势和对台区位优势，集聚海洋科技和人才资源，打造人才特区，构建强有力的人才与科技支撑体系，高起点推动海洋经济发展。

1. 强化人才支撑

（1）加快推进平潭人才特区建设

根据平潭各类产业现状和发展趋势，做好人才需求的分析与预测，创新人才政策和体制机制，推进人才特区建设，形成高层次的人才队伍。加强两岸海洋科技人才交流合作，实施对台高技能人才招聘、领军人才引进、人才留住与发展等工程。建设一批创业创新平台，完善人才交流服务平台，与台湾互设人才交流服务机构，引导两岸人才资源向人才特区流动，加快推进人才特区建设，形成平潭人才高地。

（2）加大海洋人才培养与引进力度

创新海洋人才引进培养模式，引进急需、紧缺的海洋高级专业技术人才，着力培育海洋领域学科带头人。积极开展职业技术培训，针对产业发展需求培养大量熟练技术工人，及时更新各类专业技术人员的专业知识，提高创新能力。以海洋资源、能源利用、环境保护为重点，加强海洋科技研究与开发，培养海洋科学研究、海洋开发与管理、海洋产业发展方面的应用型人才，为加快海洋经济结构调整、促进海洋产业结构升级奠定坚实的基础。

（3）促进海洋教育事业发展

制订平潭海洋教育发展规划，采取有力措施整合教育资源，建立完善学科布局和专业结构，重点培养海洋制药、海水淡化、船舶制造、潮汐发电等海洋高新技术专门人才，为平潭海洋经济长远发展提供人才保证。主动适应平潭综合实验区开放开发和海峡蓝色经济试验区建设需要，充分利用两岸优质教育资源，根据"共同规划、合作办学、合作管理"的原则，加快建设平潭海洋大学。平潭海洋大学以培养新兴海洋产业发展急需、紧缺人才为重点，以平潭综合实验区产业发展急需人才为优先，以两岸产业对接急需人才为侧重，以合作的两岸高校的优势学科专业为支撑，重点建设海洋科学类、水产类和海洋工程类等学科群，适度发展信息工程类、能源类、文化创意类、旅游类、医药类等相关支撑学科专业，逐步建成海洋学科优势特色明显、相关学科交叉融合的多科性大学。

2. 强化科技支撑

（1）加大海洋科技投入

把科技兴海作为促进平潭海洋跨越发展和质量提升的重要保障，加大海洋科技规划引导和政策支持力度。着力解决海洋科技资源短缺、投入不足、支撑不强等问题。加大财政对海洋基础研究和关键技术的投入，支持设立海洋科技创业投资引导基金，健全对海洋科技型企业的担保贷款机制，形成海洋科技稳定增长的资金投入机制。

（2）集聚利用海洋科技创新资源

综合利用平潭的海洋资源优势和国内外海洋创新资源，利用政策优势、土地资源优势改善科研环境，吸引相关科技资源投入平潭。加快国家海洋局海岛开发与保护研究中心建设，做好相关研究机构的科研服务工作，构建海洋科技创新平台，吸引国家海洋三所、厦门大学、集美大学等周边及国内外研究机构和高校投入平潭海洋科研开发。采取优惠政策大力引进海洋高科技人才。用好"6·18"等成果转化平台，加大海洋科技成果对接转化力度，推进产学研结合。加强国际海洋科技合作和交流，开展重大项目合作，建立全方位多层次的国际海洋科技信息网络。加强与台湾在海洋信息、生物技术、新能源、环保技术、海洋气象、防灾减灾等重要领域的科技交流和联合科研攻关，构建闽台院校和科研机构联系的桥梁，开展课题研究、技术研发、成果交流，创建联合科研攻关机制。

（3）组织海洋科研攻关

充分调动、吸引国家海洋三所、厦门大学海洋与环境学院、集美大学水产学院、省海洋研究所等国家和省内外海洋科研力量以及台湾海洋科研专家参与平潭海洋科研协同攻关，大力加快产学研一体化，争取在海洋生物医药、海水综合利用、海洋能源开发等新兴领域取得新突破，开发一批具有自主知识产权的核心产品。继续开展海洋调查与科研成果的应用服务，为海洋经济发展、海洋公共服务和管理提供科技支撑。加强国际海洋科技合作和交流，开展重大项目合作，建立全方位多层次的国际海洋科技信息网络。

(4) 加强海洋科技创新平台的建设

加强海洋科技研发，发挥海洋科研院所的平台集聚效应，积极筹建两岸海洋科技研发中心，协同国家级海洋科技研发平台，形成有效互补、共同发展之势。引导科研机构、企业在海洋基础研究和海水综合利用、海洋生物工程、海洋渔业、海洋新能源开发等领域建立科研中心和重点实验室。吸引台湾海洋类科研院所到平潭落户或参与研发，推进科研成果转化。加强重点科研创新服务平台建设，为两岸涉海企业提供科研创新服务。大力支持台湾海洋战略规划、勘测设计、海域评估等中介机构在平潭设点开展服务。

(四) 完善海洋基础设施建设

按照适度提前、功能配套、安全高效、抗灾应急能力强的要求，统筹推进港口、供水、能源、防灾减灾等海洋基础设施建设，增强海洋开发的保障和服务能力。

1. 港口建设

统筹规划港口功能和空间布局，加快建设平潭港区金井作业区（见图9-6），设立国家一类口岸，进一步拓展平潭至台湾海上快捷客货滚装航线（见图9-7）；做好东澳中心渔港和葫芦澳一级渔港的建设规划，改造东澳

图9-6 平潭港区金井作业区鸟瞰图

资料来源：http://www.pingtan.gov.cn。

和葫芦澳渔港;提高对平潭综合实验区渔港建设的补助,鼓励民间资本投资建设渔港经营性服务设施。

图9-7 平潭澳前客滚码头

资料来源:http://www.sh-sw.com。

2. 供水与污水垃圾处理工程建设

加快实施平潭的岛外调水和岛上蓄水、供水工程建设,兴建中型水库和一些小型水库作为生活和生产水源,改造延伸城区自来水管网,新建、改建乡镇、村级供水工程,推进海水淡化示范,着力解决海岛群众出行难、饮水难等突出问题;加快实施城区既有污水管网改造,建设金井湾污水处理厂并加快建立中水回用系统,建设垃圾焚烧发电厂。

3. 能源基础设施建设

充分利用优良港口条件,积极发展风力、潮汐等新能源;进一步完善电网建设,加快推动220千伏进岛电力通道工程建设,推进平潭大练、草屿两个海上风电场选址与建设;加快输气管网建设,推进天然气入岛;推动中石油西气东输管线建设。

4. 防灾减灾基础设施建设

推进综合实验区海洋防灾减灾体系建设,支持完善海洋灾害在线观测、监测以及预警报告系统基础设施建设,提供平潭至台湾航线的海况预报,提升周边海域海洋灾害应急处置能力,为实验区经济社会发展提供海洋环境保障。支持实验区探索建立台湾海峡渔业海难事故应急处理、海难救助、信息通报、渔船紧急避险和联合搜救、救助机制。围填海及其海洋工程要根据海洋灾害评估结果，制订更加严格的建设标准。加大海洋防灾减灾基础设施建设投入，继续抓好沿海防护林体系维护与建设，加强重点海岸加固工程建设。

第十章
平潭人才特区的模式创新

第一节 经济特区与人才特区

一 经济特区的由来

通常,经济性特区是指一个国家或地区划出一定的地域范围,在对外经济活动中实行更加开放的特殊政策,用减免关税、提供良好的基础设施等优惠方式,促进本国或本地区经济发展,它是特殊经济性区域的专用名词。[①]世界经济性特区的问世已有数百年的历史,1228年在法国的马赛港就已出现了世界上第一个经济性特区。据统计,当今世界上的经济性特区有1000多个,20世纪80年代末仅美国就有127个。而"经济特区"是中国特有的叫法。1979年4月邓小平同志在中共中央工作会议期间提出了创办特区的设想。1980年中共中央在广州召开了广东、福建两省工作会议,正式把"出口特区"更名为"经济特区"。此后经济特区作为新时代改革开放的产物,逐渐为人们所沿用和推广。

在国际范围内,经济性特区主要有五大类型。[②] 一是以减免关税为主要优惠政策的贸易型特区。这是一种以营利为主要目标的经济特区,如自由港、自由贸易区、自由边境、转口区、保税仓库等,以对外贸易和转口贸易为主,一般在发达国家和地区设立较多。二是以减免关税和所得税为主要

[①] 钟坚:《世界经济性区域发展简介》,http://www.szzx.gov.cn,2012-04-16。
[②] 钟坚:《世界经济特区发展模式研究》,中国经济出版社,2006。

优惠政策的工贸型特区。这是一种以生产收入为主要目标的经济特区，主要是通过设立出口加工、投资促进区、保税工业区等吸引外商直接在区内投资、生产和出口各种加工制品。三是以大学和科研机构为依托的科技型特区。这是一种以研究、开发、生产和出口高新技术产品为主要目标的经济特区，主要是通过建立工业科学园、新产业开发区、高技术园区、科学城、技术城、大学园等吸引国外直接投资和先进技术，建设高新技术出口产业。四是贸易型经济特区和工贸型经济特区结合而产生的综合型特区。这是一种新兴的经济特区，如巴西马瑙斯自由贸易区、中国的"5+1"等。五是跨国型特区。这种特区类似于某些区域经济性组织，如欧洲自由贸易区、东盟自由贸易区、北美自由贸易区等。

  在我国改革开放之初，"经济特区"只能算得上是狭义的经济特区。它专门用于指那些具有独特的区位优势，享受特殊的国家政策，在我国经济建设中"先试先行"的地区。改革开放初期，由于我国观念还比较保守，经济建设缺乏经验，先试点后推广成为必然的发展模式。通过考察，深圳市、珠海市、汕头市、厦门市再到后来的海南岛、浦东新区，凭借着自身的区域优势先后被设立为经济特区，形成了中国经济特区的"5+1"格局。作为国家指定的"试验区"，它们走在改革开放和现代化建设的前列，不仅创造了奇迹般的物质财富，而且孕育了宝贵的精神财富，推动我国形成了解放思想、改革开放的新的时代文化精神，并为经济体制改革和创新提供了经验。随着改革开放步伐的加快，保税区、高技术产业园、经济技术开发区、综合配套改革实验区等其他形式的经济特区也先后设立。截至2011年12月，国务院已经批准了上海浦东新区综合配套改革试点、天津滨海新区综合配套改革试验区、重庆市全国统筹城乡综合配套改革试验区、成都市全国统筹城乡综合配套改革试验区、武汉城市圈全国资源节约型和环境友好型社会建设综合配套改革试验区、长株潭城市群全国资源节约型和环境友好型社会建设综合配套改革试验区、深圳市综合配套改革试点、沈阳经济区国家新型工业化综合配套改革试验区、山西省国家资源型经济转型综合配套改革试验区和厦门市深化两岸交流合作综合配套改革试验区10个国家级综合配套改革试验区。设立了义乌市国际贸易综合改革试点和温州市金融综合改革试验区2个综合改革试验区。此外，还设立了10个纳入国家级区域规划的经济区：汉中－天水经济区、广西北部湾经济区、黄河三角洲高效生态经济区、辽宁沿海经济区、珠江三角洲经济区、江苏沿海经济区、吉林图们经济区、横琴岛经济区、海峡两岸经济区和成渝经济区。中国经济特区的创办与建设，虽然只有短短的30多年的时间，却创造了国民经济发展速度最快、城乡面貌变化最快、人民实惠得到最多的历史性成就，在我国改革开放和现代化建设中发挥着重要的作用。

二 人才特区的提出

人才特区是在经济特区基础上提出的新兴概念。所谓人才特区是指在特定的区域内，在人才工作的政策保障、体制建设、机制运行、资金投入、环境营造和工作内容、工作模式等方面具有相对特殊性、前瞻性和优先性，从而增强对外招贤纳才的吸引力、对内留住人才的凝聚力、人才科技创新创业的活力和竞争力。[①] 2001年深圳最早提出了人才特区的概念并进行了相应的探索性实践。之后，北京、上海、天津、昆明、广西、沈阳、宁波等地区也纷纷进行效仿。但由于各地区具体情况不同，实践的时间较短，采取的措施也相差甚远，因此关于人才特区的发展模式至今没有统一的明确的标准。

人才特区是顺应时代潮流而产生的。在经济全球化、区域一体化，科技发展日新月异，国际竞争日益激烈的新形势下，当代国际经济竞争的实质是以经济和科技实力为基础的综合国力的较量，归根到底就是人才的较量。因此能否掌握人才资源的主动权关系到我国在未来经济竞争中的地位。人才特区也是在国家的"科技兴国"和"人才强国"战略以及"以人为本"的科学发展观号召下提出来的。

人才特区的提出也并非无源之水、无本之木。1979年诺贝尔奖获得者西奥多·W.舒尔茨在研究"二战"后战败国德国和日本经济迅速崛起的原因时提出了著名的"人力资本理论"，该理论认为人力资本是现代经济增长的重要因素，甚至是首要的因素。这一理论为后来许多国家出台关于人才的种种措施奠定了一定的基础。

近年来随着国家政策的放开，"智力外流"现象也日益普遍，给我国经济建设带来了重大的损失。人才资源作为一种流动性强、内在差异较大的稀缺性资源，如何合理地培养、利用、保留和引进，已成为各地区在经济建设过程中普遍关注的问题。

---

① 冼薇：《"人才特区"要素初探及建设构想》，《中国人事报》2010年11月8日。

建设人才特区，就是在特定区域实行特殊政策、特殊机制，特事特办，在经济社会发展全局中率先确立人才优先发展战略布局，构建与国际接轨、与市场经济体制相适应的人才体制机制，全面激发人才活力，依靠科技进步和劳动者素质提高，推动经济发展方式转变，创造新的科学发展优势。

三 经济特区与人才特区的内在联系

邓小平同志曾经说过："特区是个窗口，是技术的窗口，管理的窗口，知识的窗口，也是对外政策的窗口。"可见，经济特区的建设，不管是技术、管理、知识，还是对外政策，都离不开人才的有力支撑。经济特区与人才特区不是相互独立的，它们有着一定的内在联系。

（一）经济特区是人才特区建设的依托

俗话说："没有梧桐树，引不来金凤凰。"人才是现代经济中的"金凤凰"，良好的政策保障、环境待遇，创新的机制体系，往往成为其集合地和栖息地。

著名的点轴理论认为，在区域经济发展的过程中，经济中心总是首先集中在少数条件较好的区位，形成"区域增长极"。而后随着经济的发展，经济中心逐渐增加并相互联系后形成轴线。这种点轴一旦形成，对人口、资金、产业等具有天然的吸引力。经济特区往往设在地理位置比较特殊，区位条件良好，经济发展前景广阔的地方，容易形成"区域增长极"，吸引人口、产业集聚，对整个区域产生巨大的辐射作用。一方面，经济特区的特殊政策、创新的体制机制、产业项目的实施建设往往能吸引来自各地的优秀人才；另一方面，单纯搞人才特区是行不通的，所需的花费是极其巨大的。如果依托经济特区建设的同时，稳步推进人才特区的建设，将有利于充分发挥它的辐射力，收到事半功倍的效果。

（二）人才特区是经济特区建设的一部分

迄今为止的人类文明，经历了以土地与人力为基础的农业经济形态，以机器、资本为基础的工业经济形态，如今正向以知识和信息为基础的知识经济形态迈进。不同的经济形态对生产力、生产资料的需求是不一样的。农业经济形态主要依赖的是以土地为中心的自然资源和劳动者；工业经济形态主要是以电气化为主要特征的重化工业部门大量建立；在知识经济形态中，以知识为基础的产业逐步上升为社会的主导产业，技术密集、智力密集产业的就业比重显著上升，就业机会倾向于智力密集的群体，经济收入的分配也主要以对知识的占有量为基础。人才资源已成为最重要的战略资源,其数量和质量是经济增长和社会发展的关键因素。正如舒尔茨所指出的:"人类的未来并不完全取决于空间、能源和耕地,而是取决于人类智慧的开发。"

在自然资源愈益匮乏、高新技术日新月异的情况下,综合国力的竞争越来越突出地表现在人才、智力资源的开发和使用上。随着国际产业结构的大调整和国际市场竞争的日益加剧,一个国家或地区的生存和发展,与其经济、科技竞争力紧密相连,而提高经济与科技竞争力的关键在于人才的培养。人才已成为经济和社会发展的第一资源,成为一种比资金更重要的资本。能否拥有和保持一支规模宏大的高素质的人才队伍,已经成为事关我国能否在国际竞争中占据优势地位的重大战略问题。

人才特区是我国经济特区的概念及经验向人才要素领域的延伸,是我国人才发展体制机制改革和政策创新的实验区。[①] 从经济特区到人才特区,体现了国家对人才认识的深化,体现了对知识、劳动和人本价值的尊重,反映了我国经济发展方式的转变。

经济决定人才,人才推动经济,人才资源是我国经济社会发展的第一生产力。人才特区建设,就是要放开眼界、放开思路、放开胸襟,统筹开发利用国际国内两种人才资源,大力引进海外高层次人才,加快培养国内高层次、创新型人才队伍,打造优质人才资源的集散地;同时,不断完善人才服务体系,优化人才发展环境,促进高端人才资源向科技重大专项平台聚集,从而建设科技自主创新的策源地。

(三) 经济特区与人才特区相互促进、共同发展

没有规矩,不成方圆。没有人才建不成经济特区,人才是经济特区建设中必不可少的"工具"。产业领军团队能够带头引导产业发展,对经济特区的建设起到"加速器"的作用;创新创业人才能够研发出新技术、新产品、新服务,形成新的经济增长点;各种类型的优秀人物"集聚一区",在合作互补的同时也起到了相互竞争激励的作用。

经济特区的建设反过来可以促进人才特区的建设。经济特区是集特殊区域、特殊政策、特殊机制、特殊平台于一体的区域。随着经济特区的开发和建设,基础设施不断完善、政策体制不断健全、环境不断优化,对人才的吸

---

① 王佩亨等:《中关村的探索和实践 建设人才特区 创新发展机制》,《新经济导刊》2012年第3期。

引力越来越大；产业不断集聚、就业岗位不断增加、土地等资源不断合理配置，对人才的容纳能力也不断增强。

综上所述，经济特区与人才特区就好比"水"与"鱼"，"鱼"离不开"水"的环境，而"水"中有"鱼"才显得有生命力。

第二节　我国部分地区人才特区建设的经验与借鉴

一　北京中关村国家级人才特区建设模式及其经验

中关村是我国第一个国家级高新技术产业开发区，第一个国家自主创新示范区，也是我国第一个国家级人才特区，是我国科技、教育和人才资源最为密集的区域，在吸引国内外高端人才、创新体制机制、人才优先发展、对外辐射和示范等方面有着独特的优势。在国家"人才强国"战略的背景下，在中央人才工作协调小组的指导下，北京中关村建设了第一个国家级人才特区。

中关村人才特区是指在中关村国家自主创新示范区这一特定区域内，通过出台一系列优惠政策，创新一系列管理体制和运行机制，打造一系列人才事业发展平台，达到"人才智力高度密集、体制机制真正创新、科技创新高度活跃、新兴产业高速发展"的战略目标。[1] 中关村人才特区的主要做法如下。

（一）加快高层次人才的培养与引进

中关村紧紧抓住实施"北京市引进海外高层次人才专项计划"的重大机遇，通过实施国家"千人计划"、北京市"海聚工程"和中关村"高聚工程"，加大了海内外人才引进工作力度，引进了一批海外高层次人才到中关村创新创业。同时，通过国家驻外机构、中关村驻海外联络处、风险投资、留学人员创业园等机构以及中介组织的协调联动，[2] 进一步吸引优秀人才到中关村创新创业，并取得初步成效。据统计，中关村高新技术企业从业人员中大专以上学历人员占70%以上，博士和硕士学历人员约12万人，科技活动人员占从业人员总数的30%以上。[3] 中关村拥有335名国家"千人计划"

---

[1] 王佩亨：《中关村的探索和实践　建设人才特区　创新发展机制》，《新经济导刊》2012年第3期。
[2] 鲍烨童：《建设中关村人才特区　让战略新兴产业唱主角》，《中关村》2011年第10期。
[3] 赵英杰：《中关村打造国家级人才特区》，《投资北京》2011年第6期。

引进的海外高层次人才，123 名"海聚工程"引进的人才；留学归国创新创业人员超过 1.5 万人，占全国的 1/4；"海归"人才创办的企业达 3000 多家，是科技人才资源最密集的地区。[①]

（二）实施特殊政策先行先试

特殊政策是指国家和北京市支持人才特区建设所出台的优惠措施。2011年 3 月，中组部、国家发改委、教育部、科技部等中央国家机关部委和北京市委联合出台了《关于中关村国家自主创新示范区建设人才特区的若干意见》，明确提出了 13 项特殊扶持政策。随后，北京市制订了《加快建设中关村人才特区行动计划（2011—2015 年）》，配套实施了拔尖领军人才开发工程、自主创新平台搭建工程、高端成果转化扶持工程、新兴产业发展带动工程、科研学术环境创建工程、人才公寓建设工程等 6 项重点工程，并在人才科技经费使用、进口特需品税收优惠、简化结汇手续、重大项目资金支持、开通人才引进绿色审批通道、开展企业教授级高级工程师职称评审改革试点，以及为高层次人才提供签证办理、落户、就医、配偶就业、子女入学服务等方面，出台了 10 项具体的扶持政策，不断优化人才发展环境。

（三）推进体制机制先行先试

1. 建立吸引海外高层次人才的联动机制

围绕服务人才发展，建立了市级相关部门共同开展高端人才引进的并联审批机制，解决制约中关村重点企业发展的高层次人才落户问题。开通了领军人才专业技术资格评价绿色通道，对入选"千人计划""海聚工程"的海外高层次人才提供专员制服务，优化人才的制度环境。[②]

2. 完善股权激励机制

中关村先行先试了股权激励、科技项目间接经费、政府采购、税收政策、工商管理、社会组织管理等政策，加大了对高层次人才发展的扶持力度，有效激发了高校院所和企业的创新活力，初步形成了有利于创新创业的体制机制环境。[③] 2011 年，中关村国家自主创新示范区有 481 家单位实施了股权和分红激励，其中市属国有企业和事业单位 75 家，中央

---

① 《北京新侨调研综述：走进人才特区 关注新侨诉求》，http://www.chinanews.com，2012 - 02 - 20。
② 鲍烨童：《建设中关村人才特区 让战略新兴产业唱主角》，《中关村》2011 年第 10 期。
③ 中关村科技园区管委会：《中关村国家自主创新示范区加快创新发展》，《中国科技产业》2011 年第 9 期。

企业和中央级事业单位 35 家，民营企业 287 家，上市公司 84 家。通过股权激励改革，稳定了企业技术人员队伍，激发了核心技术人员创新的积极性。①

3. 完善科技成果转化和产业项目资金统筹机制

按照"统筹资源，突出重点，科学决策，分工有序"的原则，分年度集中部分市级财政资金，设立重大科技成果转化和产业项目资金，通过联席会议制度建立项目决策机制和监督机制，采取"政府出资、统筹管理、滚动使用"的方式，支持国家科技重大专项、科技基础设施和重大科技成果产业化项目，扶持人才开展科技攻关和成果转化，推动中关村新技术、新产品的市场开拓与应用。

4. 实施科研管理体制改革

为促进高等院校、科研院所的科技成果转化，提升科研团队项目使用科研经费的自主性和科研项目经费的使用效益，中关村积极推动有条件的高校、科研院所等单位着力实施科技成果处置权和收益权改革，支持创新领军人才或科研团队自主使用科研经费，开展以科技成果产业化评价导向为科研项目经费拨付依据的试点。同时，为鼓励企业持续加大研发投入，加大税收的减免力度，实施了研发费用加计扣除、职工教育经费税前扣除等税收政策改革，逐步建立以创新绩效、学术为主导的科研发展模式，营造浓厚的学术文化氛围。

5. 打造留学人员担保贷款绿色通道

中关村充分利用政府资金、创业投资、天使投资、境内外上市等多种投融资渠道，支持中国银行、北京银行等金融机构人才特区设立信贷专营机构，开展担保贷款、知识产权质押贷款、订单抵押、企业授信等金融业务；同时，还通过大型项目推介活动、留学人员精品项目推介会等方式，支持各类企业规模化、产业化发展。

（四）搭建海内外高端人才创新平台

为留住人才、用好人才，中关村大力推进人才载体的建设，加快了高层次人才创新创业聚集地的培育。一是加快培育中关村留学生创业园。截至 2010 年底，中关村科技园区共建有 29 家留学生创业园，孵化总面积为 41.8

---

① 《在世界叫响中关村——来自"1+6"先行先试政策的调查报告》，http：//www.bjchy.gov.cn/business，2012-03-12。

万平方米,在园企业达 1221 家。① 二是积极搭建中关村科学城和未来科技城两大创新平台。中关村科学城主要是通过技术转移中心、中试基地以及公共技术服务平台建设,通过资源优化整合、体制机制创新、城市规划管理创新,推进科研机构、高校院所、企业、高端人才、社会组织和政府协同创新,打造航天航空、生命科学、新材料以及网络技术等领域的高端研发技术创新服务区,促进自主创新和成果转化。目前,中关村科学城已拥有 18 个高校院所和中央企业建设的特色创新产业园,9 个新型产业技术研究院,60 余项评估论证和实施的重大科技成果产业化项目。未来科技城主要是以支持中央企业人才团队发展为着力点,以大市政配套建设为保障,打造成为具有国际影响力的大型企业集团应用技术创新和成果转化基地,建设低碳环保、现代化、国际化的绿色建筑示范园。目前,已有中海油、神华集团、中国商飞、国家电网、华能、兵器装备、中国电信等 15 家中央企业入驻。

此外,中关村还拥有电子信息、生物医药、航天航空、云计算等领域的一系列重大科技专项、新兴产业项目平台。依托这些研发机构、研发基地、工程研究中心、企业技术中心,吸引和聚集各类人才,搭建多层次的创新创业平台。

二 上海浦东国际人才特区建设模式及其经验

上海依托浦东新区综合配套改革试点,以浦东国际人才创新试验区建设为突破口,在人才管理体制机制、政策法规、服务体系和综合环境等方面先行先试,培养和集聚一批优秀创新创业人才特别是产业领军人才,形成一个有规模、高层次的国际化人才队伍群体,更好地推进浦东的国际大都市核心功能区建设。其主要经验如下。

(一)着力引进创新创业的国际化人才

上海在浦东国际人才特区建设过程中,一是积极探索国际化人才培养新模式。2011 年 3 月上海纽约大学在陆家嘴正式奠基,成为国内第一所具有独立法人资格的中美合作的国际化大学,致力于培养跨文化环境中成长起来的国际化人才。二是实施更加开放的人才国际化战略。早在 1995 年,浦东就推出了人才引进不限户籍、不限年龄、不限资历、不限企业属性、不限职

---

① 王佩亨:《中关村的探索和实践 建设人才特区 创新发展机制》,《新经济导刊》2012 年第 3 期。

称的"五不限"政策,成功引进了一批上海经济社会建设迫切需要的高端人才。2008年,浦东再次出台《浦东新区人才户籍引进实施办法》,放宽了投资类人才和长期在华海外人才申请永久居留条件,增加可申请永久居留的海外人才拟任职单位种类,放宽长期居留许可的申请条件,探索海外人才技术移民政策。在出入境方面,浦东对重点涉外企业开通了预约受理、简化手续的"便捷通道",并把该批企业作为优化出入境管理服务和突破浦东吸引外籍人才出入境管理瓶颈问题的调研基地和"试验田",构建海外人才来去自由的出入境环境。三是围绕提高自主创新能力和企业国际竞争力,着力推进"1116"海外高层次人才引进计划,即用5年时间,引进100名以上国家"千人计划"人才、100名以上上海"千人计划"人才、100名以上浦东"百人计划"人才,以及600名金融、航运、战略性新兴产业和高新技术产业等领域的国际高端人才,在新区重点产业、重点领域集聚海外高层次人才。据统计,上海已成为海外留学人员回国工作和创业的首选城市之一。至2010年底,在沪工作和创业的留学人员达9万余人,常住上海的外国专家达8万余人,持有效外国人就业证、实际在沪就业的外国人达7万余人。①

(二)构建多元化的创业投融资体系

1. 不断完善人才创业的投融资服务

一是积极落实《关于通过浦东科投、张江科投支持高端人才集聚浦东开展科技创业工作的操作细则》,依托浦东科投、张江科投两大平台,投入20亿元初始资金,并鼓励市场投资机构共同投资,重点为"千人计划"等高端人才创业提供投融资服务。二是促进银政合作,实施《浦东新区-上海银行中小企业融资银政合作方案》,建立风险共担机制,引导银行放宽对"千人计划"创业企业的审贷标准,带动信贷规模大幅增长。推动区金融局与上海银行相关部门为"千人计划"人才开设信贷审批绿色通道,提供高效、快捷的专项服务。三是争取试点企业上市融资的相关政策。允许已在海外上市企业回归国内资本市场,适当放宽具有外资股权结构的企业在国内资本市场上市的门槛。

2. 建立健全中小企业上市推进机制

根据企业上市所处的不同阶段,财政给予不等的扶持,最大限度地降低

---

① 李肖璨:《引进与培养并举——我国大力推进国际化人才开发》,《中国组织人事报》2012年2月20日。

企业上市面临的资金困难。通过开展政府行政协调，建立上市后备企业数据库，开展多层次辅导培训活动，建立券商等中介机构的评估、遴选机制，建立"上市之路"网络学习平台和上市咨询平台等措施，为"千人计划"创业企业等提供上市综合服务。

3. 加强知识产权保护

率先细化与知识产权保护相关的各类政策，强化对知识产权保护政策法规的执行，发挥行业协会等社会组织的维权监督作用，依法保护人才和企业的创新权益。深化知识产权质押融资试点，争取在知识产权交易、评估等方面取得突破。

4. 加强对引进人才的创业配套服务

针对引进人才的企业特点和行业特色，提供有针对性的导师式指导和保姆式服务。整合利用科研院所、国家重点实验室、风险投资机构、企业研发机构等优势资源，加大对重大创新创业项目的政策支持和协调，加快海外高层次人才创业园区建设，引进人才，帮助企业提升自主创新和创业能力。

(三) 强化人才基地建设

以"海外高层次人才创新创业基地"为载体，探索人才特区体制机制，在张江高科技园区、陆家嘴金融贸易区、临港新城等重点区域或金融、航运和战略性新兴产业领域，先行先试有关人才引进、培养、使用的新政策、新机制，加快浦东国际人才创新试验区建设。

1. 强化"海外高层次人才创新创业基地"建设

一是在创业融资、财政资助、创新研发、知识产权保护、定向服务、生活保障等方面，出台更具创新性、吸引力的配套政策，将张江高科技园区、陆家嘴金融贸易区、临港新城等重点产业集聚区打造成海外高层次人才集聚高地。二是建立张江"浦东国际人才创新试验先导区"、陆家嘴金融贸易区"海外高层次人才创新创业基地"，为引进的创新创业领军人才及其团队提供良好的工作载体和服务平台。三是建立基地联盟。与中国商飞、宝钢集团等人才基地建立信息共享、服务共享、品牌共享、人才效应共享的"基地联盟"，在人才引进、挂职培养、配套服务等方面开展密切合作。

2. 着力推进"临港创业新城"建设

积极研究创业人才集聚的新思路、新政策、新做法，在临港产业区、临港新城等关联区域，为引进的创新创业项目预留充分的空间载体，搭建服务平台，促进人才集聚，全力打造充满创新创业活力的"临港创业新城"。

（四）先行先试高层次人才支持政策

上海最早提出国际化人才高地建设，出台了一系列培养和引进高层次国际化人才的创新性政策举措。

1. 创新分配激励机制

在创新人才的激励方面，探索建立知识、技术等要素按贡献参与分配制度，先行先试技术分红、技术入股、知识产权折价、股权期权激励等政策，并在张江国家自主创新示范区率先落实。积极落实国家税收优惠政策，相继出台了科研成果转化企业税收减免政策、扶持高层次人才创业的研发投入税前扣除政策，以及海外高层次人才进境合理数量的科研教学物品、个人自用物品等免征进口税政策等，加大了对创业人员和创业企业的税收政策扶持力度，进一步优化了高层次人才创业税收环境。

2. 推进事业单位人事制度改革

在落实事业单位绩效工资时，向高层次人才倾斜。完善高层次人才补充养老、企业年金等多层次保障政策，提高高层次人才退休后养老保障水平。

3. 创新专业技术人才评价机制

探索建立技术人才多元评价机制，逐步完善社会化职业技能鉴定、企业技术人才评价、院校职业资格认证和专项职业能力考核办法。同时，探索建立以科研质量和创新能力为导向的长周期考核标准，作为高校和科研院所薪酬制定、人才聘用和晋升的依据。

三 深圳前海人才特区建设模式及其经验

前海地区位于深圳南山半岛西部、伶仃洋东侧、珠江口东岸，包括南头半岛西部、宝安中心区，紧邻深圳宝安机场与香港国际机场，是珠三角片区"广州—深圳—香港"黄金走廊上的重要节点。在借鉴深圳经济特区成功发展经验基础上，深圳市继续贯彻"先试先行、勇于创新"的精神，2011年8月出台了《深圳市中长期人才发展规划纲要（2011~2020）》，率先在前海深港现代服务业合作区开展了人才管理体制机制、人才政策法规、人才服务体系和人才综合发展环境等方面的探索与实践，力争经过10年努力，前海合作区将达到以国际化人才为主体的80万从业人员的集聚规模，逐步形成人才国际竞争比较优势，打造亚太地区最具创新活力、最优创新环境、最具国际氛围的人才"宜聚"城市。

(一) 实施人才国际化战略

1. 实施重点人才工程

2008年深圳便制定了高层次人才队伍建设"1+6"文件,以引进国内高端人才。2011年实施了引进海外高层次人才的"孔雀计划",以进一步加大国际招才引智工作力度,引进一批能突破关键技术、引领新兴学科、带动新兴产业发展的创新创业领军人才;实施客座专家"智库计划",吸纳集聚一批世界一流科学家、产业领袖、管理大师、文化艺术大师等杰出专家,建立对深圳发展能够提供决策咨询支持的"智力脑库"。扎实推进企业经营管理人才素质提升工程、公职人员能力提升工程、企业精英集聚工程、技能精英培育工程、社工专业人才培养工程等覆盖各领域、各层次人才队伍建设的重点人才工程,大力提升各类人才服务科学发展的能力。实施教育名师造就工程、医卫人才梯队工程、文化精英集聚工程,着力发掘社会发展重点领域专门人才,打造国际化人才集聚地。

2. 积极打造人才引进和交流的国际化平台

吸引国际知名跨国公司在深圳设立研发中心、区域性总部和创新创业中心,充分利用"高交会""文博会""国际人才交流大会"等国家级国际性会议平台,把促进交流合作与引进海外高层次人才有机地结合起来,打造有较大国际影响力的人才智力资源交流合作平台。

3. 加快教育合作的国际化步伐

支持高等院校、科研院所和个人与海外高水平教育科研机构、知名企业开展对外学术交流和跨国跨地区项目合作;规范发展出国留学中介市场;鼓励社会力量参与资助本土优秀人才出国深造,鼓励引导海归人才在深创新创业;设立国际合作研究专项经费,鼓励民间设立各类留学奖学金和合作研究基金,支持本土企业的海外分支机构吸纳当地人才,积极参与国际人才合作与竞争。

(二) 创新人才管理体制机制

1. 分配制度和激励机制

采用市场导向的薪酬机制聘用相关人员,并在深圳市政府确定的薪酬总额内建立绩效考核和激励机制,逐步形成有利于人才创新创业的分配制度和激励机制;优化创业孵化机制;建立健全与国际接轨的创业金融服务体系和技术产权交易平台;积极争取国家支持,探索试行便利的外籍人才口岸通行制度、永久居留权制度等,条件成熟后推广到全市。

2. 探索先行先试的人才政策

目前，前海已纳入经国家批准的广东省专业资格互认先行先试试点范围，在港获得执业资格的医生、律师、会计师等专业人士可以在前海直接为企业和居民提供专业服务等，已取得中国注册会计师资格的香港专业人士可作为内地会计师事务所合伙人；香港投资者可以直接在前海独资开设医院和国际学校等。今后，前海还将在人才签证居留、CEPA执业资格互认、国际人才社区建设、人才交流培训、人才的综合配套服务等方面，进行先行先试政策的探索，着手构建与国际环境相仿、观念相通、文化相融的国际人才特区发展环境。

3. 营造企业所得税与个人所得税"最惠地"

在制定产业准入目录及优惠目录的基础上，对前海符合条件的企业减按15%的税率征收企业所得税；对在前海工作、符合前海规划产业发展需要的境外高端人才和紧缺人才取得的暂由深圳市人民政府按内地与境外个人所得税差额给予的补贴，免征个人所得税。企业所得税和个人所得税两项税收优惠政策的并用与落实，将实现前海地区在企业所得税和个人所得税方面与香港的接轨，营造一个和国际发达城市大体相仿的税收环境，有利于推动现代服务业在前海集聚。此外，前海还积极争取试点，利用深港现代服务业合作区的优势，直接认可香港的执业资质，吸引更多人才。

4. 建立优秀专业技术人才职称评审"绿色通道"

建立以贡献大小、能力业绩、职业道德为导向的科学化、社会化人才评价标准和人才评价机制。被确定为优秀专业技术人才的人可以不受学历、资历、外语等条件的限制，直接向有关部门申报高、中级职称的评定。

（三）实施人才市场化战略

作为国内唯一的深港合作区，前海将加大人才有形市场和无形市场建设；积极引进和发展人才中介服务机构，加大人才市场开放力度，鼓励和支持著名国际猎头公司、国际人才中介服务机构在深圳设立合资或分支机构；推动本土人才中介服务机构的产业化发展。鼓励用人单位向市场购买人才派遣、猎头、培训等服务。充分依托市场拓宽人才创新创业融资渠道，鼓励发展创业风险投资基金，完善科技型、创新型企业信用评价体系。

（四）实施区域人才合作开发战略

前海将以深港合作为核心，加快构建国内国际双向拓展的区域人才合作格局，探索建设前海深港国际人才市场；深化与港澳台人才发展合作，加大教育、培训等方面的交流力度，共同打造专门人才培训基地；以"深港创新圈"为载体，鼓励开展前沿技术研究合作，探索共建共享的有利于区域人才合理流动的体制机制；探索在前海建设深港技术创新合作基地，联手打造世界级的创新中心。加快推进珠三角地区人才合作步伐，重点深化"深莞惠"区域内人才交流合作。加强与国内其他区域的人才合作。

（五）加大创新创业载体建设力度

1. 培育发展一批新型人才载体

加快创业园、孵化器、加速器、专业园、产业联盟建设，为创业人才的不同发展阶段提供有效扶持。大力扶持符合深圳产业发展方向的中小企业发展，为各类人才提供更多的创新与发展舞台。与此同时，加快培养和发展国际性、专业化、科技服务型的社会组织，积极搭建国际性商务平台、投资平台、交流平台、专业技术服务平台等，为创新创业人才提供优质高效的专业化服务。

2. 加快建立大学联盟

充分发挥市属各高校和深圳大学城等院校在吸引和培养领军人才方面的聚集和辐射作用，加快建立中国（深圳）大学联盟，突破高校发展的地域限制，鼓励境外知名高校来深办学，开展双学位项目或中外合作办学项目，以"高校联盟"形式吸引海外留学生，提高教学和科研水平，实现可持续发展。

3. 积极构建研究型人才载体

加快建设国家超级计算深圳中心，积极争取国家重大科研计划项目及国家重点实验室、工程实验室、工程技术中心、企业技术中心等科研基地落户，为各类尖端项目的深化研究提供服务平台。

4. 加大博士后载体建设力度

在现有73家博士后科研工作站和52家博士后创新实践基地基础上，加大对博士后工作站的政策扶持力度，积极筹建新博士后工作站，搭建高层次人才引进、培养的重要载体，争取到2020年全市博士后科研工作站总量达120家，博士后创新实践基地总量达100家。

四　武汉东湖人才特区建设模式及其经验

武汉东湖新技术开发区，位于中国中部特大中心城市——武汉，是我国继中关村后的第二个自主创新示范区，也是我国第一家国家级光电子产业基地所在地，被人们形象地称为"中国光谷"。2009年2月，遵循中央人才发展战略，武汉市委、市政府决定在东湖高新区建设人才特区，按照"国际领先、世界一流"的战略定位，大胆创新人才政策和体制机制，着力实施"3551人才计划"，聚集一批战略科学家、一批高端创新创业人才、一批具有战略眼光的产业领军人才，进一步推进武汉"两型社会"建设，促进高新技术产业加快发展。

（一）加大高层次人才引进支持力度

1. 发挥企业招才引才的主体作用

深入了解重点企业的高层次人才需求，建立企业引才成本分担和引才工作奖励制度，将企业引才成本列入经营成本；同时，为充分发挥企业引才主体作用，政府还根据引进人才的入选计划类型给予企业适当奖励，以调动企业引才积极性，增强企业引才信心。

2. 拓宽荐才引才渠道

一是争取中央及省市支持，拓宽海外高层次人才的引进渠道；二是利用回国留学人员与海外高层次人才的各种关系，积极荐才引才；三是依托专业人才中介机构的信息优势和渠道优势，开展海外高端人才寻访活动；四是利用高校、科研院所的资源优势，通过专家教授推荐企业所需要的高层次人才。

3. 积极实施"3551人才计划"

对海内外取得硕士或博士学位，或获得教授级高工职称，在海内外跨国公司担任过中高级职务，年龄不超过55岁，拥有独立知识产权和发明专利，且其技术成果国际先进，能够填补国内空白、具有市场潜力并进行产业化生产的一流创新创业高层次人才和团队，经评审，可给予60万～500万元的资金支持，用于购房安家补贴、生活津贴、配偶生活补贴等。对引进的能引领高新区产业发展、带来重大经济和社会效益的世界一流团队，最高可给予1亿元的资金资助。对引进的海内外领军人才，给予500万元的扶持资金、500万元的风险投资资金、年利息额50%的贷款贴息的资金支持。目前，东湖聚集了1万多名各类工作和创业的人才；300人入选"3551人才计划"，其中，12人入选国家"千人计划"，5人入选湖北省"百人计划"。[①]

[①] 徐荷、刘祖华：《引领自主创新"光速"前行——来自武汉东湖"人才特区"的实践探索》，《中国组织人事报》2011年8月1日。

(二) 实施人才激励政策

1. 开展股权激励试点

借鉴中关村股权激励、分红激励的成功经验，积极推行技术入股、股权奖励等多种形式的股权和分红激励机制，对34家试点企业作出突出贡献的科技人员和经营管理人员实施期权、技术入股，股权奖励，绩效奖励和增值权奖励等，努力为人才创造良好的创业环境。同时，出台了科技成果转化奖励制度及优惠政策，对高校和科研院所中科技成果完成人给予科技成果转化收益奖励。2010年，迪源光电、南华高速船舶、威仕达软件等一批股权激励试点企业利润增长50%以上，受激励的核心人才薪酬年增长幅度达15%以上。[1]

2. 先行先试人力资本作价出资政策

东湖在资本与人才结合创办高新技术企业政策方面，先行先试允许企业以商标、专利、标准等知识产权作为资本出资创办高新技术企业；经省科技部门认定的高新技术，作为公司出资时可不受出资比例限制。经示范区认定的高新技术人才，可以商标、专利等知识产权以及个人的研发技能、管理经验等人力资本作价出资创办高新技术企业。

3. 实施个人所得税奖励政策

被入驻东湖的世界500强企业聘用或者是被从事光电子信息、生物、消费电子、新能源、环保产业和高新技术服务业的企业聘用，连续2年以上担任副总经理以上职务或者相当职务且年薪15万元以上的，可享受个税返还奖励，标准为其上年所缴纳的工薪个人所得税市、开发区二级地方留成部分的100%。高层次人才创办的企业技术转让所得不超过500万元的部分免征企业所得税，超过500万元的部分减半征收企业所得税。

4. 开通专业技术职称评定绿色通道

先行先试出台职称专审政策，采用不受学历、资历等申报条件和评审常规时间限制的特殊评审方式，为在人才特区实际工作和创业中成绩显著、贡献突出，能力和业绩已达到高级专业技术职务任职资格条件，但因身份、学历、资历等方面不具备所申报专业技术职务任职资格的人才进行

---

[1] 徐荷、刘祖华：《引领自主创新"光速"前行——来自武汉东湖"人才特区"的实践探索》，《中国组织人事报》2011年8月1日。

任职资格评审。

5. 创新人才居住证制度

对于引进的国内外非武汉户籍高层次人才，可以不改变户籍（国籍）、不转人事关系的形式在东湖高新区工作或创业，从投资创业、干部选拔、养老保险、医疗保险到子女入学等，均可享受武汉市民同等待遇。

（三）优化人才创业平台

1. 提供创新创业岗位

支持高层次人才和团队优先入选"湖北省重点产业创新团队"和"湖北省自主创新岗位"并享受相关资助待遇，引导重点高新企业面向海外引进人才设置重要岗位，在重大科研和工程项目中让引进人才有职、有权、有责。

2. 提供科技项目支持

支持"3551人才计划"领军人才和团队领衔承担各类科技计划项目，如省发改委的光电子信息专项、生物产业专项、信息产业专项，省经信委的信息产业专项、中小企业发展专项，省科技厅的重大科技专项、科技研发资金项目、科技型中小企业创新基金等，每年按不低于资助总额30%的比例专门用于支持"3551人才计划"领军人才和高层次创新创业人才。

3. 提供科研服务平台

鼓励和支持大专院校、科研院所建立大型科研设备共享共建平台，优先面向入选"3551人才计划"的人才或团队开放国家实验室、国家重点实验室等公共研发平台；积极面向高新企业提供技术创新公共服务，为创新创业人才提供良好的科研工作条件。

4. 不断加强创新创业载体建设

建设留学生创业园等各类孵化器12家，孵化总面积达125万平方米，以及软件开发与测试、集成电路设计、光电子产品测试等10多个公共服务平台，为高层次人才自主"孵化梦想"提供广阔舞台。

5. 实施"人才项目专员服务"计划

为入选国家"千人计划"、省"百人计划"等的创新人才创办的企业配备人才服务专员，帮助处理企业日常行政、人力资源管理、公共关系、项目申报等工作，为企业起步创业保驾护航。

第三节 人才特区：平潭建构两岸共同家园示范区的必然选择

一 平潭建设两岸人才特区的重要性和必要性

人才是平潭综合实验区经济社会发展的第一资源。在世界多极化、经济全球化、科技革命和产业革命深入发展的背景下，加快平潭人才特区建设，积极探索人才管理创新模式，创新人才工作体制机制，优化人才环境，聚集海内外人才，是平潭综合实验区在激烈的国际竞争中赢得主动的核心要素，也是平潭综合实验区集聚高层次创新创业人才，建设两岸共同家园的重要举措。

（一）建设人才特区是平潭开放开发的必然要求

平潭作为面向台湾的交流合作综合实验区，承载着两岸同胞"共同规划、共同开发、共同经营、共同管理、共同受益"的历史使命，客观上要求汇聚两岸同胞的共同智慧，最大限度地吸引两岸同胞共同参与开发建设，使平潭综合实验区建设在国际上有一定的影响、在国家战略中有重要的地位、对海峡两岸经济区经济社会发展有突出贡献。而要实现这一目标，显然是离不开配套的人才开发合作措施的。从目前看，两岸政界、学界、工商界的许多人士都已认识到，加快平潭综合实验区建设，重点就是要突破现有人才政策的体制机制障碍，并且明确提出了许多设想，如闽台两地"开展高校校际交流，进行教师互访、学生交换"，合作"培养本科、硕士及博士学位"，平潭"重点发展海洋科学、水产和海洋工程等学科群，适度发展信息工程、能源、文化创意、旅游、医药产业，推荐医科、工科、理科、工程、工商管理等人才赴台进修，鼓励科研人才交流协作"，等等。但如何在实践中，以平潭综合实验区开放开发为纽带，以科技教育合作为核心，以中岚组团为主轴，全面加强平台科技教育合作，充分发挥和集合两岸人才与科技优势，推进平台人才开发的紧密合作，仍是一个有待谋划的大课题。

（二）集聚高层次创新创业人才是平潭共同家园建设的根本

高层次创新创业人才是各种生产要素的整合者，科技人员、生产工人、生产资料、资金、管理等，只有在高层次创新创业人才的组织下，才能进入现实的生产经营过程，创造出产品和社会财富。平潭综合实验区现有人才资源总量不足，重点产业发展急需引进高层次创业创新人才。产业和建设项目对人才具有吸附作用。按照《平潭综合实验区发展总体规划》，六大功能区将重点发展高新技术、现代服务、旅游休闲和文化创意等产业，要围绕这些产业的项目，加强人才需求预测和调控，加大人才开发和引进力度，提高人才与产业发展的匹配度，形成人才引领产业、产业集聚人才的良性循环。

（三）建设平潭人才特区是两岸人才开发合作趋势的要求

区域性人才开发合作是指一个国家或地区的人才开发由彼此孤立与阻隔走向相互联系与依赖的合作过程，其核心内容就是人才资源配置的区域化和市场化。这是人才资源开发的客观要求，是经济发展的必然规律和长期趋势，是当今世界人才发展的主旋律，它有力地推动着人才资源开发的深化。

从国际上来看，国家间的人才开发合作早已频繁开展，它以发达国家为中心，并且在全球经济发展中的地位越来越显著，已成为现代化进程中的重要力量。从全国范围看，区域人才开发合作也越来越成为国内人才工作一种突出的趋势和现象，在已进行的长江三角洲、泛珠江三角洲、沪港等区域人才开发合作还在不断拓展其范围的同时，许多新的区域人才开发合作又处在孕育或谋划之中，如东北三省、西部省区、京津等。如此大量的事例表明：在知识经济时代或人才国际化的时代，一个国家或地区只有融入更大范围的人才资源"互补"行列，才能跟上时代前进的步伐。全力推进闽台人才开发合作，打造两地合作的新平台，不仅有利于闽台人才资源开发的相互促进，加强两地人才之间的流动，增强两地人才活力，进一步拓宽两地合作的渠道，从而加速两地经济社会发展，同时也可以作为国内区域人才开发合作的一种先行探索和试验。台湾人才资源要供应内地，福建人才要走向世界，这种要求使双方完全可以整合资源，寻找合作项目，在国内区域人才开发合作中走在前列。因此，推进闽台人才开发合作不仅是两地合作的题中之义，也是区域人才开发合作的需要。鉴于此，我们认为，推进闽台人才开发合作，不仅应成为平潭综合实验区人才开发合作的重点，而且也应成为国家相关发展战略的重心所在。

二　平潭打造人才特区的优势

近年来，平潭抢抓海峡西岸经济区建设的重大机遇，坚持"以一流的薪酬,吸引一流的人才,创造一流的业绩"的人力资源战略,着力搭平台、强基础、优服务,为平潭对台人才特区建设奠定了良好的发展基础。

(一) 人才资源持续汇集平潭

近年来,平潭专门出台了引进人才的各项优惠政策,包括博士研究生、选调生的有关优惠待遇,以及鼓励台湾高校毕业生来平潭工作的优惠政策。目前这些政策已发挥效应,并先后引进了各类人才 1000 多名,其中省里外派 483 名,各类机关事业单位招聘 246 名,协力集团、冠捷科技等企业引进高级管理人才 350 多名,其中博士研究生 38 名、硕士研究生 128 名,这些人才已在平潭发挥重要作用。[①] 此后,福建省委、省政府确立了建设平潭人才特区的战略布局,提出了平潭"四个一千"人才工程计划,面向海内外特别是面向台湾招聘引进各类人才。2012 年 2 月 14 日国务院新闻办召开了"贯彻落实平潭综合实验区总体发展规划暨人才招聘计划新闻发布会",重点发布了"四个一千"人才工程计划,计划提出面向台湾招聘 1000 名专门人才,面向海内外招聘 1000 名高层次人才,从省内选拔 1000 名干部到平潭去工作,对平潭岛现有的干部队伍进行培训,用 5 年时间培训 1000 名干部,即从 2012 年开始用 5 年时间招聘、引进,包括培养、选调 4000 名人才。通过"四个一千"人才工程计划的实施带动平潭人才队伍建设,促进人才快速集聚,使平潭成为两岸人才交流的先行区、各类优秀人才的聚集区。

(二) 引才机制不断创新

平潭综合实验区牢牢把握人才发展形势,把人才工作放在更加突出的位置,以体制机制创新为突破口,已相继出台了一系列优惠政策,实施了多项有力举措,有力地推动了平潭综合实验区的人才建设。在各项人才优惠政策的引领带动下,平潭人才队伍呈现统筹推进、整体开发的发展态势。一是鼓励高层次人才投身平潭开放开发。先后出台了鼓励博士选调生到平潭工作、支持台湾同胞创业发展等优惠政策,并出台了《引进高层次和紧缺人才暂行办法》等。二是分批次从省直单位、其他地市选派、选拔 110 名业务骨干到实验区"挂职",弥补平潭开发建设阶段对各类人才的需求。三是面向

[①] 《平潭人才特区建设研讨会举行 专家:让人才安居乐业》,http://www.fjsen.com/yc/2012-06/21/content bjchy.gov.cn。

海内外公开选拔100多名各类人才，更大范围地吸引人才向平潭有序流动、有效聚集，努力使平潭成为吸引、集聚海内外尤其是台湾高层次人才创新创业的人才特区，为平潭开放开发提供有力的人才支撑。[①]

（三）招才渠道不断拓宽

平潭综合实验区坚持招才引智与招商引资有机结合，借助福建省举办果品博览会和进行一系列重大项目建设等机会，组织参与"6·18"海峡两岸人才交流合作大会等人才交流活动，加强对平潭"四个一千"人才工程计划的推介；通过加强与国台办、省台办、统战部门、外事侨务、科技等部门以及高校的合作，积极组织台湾以及海外高层次人才来平潭参观考察；通过依托驻外机构、闽商社团，设立海外引才工作联络站，推进海外引才工作常态化；通过举办乡情联谊会、外出考察座谈会以及开通乡情联系通道等方式，有效聚合在外人才，并积极创造条件，鼓励他们"返乡创业"，回报家乡；通过发挥园区企业的主体优势，大力推进平潭人才特区阵地化建设。此外，还充分利用电视、报刊、互联网等多种媒体，积极扩大平潭人才政策宣传覆盖面，报道先进事迹，营造招贤聚才的浓厚氛围。

（四）人才发展环境日益优化

平潭综合实验区通过创新人才服务、提供系统综合服务等多项举措，为人才特区营造了良好的人才环境。一是支持台胞在平潭创业。对符合实验区条件的电子信息、新材料、新能源等高新技术产业以及现代服务业企业减按15%的税率征收企业所得税；对注册在平潭的航运企业从事平潭至台湾的两岸航运业务取得的收入，免征营业税；对注册在平潭的保险企业向注册在平潭的企业提供国际航运保险业务取得的收入，免征营业税；对注册在平潭的企业从事离岸服务外包业务取得的收入，免征营业税；对注册在平潭的符合规定条件的现代物流企业按现行试点物流企业营业税政策征收营业税。鼓励和支持台湾高等院校与大陆高校联合创办平潭大学、中高等职业技术学校，同时鼓励台胞独资发展幼儿学前教育，在学校建设用地规划审批、校舍设施建设、基础设施配套等方面给予政策倾斜。二是及时兑现优惠政策，提供人性化跟踪服务，吸引台湾人才到平潭创业发展。对新入驻的台资企业实行税费优惠，凡新入驻并符合鼓励类产业目录及相关条件的台资企业，自纳税年

[①] 孙春兰：《努力建设两岸同胞的共同家园》，http：//www.news.china.com.cn，2012-01-10。

度起5年内，按其年缴纳税收的地方级财政分成部分的不同比例，分别予以奖励；对引进的海内外创新创业团队，根据团队实际情况分别给予300万~1000万元人民币的项目补助，团队带头人和核心成员可申请实验区公共租赁住房；团队带头人5年内缴纳的个人所得税地方留成部分按70%给予奖励；引进的台湾地区人才个人所得税按大陆与台湾个人所得税负差额给予补贴，补贴免征个人所得税；等等。三是通过实施"四个一千"人才工程计划，积极探索研究台湾地区居民受聘担任行政机关公务员以及参与基层社会公共事务管理的途径，加大落实引进台湾高层次人才来闽工作先行先试政策，继续推进在闽台湾地区专业人才职称评审试点工作。与此同时，注重软、硬件建设，优化生产生活环境，激发各类人才乐在平潭、爱在平潭、奉献在平潭。

三 着力推进平潭人才特区建设的政策建议

平潭人才特区之"特"说到底就是要以大开放、大开发为突破口，以大交流、大合作为手段，以大发展、大繁荣为目标，允许有更加宽松的改革权和试验权，实行特殊政策、探索特殊机制、实施特色人才工程，营造特优环境，大量集聚一批海内外尤其是台湾各类专业人才，培养造就一支素质优良、创新能力强、竞争优势突出的人才队伍，把平潭综合实验区打造成为竞争优势明显、机制灵活的人才管理改革实验区和两岸人才集聚区，实现平潭综合实验区超常规发展。

（一）着力实施"四个一千"人才工程计划

依托人才工程培养人才、集聚人才，是推动人才特区建设的重要抓手，也是国内外人才资源开发的重要经验。从目前看，福建省委、省政府已出台并组织实施"四个一千"人才工程计划，以更加特殊的政策和更加灵活的机制面向海内外引进和聘用各类高层次人才。

一是要围绕《平潭综合实验区总体发展规划》中的产业发展布局，按照重点发展高新技术产业、服务业、海洋产业、旅游业、文化创意产业的要求，聚集高层次创业创新人才、引进高素质经营管理人才、培养高技能实用型人才、提升公共管理与服务人才水平，着力建设"三高一优"人才队伍。

二是要坚持立足当前与着眼长远相结合，既着力引进培养当前急需紧缺人才，又着眼储备聚集今后发展所需人才，创新岗位引进、项目引进、柔性引进和引导创业等多种灵活务实的引才方式,促进人才开发与实验区建设同步推进、协调发展、相辅相成。

三是要坚持市场运作与政府主导相结合。以市场为导向,以用人单位为主体,以政府推动为主导,既发挥市场配置人才资源的决定性作用,又加强政府宏观调控,努力建设一支适应平潭综合实验区发展需要的人才队伍。

四是要坚持引进培养与用好用活相结合。大力引进具有国际视野、通晓国际惯例、善于开拓创新的领导人才、高端经营管理人才、专业技术人才,加快提升现有人才培养质量,逐步形成两岸人才快速对接、海内外人才有效聚集、实验区人才有力支撑的格局。

(二)创新人才政策

政策具有导向性、根本性和长远性。创新人才政策是人才特区建设的重点任务,也是增强人才吸引力的重要手段。实行特殊政策,就是围绕人才开发培养、评价发现、选拔任用、流动配置、激励保障、创新创业中的重大政策瓶颈,有针对性地开展改革试验,在台湾和海内外高层次人才签证居留、技术移民、创新创业金融支持、财税优惠、股权激励,以及人才医疗、教育、社保待遇等领域,以超常规的力度,制定一些有重大突破性的政策,为人才优先发展提供特别支持。

一要实施融资优惠政策。设立创业投资服务中心,集成创业投资公司、金融机构、融资担保机构、小额贷款公司以及法律、会计、评估等各类中介服务机构,为各类人才来平潭创业提供投融资综合服务;鼓励成立股权投资基金,引导基金投资新兴产业和科技创新型企业;积极推进在平潭设立省创业创新企业股权融资与交易市场,为平潭技术产权、科技项目成果和非上市创业创新企业股权转让提供高效便捷的融资、交易服务;鼓励商业银行等金融机构创新金融服务和产品,设立科技支行、科技柜台或科技服务等专营部门,专门为科技创新型企业提供金融服务;支持外资、台资、民资等介入小额信贷机构发展;支持平潭企业通过银行间债券市场或证券交易所市场发行短期融资券、中期票据、中小企业集合票据、企业债、非公开定向债务融资工具、中小企业私募债等各类债券产品筹集资金。

二要实施职称直接确认办法。台湾专业人员到平潭综合实验区工作,其专业技术职务和职业资格可直接确认,受聘于国有企事业单位不受岗位和职数限制。积极推进台湾地区的建设、医疗等服务机构及执业人员,持台湾地区相关机构颁发的证书,在平潭开展该证书许可范围内的相应业务;鼓励持有国际通行资格证书的外籍专业人员和台湾地区人才在平潭创业就业，简化从业资格认证手续。

三要探索建立商事登记制度。开展市场主体资格与经营资格分离等方面的试点工作，创造平潭市场主体准入制度优势，满足高层次人才创业需求；全面落实国家工商总局给予平潭的特殊的工商登记管理等政策；支持平潭在台湾地区居民申报个体工商户方面先行先试。

四要实施产品优先政策。将符合条件的高新技术企业的自主创新产品列入福建省政府采购产品计划目录，实施政府采购扶持政策，采取同等优先、价格扣除、减轻企业负担等措施，着力营造政府采购政策环境，促进企业实施科技进步与创新，加快科技成果的产业化步伐。积极落实政府采购支持中小企业发展的相关政策，加强分类指导，鼓励和引导战略性新兴产业内的中小企业积极开拓政府采购市场。

(三) 创新人才创新创业平台

创新需要平台，创新需要载体。平潭两岸共同家园建设，应围绕实践科学发展观和探索两岸"共同家园"模式的要求，密切跟踪国际技术及相关产业的发展趋势，着力打造海外高层次人才创新创业平台，扩大两岸人才交流，深化两岸人才合作，提高人才对平潭两岸共同家园建设的经济发展贡献率，提升平潭乃至海峡两岸经济区的区域创新能力、产业竞争力和可持续发展能力。

一是建立产学研联盟，联合开展攻关，共同培育人才，鼓励建设集研发、孵化、培训为一体的台湾人才创业园；二是扶持建设国家和省高新技术产业开发区、创业创新中心（基地）、研究机构、工程技术中心、重点实验室、博士后工作站、专家服务基地等；三是鼓励台湾地区科研组织在平潭设立分支机构；四是支持平潭引进国际高级职业技能培训机构、国际人才中介机构、国际考试服务机构，探索建设国家级专业人才服务市场。

(四) 创新人才工作体制机制

体制机制管长远、管根本。实施特殊机制，就是要围绕人才工作管理和人才发展中的体制机制障碍进行改革试验，在人才工作统筹协调机制、人才柔性引进使用机制、以用为本的职称评审体制、便利化的台湾和海内外高层次人才投资和签证机制、多元化的人才投入机制、人才跨界流动机制、职业资格跨域认证对接机制、政产学研深度融合机制等方面率先突破，为人才优先发展提供特别动力。

一要引入市场竞争机制。鼓励引导用人单位以市场竞争作为评判人才绩效的外部条件，通过协议工资、项目工资、课题工资制确定其工资收入水平和发放方式，建立与平潭综合实验区经济社会发展水平相适应的工资收入调整制度，提高各类人才待遇。

二要建立完善薪酬激励机制。采取灵活的薪酬制度，支持平潭实施高端人才薪酬奖励资助举措，探索建立市场自主定价，企业支付为主，政府税收返还奖励、人才经费资助为辅的多方位薪酬激励机制；引进台湾地区专门人才，其待遇不低于台湾地区相应职位平均薪酬；探索建立产权激励制度，制定知识、技术、管理、技能等生产要素按贡献参与分配的方法。探索股权和分红激励，以股权激励、股权出售、股票期权等方式对高层次人才实施分红激励，以科技成果投资、对外转让、合作、作价入股的项目收益分成方式对高层次人才实施分红激励。健全以政府奖励为导向、用人单位和社会力量奖励为主体的人才奖励体系，对作出突出贡献的优秀人才予以重奖。

三要健全人才保障机制。完善以养老保险和医疗保险为重点的社会保障制度，健全国家、社会和单位相结合的人才保障体系。引进台湾地区高水平的医疗保健机构及从业人员，在医疗费用结算等方面与台湾地区相衔接；制定台湾地区居民参与平潭社会保险的实施细则，探索建立台湾地区居民在平潭医疗机构就医的支付机制；鼓励在平潭工作的海内外和台湾地区高层次人才参加社会保险；高层次人才配偶随迁并愿意在平潭就业的，由平潭相关部门协调推荐就业岗位；高层次人才的子女入学，可在其居住地就近选择公办的幼儿园或义务教育阶段学校就读，当地教育行政主管部门优先为其协调办理入学手续，其他引进人才的子女入学享受当地居民同等待遇；建设人才公寓，为高层次人才提供定向限价房或租赁住房。

四要健全人才教育培养体系。允许国外和我国台湾地区知名大学进入平潭，鼓励双方开展办学合作；按照国际标准建设国际学校，在有条件的公立学校开设双语班，为境外、国外高层次人才子女接受基础教育提供同等优先的政策待遇；鼓励和支持平潭海洋大学与台湾地区高校开展多种形式的交流合作，引进台湾地区高校优秀教师和管理人才参与平潭海洋大学的办学和发展；鼓励台胞在平潭创办幼儿园。

五要鼓励台湾同胞兼职、参政、议政。允许在平潭居住1年以上的台湾同胞参与平潭县人大、政协，到政府咨询部门，科技、人才、教育职能部门，人民团体、社会团体及直属事业单位兼职或任职；建立两岸共同开发平潭专家咨询委员会，研究两地相关行业协会工作人员交流任职方案，积极探索台湾地区人士参与平潭管理的有效形式和途径，允许在平潭居住的台湾地区人士拥有选举权与被选举权；作出突出贡献、有参政议政能力的外籍高层次人才，可作为特约代表列席、旁听政府部门相关工作会议。

（五）营造促进人才发展的特优环境

环境是人才考量的重要指标，已经成为决定人才去留的关键因素。人才的成长成功需要环境的支撑，优化的环境为人才的发展提供优良的土壤。人才特区是推动人才优先发展的新载体和新平台，其直接目的就是要打造有利于人才发挥作用、实现价值的工作环境、社会环境、文化环境和生活环境。

人才特区，要实行特事特办。针对区域发展急需的人才在编制限制、子女教育、住房需求、项目申请、工商注册、投资审批、出入境管理等方面面临的问题，采取"一事一议""一人一议""绿色通道""一站式服务"等特殊办法，为人才优先发展提供特别保障。

设立国家级知识产权人才培训基地，开展知识产权行政管理和执法人才、企事业单位知识产权人才、专业代理人员等培训工作；向台湾居民开放大陆专利代理人资格考试，允许有资质的台湾居民在实验区设立专利代理机构；支持台湾人力资源服务机构来平潭设立分支机构，放宽合资机构持股比例的限制，在实验区内设立控股或独资人才中介服务机构。

下放人事人才审批权限，简化审批手续。台湾专业人员到平潭工作，其专业技术职务和职业资格可直接确认，受聘于国有企事业单位不受岗位和职数限制。

实行两岸人才便利往来的管理办法。积极向中央争取对台湾地区居民进入平潭免办签注政策，允许持有效台胞证的台湾居民进入平潭综合实验区免办签注，试行台湾居民持卡式台胞证进出平潭综合实验区。进入平潭的台湾地区居民，可到公安机关出入境管理机构申请办理5年有效台胞证及最长2年多次出入境有效的往返大陆签注；在平潭投资、创业、就业、就学等需长期居住的台湾同胞，可申请办理2~5年的居留签注，凭居留签注长期居住和多次出入境。对经确认符合条件的海外高层次引进人才，出入境管理机构给予签发2~5年多次入境有效签证，签发次数不限。对进入平潭的符合条件的台湾地区机动车及驾驶人一次核发最长期限不超过3个月的临时入境牌证，在临时入境牌证有效期内可多次往返，无须重复申请；在海关准许入闽有效期内，临时入闽牌证期满的，可再次申领临时入境牌证。

参考文献

[1] 郑竹园:《大中华共同市场的构想》,《中国人民大学复印报刊资料·台、港、澳经济》1988年第7期。

[2] 孙兆慧、王建民:《两岸经济合作:机制与模式探讨》,《研究与探索》2006年第10期。

[3] 金泓汛:《大陆与台湾的经济关系及中国经济圈的设想》,《改革》1989年第1期。

[4] 翁成受:《台湾经济发展的原因和条件》,《台湾研究集刊》1988年第1期。

[5] 周忠菲:《WTO后两岸经贸关系的特点、短期前景及长期趋势》,《世界经济研究》2003年第11期。

[6] 萧万长:《开放性创新是21世纪两岸合作的契机》,《海峡科技与产业》2007年第4期。

[7] 唐永红、邓利娟:《当前两岸经济合作机制创新的空间与路径》,《台湾研究》2005年第6期。

[8] 林毅夫:《海峡两岸经济发展与经贸合作趋势》,《国际贸易问题》2006年第2期。

[9] 曹小衡:《关于两岸经济合作之研究》,《经济前沿》2006年第2~3期。

[10] 庄宗明:《"两岸共同市场":理念架构及其现实意义》,《国际经济合作》2006年第1期。

[11] 张冠华:《关于新形势下建构两岸经济合作框架的探讨》,《台湾研

究》2008 年第 5 期。

[12] 盛九元：《建立两岸经济合作机制的方式与途径研究》，《世界经济与政治论坛》2009 年第 4 期。

[13] 王建民：《两岸 CECA："第三模式"难催产》，《环球财经》2009 年第 4 期。

[14] 李非：《海峡西岸经济区对台先行先试政策研究》，《福建师范大学学报》2009 年第 6 期。

[15] 林祖嘉：《海峡经济区在 ECFA 中的角色》，《综合竞争力》2009 年第 1 期。

[16] 纪俊臣：《海峡两岸从竞争走向合作的战略模式》，《综合竞争力》2010 年第 4 期。

[17] 黄清贤：《ECFA 后两岸关系的建构主义文化辩证》，《中国评论》2010 年第 9 期。

[18] 顾莹华、陈添枝等：《亚太经济整合对台湾产业发展之影响评估》，台北经济部工业局，2004。

[19] 林高星、丁超：《构建平潭综合实验区特殊财税政策体系的研究——浦东新区、滨海新区经验的启示》，《福建行政学院学报》2010 年第 6 期。

[20] 郭云、张祖建、陈勇松：《金融支持平潭综合实验区政策探讨》，《福建金融》2011 年第 5 期。

[21] 林红：《推进两岸资本市场合作加快建设平潭综合实验区》，《中共福建省委党校学报》2011 年第 8 期。

[22] 方纲厚：《福建中小企业融资与财税惠企先行先试初探》，《内蒙古农业大学学报》2011 年第 6 期。

[23] 徐兆基：《刍议两岸"共同家园"综合实验区及其法制构建》，《福州党校学报》2011 年第 4 期。

[24] 王方玉：《论平潭综合实验区地方立法中的几个特殊问题》，《福建省社会主义学院学报》2011 年第 5 期。

[25] 林建伟、潘书宏：《论地方涉台立法权的适度拓展——以平潭综合实验区为考察对象》，《福建行政学院学报》2011 年第 5 期。

[26] 罗海成、王秉安：《两岸共建平潭国际低碳经济示范岛的设想》，《福建省人民政府发展研究中心内参》2009 年第 2 期。

[27] 庄晨辉、张惠光、沈晖：《平潭综合实验区植树造林改善海岛生态环境对策》，《林业勘察设计》2011年第1期。

[28] 王小平：《论平潭综合实验区保险服务能力建设》，《福建金融》2011年第9期。

[29] 张建忠：《平潭综合实验区成立2年引来海内外千亿元意向投资》，《福建轻纺》2012年第2期。

[30] 李鸿阶、单玉丽：《关于加快推进平潭综合实验区建设的若干建议》，《亚太经济》2010年第3期。

[31] 邓利娟：《平潭产业发展应突出"两岸合作"特色》，《中共福建省委党校学报》2011年第8期。

[32] 吴国培、郑航滨、张立：《平潭综合试验区模式与两岸金融合作发展》，《综合竞争力》2011年第4期。

[33] 邵玉龙、刘正农：《平潭构建两岸信息技术产业合作先行先试区的设想》，《中共福建省委党校学报》2011年第5期。

[34] 姚大光、石培华：《平潭旅游开发的核心资源及潜力分析》，2010海峡论坛·平潭开放开发研讨会，2010。

[35] 陈贵松、陈秋华、陈小琴：《平潭综合实验区对台旅游合作的路径选择研究》，《福建论坛（人文社会科学版）》2011年第9期。

[36] 何明祥：《构建海滨旅游标准服务体系 助推海西建设——以平潭综合实验区为试点》，《质量技术监督研究》2011年第2期。

[37] 刘丹、祝捷：《关于平潭综合试验区物流服务体系建设的若干构想》，《长春理工大学学报》2011年第9期。

[38] 史炳奇：《构筑两岸共同家园》，《政协天地》2007年第3期。

[39] 杨华真：《坚持"先行先试" 构建闽台"共同家园"》，《台湾农业探索》2009年第1期。

[40] 赵新力：《构建闽台和谐城乡群 增强海峡综合竞争力》，《综合竞争力》2010年第4期。

[41] 吴胜武：《让宁波变得"智慧"》，《宁波经济（财经视点）》2010年第7期。

[42] 史璐：《智慧城市的原理及其在我国城市发展中的功能和意义》，《中国科技论坛》2011年第5期。

[43] Jerome L. McElroy, "Tourism Penetration Index in Small Caribbean

Islands," *Annals of Tourism Research*, 1998, (1).

[44] Abeyratne R. I. R., "Management of the Environment Impact of Tourism and Air Transpoart on Small Developing States," *Journal of Air Transport Management*, 1999, (1).

[45] M. Kent, R. Newnham, S. Essex, "Tourism and Sustainable Water Supply in Mallorca: A Geographical Analysis," *Applied Geography*, 2002, (4).

[46] Riaz Shareef, "Small Island Tourism Economies and Country Risk Ratings", *Mathenmatics and Computers in Simulation*, 2005, (4).

[47] Ray Green, "Community Perceptions of Environment and Social Change and Tourism Development on Island of Koh Samui Thaiand," *Journal of Environmental Psychology*, 2005, (1).

[48] Catalina Juaneda, "Balearic Islands Tourism: A Case Study in Demographic Segmentation," *Tourism Management*, 1999, (6).

[49] F. M. Diaz, "The Segmentation of Canary Island Tourism Markets by Expenditure Implications for Policy," *Tourism Managemnt*, 2005, (10).

[50] 陆林:《国内外海岛旅游研究进展及启示》,《地理科学》2007 年第 8 期。

[51] 陆林:《芜湖长江大桥与安徽旅游交通条件的改善》,《人文地理》2002 年第 8 期。

[52] 唐少霞:《立足热带海岛资源特色,打造南国旅游资源品牌》,《经济地理》2004 年第 7 期。

[53] 文善恩:《海南国际旅游岛建设中的外汇服务便利化研究》,《海南金融》2011 年第 1 期。

[54] 文吉:《旅游区域联合开发研究——以粤西海岛旅游开发为例》,《人文地理》2004 年第 8 期。

[55] 王晓华:《推动国际旅游岛建设——对海南成立旅游发展管理委员会的思考》,《今日海南》2007 年第 8 期。

[56] 黄振达:《建立海南"国际旅游岛"的基础性要素》,《经济导刊》2010 年第 10 期。

[57] 张灵杰:《玉环大鹿岛旅游环境容量研究》,《东海海洋》2000 年第 12 期。

[58] 李金克:《海岛可持续发展评价指标体系的建立与探讨》,《海洋环境

科学》2004年第3期。

[59] 林军、施文耀：《福建平潭岛旅游地学资源特征浅析》，《国土与自然资源研究》2000年第3期。

[60] 侯红长、李宗斌等：《平潭岛海岛旅游资源开发战略研究》，《资源开发与市场》2010年第8期。

[61] 骆培聪：《平潭县旅游环境问题及其保护对策》，《福建师范大学学报（自然科学版）》2003年第2期。

[62] 丁丽英：《平潭生态旅游可持续发展研究》，《内江师范学院学报》2010年第3期。

[63] 王润、刘家明、田大江：《基于低碳理念的旅游规划设计研究——以福建省平潭岛为例》，《旅游论坛》2010年第2期。

[64] 林江珠：《开发平潭旅游业之我见》，《鹭江职业大学学报》2002年第1期。

[65] 徐力：《关于平潭海岛旅游业发展的研究》，《商情（教育经济研究）》2007年第2期。

[66] 陈素文：《发展平潭海岛旅游业的战略构想及对策研究》，《福建师范大学学报》2008年第9期。

[67] 李文祥、郑耀星：《平潭先行先试综合试验区旅游业发展的SWOT分析》，《台湾农业探索》2010年第5期。

[68] 陈金华、秦耀辰、何巧华：《自然灾害对海岛旅游安全的影响研究——以平潭岛为例》，《未来与发展》2007年第8期。

[69] 卓祖航：《从共建平潭综合实验区"共同家园"起步推进两岸合作向宽领域　高层次发展——关于平潭综合实验区也是两岸智库合作实验区的探讨》，《发展研究》2010年第12期。

[70] 李碧珍：《两岸共建平潭岛"共同家园"示范区的战略设想》，《福建论坛（人文社会科学版）》2011年第5期。

[71] 林永健：《推进平潭综合实验区跨越发展的战略思考》，《发展研究》2011年第3期。

[72] 赵峥、李娟：《福建平潭综合实验区发展思路与对策研究》，《决策咨询》2011年第3期。

[73] 谢明辉：《加强两岸经贸合作，提升海峡经济区竞争力》，《综合竞争力》2009年第10期。

[74] 张莉:《ECFA 签订后两岸经贸关系发展现状及新趋势》,《国际贸易》2012 年第 7 期。

[75] 陈海基:《探索实践平潭管理新模式》,《中国结构改革与管理》2011 年第 2 期。

[76] 陈雯、吴琦:《海峡两岸产业内贸易动态变化特征分析》,《经济地理》2011 年第 5 期。

[77] 王华、唐永红:《台商投资、两岸贸易与经济增长——对于两岸经济相互依存性的系统度量》,《国际经贸探索》2010 年第 6 期。

[78] 顾国达、陈丽静:《ECFA 对两岸贸易与台湾经济增长的影响研究——基于联立方程组模型的模拟分析》,《台湾研究集刊》2011 年第 5 期。

[79] 黄新飞、翟爱梅、李腾:《海峡两岸一体化对双边经济增长潜力的影响——基于 ASW 理论框架的实证检验》,《中国经济问题》2012 年第 6 期。

[80] 廖玫、唐春艳:《台湾"两岸共同市场"制度构想的经济效应分析》,《价格月刊》2010 年第 6 期。

[81] 李秋正、黄文军:《论两岸经济一体化对大陆和台湾地区经济增长的影响》,《现代财经》2011 年第 5 期。

[82] Deniau, J. F, *The Common Market: Its Structure and Purpose*, New York: Frederick A. Praeger, 1960.

[83] 李鸿阶、林在明:《平潭两岸共同家园建设定位与推进策略——基于两岸"共同家园"的理念和战略层面》,《福建金融》2012 年第 10 期。

[84] 邓名瑛:《建设中华民族共有精神家园的几点思考》,《文史博论》2011 年第 7 期。

[85] 陈萍:《台湾区域整合与两岸跨域合作的思考》,《福建社科情报》2012 年第 1 期。

[86] 陈必滔:《论两岸交流合作前沿平台的构建——解读〈国务院关于支持福建省加快建设海峡西岸经济区的若干意见〉》,《东南学术》2009 年第 4 期。

[87] 彭京宜:《海南国际旅游岛建设的四个层次》,《中共中央党校学报》2011 第 1 期。

[88] 姜红德:《智慧平潭,辐射海西》,《中国信息化》2012 年第 1 期。

[89] 王宇：《绿色经济政策渐渐流行》，《中国经济时报》2009年10月13日。

[90] 金开好：《中国低碳经济发展的现状及问题分析》，《安徽商贸职业技术学院学报》2010年第4期。

[91] 张利群：《低碳经济之欧盟模式》，《国际商报》2011年3月11日。

[92] 华金秋等：《欧盟发展低碳经济的成功经验及其启示》，《科技管理研究》2010年第11期。

[93] 邹公弟：《欧盟已抢占低碳经济制高点　倡导模式输出》，《中国证券报》2010年8月11日。

[94] 赖流滨等：《低碳技术创新的国际经验及启示》，《科技管理研究》2011年第10期。

[95] 刘助仁：《部分发达国家推动节能减排的主要经验及对我国的启示》，《中国发展观察》2007年11月6日。

[96] 黄海：《发达国家低碳管理的经验借鉴及其启示》，《全球科技经济瞭望》2010年第2期。

[97] 邵冰：《日本低碳经济发展战略及对我国的启示》，《北方经济》2010年第7期。

[98] 郎一环、李红强：《构建城市低碳能源体系的国际经验与中国行动》，《中国能源》2010年第7期。

[99] 章宁：《从丹麦"能源模式"看低碳经济特征》，《全球科技经济瞭望》2007年第12期。

[100] 王秉安、罗海成、韦信宽：《两岸共建平潭国际低碳经济示范岛的设想》，《两岸竞争力论坛论文集》，2010。

[101] 胡建伟：《国际滨海度假旅游的发展策略研究》，《广西社会科学》2006年第3期。

[102] 李华等：《滨海型城区旅游地竞争力评价体系构建》，《上海海事大学学报》2007年第3期。

[103] 王诗成：《实施滨海旅游开发工程》，《海洋信息》1997年第8期。

[104] 侯长红等：《平潭岛海岛旅游资源开发战略研究》，《资源开发与市场》2010年第8期。

[105] 邢晓军：《马尔代夫海岛开发考察》，《海洋开发与管理》2005年第2期。

[106] 王树欣、张耀光:《国外海岛旅游开发经验对我国的启示》,《海洋开发与管理》2008年第11期。

[107] 储永萍、蒙少东:《发达国家海洋经济发展战略及对中国的启示》,《湖南农业科学》2009年第8期。

[108] 赵丙奇等:《我国海洋经济发展现状与对策》,《中国国情国力》2012年第6期。

[109] 孙志辉:《加强海洋管理谱写蓝色辉煌》,《海洋开发与管理》2009年第9期。

[110] 吴克勤:《美国扶植海洋高新技术产业的政策与措施》,《海洋信息》1997年第3期。

[111] 宋炳林:《美国海洋经济发展的经验及对我国的启示》,《吉林工商学院学报》2012年第1期。

[112] 向云波等:《世界海洋经济发展趋势及上海海洋经济发展战略初探》,《海洋开发与管理》2009年第2期。

[113] 钟坚:《世界经济特区发展模式研究》,中国经济出版社,2006。

[114] 冼薇:《"人才特区"要素初探及建设构想》,《中国人事报》2010年11月8日。

[115] 王佩亨:《中关村的探索和实践》,《新经济导刊》2012年第3期。

[116] 鲍烨童:《建设中关村人才特区让战略新兴产业唱主角》,《中关村》2011年第10期。

[117] 赵英杰:《中关村打造国家级人才特区》,《投资北京》2011年第6期。

[118] 中关村科技园区管委会:《中关村国家自主创新示范区加快创新发展》,《中国科技产业》2011年第9期。

[119] 李肖璨:《引进与培养并举——我国大力推进国际化人才开发》,《中国组织人事报》2012年2月20日。

[120] 徐荷、刘祖华:《引领自主创新"光速"前行——来自武汉东湖"人才特区"的实践探索》,《中国组织人事报》2011年8月1日。

附录 1
胡锦涛：站在全民族发展高度解决两岸关系问题

2010 年 4 月 29 日

2010 年 4 月 29 日，中共中央总书记胡锦涛在会见中国国民党荣誉主席连战、吴伯雄和亲民党主席宋楚瑜等应邀出席上海世博会开幕式的台湾各界人士时，发表重要讲话指出，我们应该很好地总结经验，站在全民族发展的高度，认真思考和务实解决两岸关系前进道路上的各种问题，进一步作出积极努力，切实为两岸同胞谋福祉、为中华民族谋复兴。

第一，要继续增进两岸政治互信，不断增强两岸关系和平发展的推动力。推动两岸关系和平发展，给两岸同胞带来了实实在在的利益。我们应该继续按照先易后难、先经后政、把握节奏、循序渐进的思路，务实推进两岸关系发展进程，力争取得更多实际成效。

第二，要继续扩大两岸各界交流，不断激发两岸关系和平发展的生命力。两岸关系发展要靠两岸同胞共同推动，两岸关系未来的道路要靠两岸同胞共同开拓。两岸各界应该扩大和深化交流合作，不断凝聚推动两岸关系和平发展的共识，不断共享两岸关系和平发展的成果。我们希望台湾各界同胞以更高的热情和更积极的作为，最广泛地参与到两岸交流合作中来，同大陆同胞一道，为两岸关系和平发展注入蓬勃生机，把两岸关系前途真正掌握在自己的手中。

第三，要继续深化经济合作，不断提高两岸经济的竞争力。目前，两岸正在积极商谈经济合作框架协议，这有利于两岸经济长远发展。两岸只有深化经济合作，才能最大限度地实现优势互补，共同提升竞争力，以更好地适应世界经济发展趋势、参与全球经济竞争。我们会充分考虑两岸经济规模和市场条件不同的实际情况，切实照顾台湾中小企业、基层民众特别是农民的利益。我们希望双方共同努力,让两岸同胞看到这的确是一份互利双赢的好协议。

第四,要继续推动两岸关系和平发展,不断增强中华民族的凝聚力。两岸同胞是血脉相连的命运共同体。今天,经过全体中华儿女不懈努力,中华民族正迎来伟大复兴的光明前景。携手推动两岸关系和平发展、同心实现中华民族伟大复兴,应该成为两岸同胞的共同目标。两岸中国人不仅有责任共同终结两岸敌对的历史,抚平历史创伤,更应当增强休戚与共的民族认同,共同完成中华民族伟大复兴的历史使命。

附录 2
九二共识

"九二共识"指 1992 年 11 月大陆海协会与台湾海基会就解决两会事务性商谈中如何表明坚持"一个中国"原则的态度问题所达成的以口头方式表达的"海峡两岸均坚持'一个中国'原则"的共识。

1987 年底,长达 30 多年的两岸隔绝状态被打破后,两岸人员往来和经济、文化等各项交流随之发展起来,同时也衍生出种种问题。为了解决这些问题,台湾不得不调整"不接触、不妥协、不谈判"的"三不政策",于 1990 年 11 月 21 日成立了得到官方授权的与大陆联系与协商的民间性中介机构——海峡交流基金会,出面处理官方"不便与不能出面的两岸事务"。为便于与海基会接触、商谈,中共中央台办、国务院台办推动于 1991 年 12 月 16 日成立海峡两岸关系协会,并授权以坚持"一个中国"原则作为两会交往和事务性商谈的基础。

1992 年 10 月 28 日至 30 日,两会在香港商谈中,就海峡两岸事务性(公证书使用)商谈中如何表述坚持"一个中国"原则的问题进行了讨论。海协会的基本态度是,海峡两岸交往中的具体问题是中国的内部事务,应本着"一个中国"原则协商解决。在事务性商谈中,只要表明坚持"一个中国"原则的基本态度,可以不讨论"一个中国"的政治含义,表述的方式可以充分协商。

香港商谈结束后不久,1992 年 11 月 16 日,海协会正式致函台湾海基会表示,"在这次工作性商谈中,贵会代表建议在相互谅解的前提下,采用贵我两会各自口头声明的方式表述'一个中国'原则,并提出了具体表述内容,其中明确了海峡两岸均坚持'一个中国'的原则"。"我会充分尊重并接受贵会的建议","现将我会拟作口头表述的要点函告贵会：海峡两岸都坚持'一个中国'的原则，努力谋求国家的统一。但在海峡两岸事务性商谈中，不涉及'一个中国'的政治涵义。本此精神，对两岸公证书使用（或其他商谈事务）加以妥善解决"。海协会的函后并附上了海基会最后提供的表述方案。

12月3日，海基会回函海协会，对达成共识未表示异议。至此，关于"一个中国"原则表述问题的讨论，以形成双方相互接受的两段具体表述内容为结果而告一段落。

附录 3
两岸签署的有关协议

协议名称	签署日期
《海峡两岸红十字会组织有关海上遣返协议》	1990 年 9 月 20 日
《汪辜会谈共同协议》	1993 年 4 月 29 日
《两会(海协会、海基会)联系与会谈制度协议》	
《两岸挂号函件查询、补偿事宜协议》	
《两岸公证书使用查证协议》	
《海协关于增加寄送公证书副本种类事函》	1994 年 12 月 5 日
《海峡两岸包机会谈纪要》	1997 年 6 月 16 日
海协关于确认《港台海运商谈纪要》事函(1)(2)	
《海峡两岸关于大陆居民赴台湾旅游协议》	2008 年 6 月 13 日
《海峡两岸食品安全协议》	2008 年 11 月 4 日
《海峡两岸邮政协议》	
《海峡两岸海运协议》	
《海峡两岸空运补充协议》	2009 年 4 月 26 日
《海峡两岸金融合作协议》	
《海峡两岸共同打击犯罪及司法互助协议》	
《海协会与海基会就陆资赴台投资事宜达成共识》	
《海峡两岸渔船船员劳务合作协议》	2009 年 12 月 22 日
《海峡两岸农产品检疫检验合作协议》	
《海峡两岸标准计量检验认证合作协议》	
《海峡两岸经济合作框架协议》文本及附件	2010 年 6 月 29 日
《海峡两岸知识产权保护合作协议》	
《海峡两岸经济合作框架协议》文本及附件(英文译本)	2010 年 9 月 21 日
《海峡两岸医药卫生合作协议》	2010 年 12 月 21 日
《海峡两岸核电安全合作协议》	2011 年 10 月 20 日
《海峡两岸投资保护和促进协议》	2012 年 8 月 9 日
《海峡两岸海关合作协议》	

附录 4
《平潭综合实验区总体发展规划》

国家发展和改革委员会

二〇一一年十一月

前　　言

平潭综合实验区位于台湾海峡中北部，是祖国大陆距台湾本岛最近的地区，具有对台交流合作的独特优势。为贯彻落实《中华人民共和国国民经济和社会发展第十二个五年规划纲要》和《国务院关于支持福建省加快建设海峡西岸经济区的若干意见》（国发〔2009〕24号）的精神，根据国务院批准的《海峡西岸经济区发展规划》要求，推动平潭在对台交流合作中先行先试，特制定本规划。本规划范围包括海坛岛及附属岛屿，陆域面积392.92平方公里，总人口39万人。规划期至2020年。

本规划是指导平潭综合实验区开发建设和编制相关专项规划的重要依据。

第一章　重要意义和开发条件

第一节　重要意义

当前，两岸关系已站在新的历史起点上，为平潭综合实验区在对台交流合作中发挥更加重要的作用提供了难得机遇。加快平潭开发开放，对于促进海峡西岸经济区加快发展，推动两岸交流合作向更广范围、更大规模、更高层次迈进，具有重要意义。

一、有利于打造推动两岸关系和平发展的新载体。充分发挥平潭独特的区位优势，抓住当前两岸关系和平发展的有利时机，在平潭建设两岸合作综合实验区，有利于开展两岸经济、文化、社会等多领域的交流合作，打造台湾同胞"第二生活圈"，构建两岸同胞共同生活、共创未来的特殊区域，促进两岸经济社会的融合发展。

二、有利于探索两岸区域合作的新模式。通过平潭综合实验区的开发建设，在两岸经济合作、文化交流、社会管理等方面先行先试，有利于探索两岸同胞建设共同家园的新模式和扩大两岸交流合作的新机制，为推进两岸更紧密合作创造和积累经验。

三、有利于开辟新时期深化改革、扩大开放的新路径。通过平潭综合实验区的先行先试，有利于凝聚两岸同胞的共同智慧，充分借鉴国内外成功经验，加快体制机制创新，进一步建立充满生机、富有效率的体制机制，为全国深化改革、扩大开放积累经验、提供示范。

第二节　开发条件

平潭综合实验区地理位置优越，开发空间广阔，具有进一步发展的良好自然条件和深化两岸交流合作的潜在优势。

一、对台区位优势突出。平潭综合实验区地处台湾海峡中北部，距台湾新竹仅68海里，是祖国大陆距台湾本岛最近的地区，是两岸交流合作的重要前沿平台，能够发挥沟通两岸的重要桥梁和纽带作用。

二、自然资源条件优越。平潭岸线资源丰富，拥有良好的港湾和优越的深水岸线，适宜建设大中型港口。旅游资源独具特色，优质沙滩长达70公里，海蚀地貌景观遍及全区，拥有平潭海岛国家森林公园和海坛国家重点风景名胜区；清洁能源资源丰富，可供开发的风能、潮汐能潜力较大，具备加快开发建设的较好基础条件。

三、对台合作基础较好。平潭对台交往历史久远，两地民众交流交往十分密切，商贸文化往来频繁，平潭是祖国大陆最早设立台轮停泊点和开展对台小额贸易的地区之一。随着两岸交流合作的不断深入和拓展，平潭综合实验区的前沿平台作用将进一步凸显。

四、发展空间广阔。作为待开发的海岛，平潭土地资源相对充裕。平潭背靠海峡西岸经济区，发展腹地广阔，在推动两岸交流合作、承接台湾产业转移、促进周边地区联动发展等方面具有较大的发展空间和潜力。

同时，平潭综合实验区发展还面临着一些困难：一是经济发展基础比较薄弱，产业支撑能力相对不足；二是社会事业发展相对滞后，公共服务水平较低；三是生态环境相对脆弱，经济建设与环境保护的矛盾较为突出；四是高层次专业人才相对缺乏，干部队伍整体素质有待进一步提高。此外，适应综合实验区开发建设与扩大两岸交流合作的体制机制还需要进一步完善。

第二章　总体要求和目标任务

第一节　指导思想

高举中国特色社会主义伟大旗帜，以邓小平理论和"三个代表"重要思想为指导，深入贯彻落实科学发展观，牢牢把握两岸关系和平发展的主题，进一步解放思想，大胆实验，着力探索两岸交流合作新模式，着力推动体制机制创新，着力推进全方位开放，着力实现经济、社会、生态协调发展，努力把平潭建设成为两岸同胞合作建设、先行先试、科学发展的共同家园。

第二节　发展定位

突出平潭综合实验区的先行先试功能，创新体制机制，推进两岸更紧密合作，发挥平潭综合实验区在两岸交流合作和对外开放中的先行作用。

——两岸交流合作的先行区。积极探索更加开放的合作方式，实行灵活、开放、包容的对台政策，开展两岸经济、文化、社会等各领域交流合作综合实验，促进两岸经济全面对接、文化深度交流、社会融合发展，为深化两岸区域合作发挥先行先试作用。

——体制机制改革创新的示范区。加快平潭在经济、社会、行政管理等方面的体制机制改革创新，在一些重点领域和关键环节先行先试，争取率先取得突破，为我国新时期深化改革发挥示范作用。

——两岸同胞共同生活的宜居区。开辟两岸往来便捷通道，优化投资环境，完善城市服务功能，健全生活服务设施，创新社会管理服务机制，努力构建经济发展、文化繁荣、社会和谐、环境优美的幸福宜居岛，逐步建设成为两岸同胞向往的幸福家园。

——海峡西岸科学发展的先导区。广泛吸收借鉴国内外先进发展理念和经验，大力推广低碳技术，优先发展高端产业，加快转变经济发展方式，探索走出一条低投入、低消耗、高产出、高效益发展的新路子。

第三节 基本原则

建设平潭综合实验区是全新的探索，要积极稳妥、扎实有序地推进相关工作，在建设和发展中要把握以下原则：

——规划先行，分步实施。坚持高起点规划，高标准建设，优化空间布局，明确各功能区定位。合理确定开发时序和步骤，循序渐进，分步推进实验区建设。

——开放合作，互利共赢。积极推进两岸区域合作，面向世界全方位开放，采取更加灵活的合作方式，吸引更多的合作主体，开拓更广的合作渠道，积极引进境内外资金和先进技术、管理经验、智力资源，努力实现优势互补，互利共赢。

——先行先试，大胆创新。围绕深化两岸交流合作，在开发规划、经营管理、利益共享等方面先行试验，创新经济、社会、行政等管理制度，探索两岸合作新模式。

——统筹兼顾，协调发展。统筹经济与社会、城市与农村、人与自然的协调发展，正确处理开发与保护的关系，实行集约节约开发建设，科学控制开发强度，加强土地资源、水资源和岸线、海域及海岛资源保护，促进经济社会可持续发展。

第四节 发展目标

在统筹规划、分步推进、重点突破的前提下，加快开发建设步伐，力争经过5～10年的努力，使平潭综合实验区建设取得明显成效。

到2015年，连接实验区内外的重大交通通道和市政基础设施显著改善，新兴城市框架初步形成，加快开发开放的基础条件基本完备；特色产业发展迈出新步伐，生态环境质量及基本公共服务水平明显提高；开发开放的体制机制基本建立，全方位开放的格局初步形成；以平潭为节点的两岸往来快速便捷综合交通体系基本建成，对台经济、文化、社会各领域的交流合作更加紧密，两岸交流合作前沿平台功能更加凸显。

到2020年，基本形成以高新技术产业和现代服务业为主导、具有较强竞争力的特色产业体系；基本公共服务和城市化水平显著提高，生态文明建设走在福建前列；基本实现与台湾地区经济全面对接、文化深度交流、社会融合发展，两岸同胞合作建设、先行先试、科学发展的共同家园基本建成。

第三章　发展布局

第一节　功能分区

依据海坛岛及其附属岛屿的自然地理特点，从有利于深化两岸经贸交流、承接台湾产业转移、促进两岸科技文化教育合作出发，统筹规划、科学安排平潭综合实验区的开发建设布局。

一、海坛岛。海坛岛是平潭综合实验区的核心区域。要通过组团推进、分时序开发，逐步构建分工合理、功能互补、协调发展的空间开发格局。

中心商务区，位于海坛岛东中部，主要包括潭城组团（现有城区）、岚城组团、竹屿组团等，重点布局发展两岸合作的高端商务、金融保险、行政办公、高尚居住及旅游服务设施，抓紧完善现有城区及中部新区市政基础设施，着力提升中心城区整体功能，打造布局合理、生态宜居、充满活力的中部核心区。

港口经贸区，位于海坛岛西南部和东部，主要包括金井湾组团、吉钓港组团和澳前组团等，重点发展保税加工、保税物流、货运代理、转口贸易及港口物流业，建设商贸、海产品加工及台湾农产品交易中心。

高新技术产业区，位于海坛岛北部的中原组团，重点布局发展电子信息、新材料、新能源等战略性新兴产业，推广应用低碳技术，努力建设成为两岸高新技术产业基地和低碳科技应用示范基地。

科技研发区，位于海坛岛西北部的幸福洋组团，主要发展研发设计，开展两岸产学研紧密合作，建设两岸合作的产业技术研发及应用基地；探索建立两岸合作的集智能交通、智能生活、智能建筑等为一体的智能化示范新城区。

文化教育区，位于海坛岛中北部的平洋组团及周边地区，规划建设两岸教育合作园区，促进大陆知名高校与台湾相关高校的紧密合作；布局建设文化创意产业园、动漫游戏城，促进两岸设计、广告、传媒等文化创意产业及动漫产业合作，努力建成两岸高等教育、职业技术教育和文化创意产业合作示范基地。

旅游休闲区，主要位于海坛岛东南部的坛南湾组团及邻近岛礁，充分发挥天然海滨沙滩、海蚀地貌等独特海岛旅游资源优势，加强海峡两岸旅游合作，积极发展海上运动、养生保健等旅游休闲产业，加快滨海度假酒店及配套服务设施建设，逐步建成国际知名的观光旅游休闲度假区。

二、附属岛屿。屿头岛、大（小）练岛、东（小）庠岛、塘屿岛、草屿岛等附属岛屿，是平潭综合实验区的重要组成部分，要在充分论证的基础上，选择若干个适合开发的岛屿，明确功能定位，建设各具特色的功能岛。屿头岛主要发展高端居住区、休闲度假区及海洋文物区，建设沉船博物馆和海底文物研究中心、沉船打捞技术研究中心。大练岛主要发展特色船舶（含游艇）修造产业。东庠岛主要发展海洋观光渔业。草屿岛规划建设台湾海峡海上补给基地。塘屿岛规划发展为高端度假区。

第二节 区域统筹

在加快平潭开发建设的同时，要统筹平潭与周边地区的发展布局，在更大范围内促进生产要素合理流动和优化配置，实现区域联动发展。

一、推进与相邻地区的联动发展。依托福清、长乐等相邻地区较好的经济基础和便利的交通条件，加强平潭与相邻地区交通等基础设施对接，统筹产业分工合作，拓展平潭产业发展空间，鼓励相邻地区发展关联产业，增强承接台湾产业转移的区域整体功能，实现平潭与相邻地区优势互补、共同发展。

二、统筹与海峡西岸经济区其他地区的协调发展。平潭综合实验区作为海峡西岸经济区先行先试的突破口，率先实施更加灵活特殊的政策措施，逐步向海峡西岸经济区其他地区推广成功经验，形成重点突破、以点带面、协调推进的对台交流合作新格局。海峡西岸经济区作为平潭综合实验区的直接腹地，要发挥整体功能，推动区域协调发展，为平潭综合实验区开发建设提供坚强的支撑条件。

三、加强与国内其他地区的合作发展。支持平潭综合实验区加强与国内其他地区尤其是台商投资相对集中地区的合作，鼓励这些地区的台资企业在平潭设立区域营销总部、物流分拨中心、产业研发基地，促进优势互补、分工合作、共同发展。积极创新两岸交流合作新机制、新模式等，为其他台商投资相对集中地区提供示范。

第四章　基础设施

按照适应平潭开发开放、服务两岸交流合作的要求，加快交通、供水、供电等市政基础设施建设，构建适度超前、服务便捷、安全可靠的基础设施支撑保障体系。

第一节　综合交通

加快推进平潭与内地的交通通道建设，推动对台通道建设，建立以平潭为节点的两岸往来快速便捷的综合交通体系，将平潭建设成为两岸交流交往、直接"三通"的重要通道。

一、对外交通。加快建设平潭海峡大桥复桥工程，抓紧建设福州长乐至平潭高速公路、福州至平潭铁路，打通海坛岛北部对外连接通道，将平潭纳入福州经济圈。统筹规划港口功能和空间布局，加快建设平潭港区金井作业区，设立国家一类口岸，率先开通平潭至台湾海上快捷客货滚装航线，抓紧实施改造东澳渔港。开展平潭机场选址等前期工作。

二、内部交通。按照快速便捷、低碳环保及智能化管理的要求，高起点规划、分步骤建设海坛岛内交通体系。近中期加快建设环岛公路等主干路网，完善内部路网体系。鼓励推广使用电动汽车和自行车，规划建设智能交通管理系统，适时规划建设岛上轨道交通。

第二节　市政工程

加快建设连接实验区内外的供水、供电设施，完善信息通信网络，构建设施先进、保障有力的市政设施体系，建设生态宜居的海岛城市。

一、供水。提高现有水利设施蓄水能力，完善雨水收集利用系统，挖掘区内水资源潜力。抓紧实施区外调水工程，统筹城镇供水和抗旱应急备用水源规划与建设，提高供水保障能力。抓紧实施从福清应急调水工程，满足近中期开发建设用水需求。积极开展中远期从闽江大樟溪调水工程项目的前期工作。

二、能源供应。加快电网建设，积极发展智能电网，构建安全可靠的电力供应体系。积极开发岛上风能、潮汐能、太阳能等清洁能源，适时实施岛外引入液化天然气工程，优化能源供应结构。

三、信息通信。加快推进宽带通信网、数字电视网和下一代互联网等信息基础设施建设，抓紧规划建设技术先进、高可靠性的广电基础网络，推动"三网融合"。支持在平潭开展云计算专区与信息保税港建设的相关研究，深化两岸信息产业交流合作，鼓励台湾电信运营商和信息增值服务商在海峡两岸经济合作框架协议下与大陆企业合作，努力构建电子商贸服务平台和智能化生活信息平台，为两岸民众和企业提供优质服务。

四、污水垃圾处理。统筹布局建设污水、垃圾处理设施。加快实施城区既有污水管网改造，实现雨污分流。规划建设污水处理厂，加快建立中水回用系统，提高用水循环利用率。抓紧建设垃圾焚烧发电厂，加强垃圾资源化利用和无害化处理，建成高标准的污水、垃圾处理系统。

第三节 综合防灾减灾体系

加强灾害风险管理，加快建立与经济社会发展相适应的综合防灾减灾体系，提高抗御自然灾害的能力。加强两岸在防御气象、海洋和地震等灾害方面的合作，推动建立长效合作机制。加强应对极端气候事件能力建设，按照防洪标准50年一遇、防潮标准100年一遇的要求，高标准建设重点海堤工程和防洪（潮）堤坝，加快防洪排涝设施建设。所有新建和改扩建工程均按烈度7度抗震标准设防，供水、供电、交通和通信等生命线工程以及学校、医院等均按烈度8度抗震标准设防。公共消防设施应与其他基础设施统一规划、统一设计、同步建设。做好人防工程建设。加强两岸海上通航和救援合作，增强对台湾海峡交通和环境等海上突发事件的应急处置能力。

第五章 产业发展

积极开展两岸产业合作，引导台湾高新技术产业、现代服务业等高端产业向平潭延伸拓展,加强两岸在关键产业领域和核心技术方面的联合研发,将平潭建设成为综合竞争力强、辐射带动作用大的新兴产业基地,促进海峡西岸经济区及周边地区产业转型升级。

第一节　高新技术产业

按照"突出重点、优势互补、高端发展"的要求,积极承接台湾及境外高新技术产业转移,重点发展电子信息、新材料、新能源等产业,建设海峡西岸高新技术产业基地。

一、电子信息产业。重点发展光电、新型显示器件、集成电路设计、汽车电子等产业,培育汽车电子产业基地,增强为福州及周边地区电子信息、汽车产业的整体配套能力。深化开源软件、数字内容等领域对台合作,积极发展软件和信息服务业。

二、新材料产业。重点发展电子信息、纳米技术、高分子新材料等产业,推动新材料产业集聚发展,打造海峡西岸新材料示范基地,促进福州、厦门、泉州等地相关产业结构调整和优化升级。

三、新能源产业。充分利用丰富的风能、潮汐能资源,大力发展海上风电,适度发展陆上风电;加强潮汐能发电研究,推动建立潮汐能发电试验基地;加强新能源领域对台合作,推动建立两岸新能源产业研发基地。

第二节　服务业

以承接台湾现代服务业转移为基础,加快发展现代物流、商贸流通、金融、文化创意、会展等服务业,促进产业结构优化升级,建成依托海西、服务两岸的现代服务业集聚区。

一、现代物流业。积极发展保税物流、保税加工和转口贸易,支持发展低温保鲜物流和第三方物流。加快建设集疏运一体化港口配套设施,提升港口综合服务能力。

二、商贸流通业。吸引台湾企业和大型跨国企业在平潭设立营运总部,重点发展转口贸易、电子商务、商贸服务等,支持设立台湾特色农产品、电子信息产品专卖区及临港物流加工增值区,建设两岸商贸物流中转基地。

三、金融业。支持台湾银行、保险、证券等金融机构在平潭设立经营机构或参股平潭金融企业，鼓励设立两岸合作的中小企业信用担保机构和区域性再担保机构；推动发展对台离岸金融业务，办理新台币与人民币兑换业务，促进两岸资金互通。

四、文化创意产业。规划建设两岸文化产业园，打造两岸文化创意产业合作基地，对接台湾文化创意产业，充分利用两岸文化优势资源，大力发展现代传媒、动漫游戏、设计创意等产业，完善文化创意产业链，提升文化产品附加值。

五、会展业。突出区域性、独特性展览主题，积极引进台湾会展企业，举办多种形式的会议、展览、演出和节庆活动，培育大市场，打造两岸会展业合作示范区。

第三节　海洋产业

发挥平潭传统产业和资源优势，引进台湾先进技术和理念，积极发展精致农业、海产品深加工、海洋生物科技等现代海洋产业，努力打造海峡西岸海洋经济示范基地。

一、精致农业。鼓励台湾农民特别是中南部农民到平潭投资兴业，发展设施农业、休闲观光农业和海洋渔业。建设平潭水仙花卉栽培园、海峡渔业科技交流园，推进两岸精致农业合作基地建设。

二、海产品加工。引进台湾先进加工技术，加强两岸海产品深加工、冷冻保鲜技术的合作研发，发展海产品精深加工及关联产业，建设成为辐射大陆市场的台湾海产品加工基地和中转集散中心。

三、海洋生物。加强海洋生物技术研发，积极发展海洋生物提取、海洋生物医药及海洋资源综合利用等新兴产业。

第四节　旅游业

发挥平潭旅游资源优势，加强两岸旅游合作，推动旅游线路对接延伸，共同打造"海峡旅游"品牌，将平潭建设成为国际知名的海岛旅游休闲目的地。

一、滨海度假。加强规划引导，优化旅游发展布局，加快旅游景点及配套设施建设，重点发展以坛南湾、海坛湾为主的滨海旅游度假区，以石牌洋、仙人井为主的海蚀地貌观光区,以君山、南寨山为主的生态旅游观光区,以长江澳、山岐澳为主的海上运动旅游区,形成区域特色鲜明的滨海旅游格局。

二、文化旅游。保护和挖掘南太平洋岛语族、平潭传统民居等地域特色浓厚的文化遗产,开发具有人文特色的体验式文化旅游产品。加强两岸文化旅游合作,共同举办祭妈祖、海峡音乐节、海峡帆船(板)赛、台湾美食节等特色旅游节庆活动。

三、休闲养生。将健康旅游与养生文化相结合,开发多样化的医疗保健、健康护理、休闲养生等高端旅游产品。建设大型购物中心、游艇俱乐部、台湾精品购物街,打造具有特色的海峡两岸高端休闲养生度假区。

第六章 社会事业和生态环境

借鉴台湾地区的先进经验,加强两岸社会事业及生态环保领域的交流合作,努力构建以人为本、均衡发展、人与自然和谐共处的社会发展及生态环境保护体系。

第一节 社会事业

加强两岸教育、文化、卫生等领域的合作交流,高起点发展各项社会事业,促进平潭经济社会协调发展。

一、教育培训。利用台湾高等教育、职业教育方面的资源,加强两岸教育合作,高起点发展高等教育和职业教育,创办两岸合作的高等学校。加快义务教育学校布局调整,提高教学质量,积极发展各类职业培训,加强各级各类劳动力技能培训,为平潭开发建设提供坚强的智力支持和人才保障。

二、文化体育。加快综合性文体设施建设,统筹规划建设图书馆、博物馆、文化馆等文化设施,规划建设沉船打捞技术研究基地、沉船博物馆及海底文物研究中心。合理配置中小型体育中心,适时承办体现海岛特色的体育运动赛事,形成布局合理、设施完善、功能健全的公共文化体育体系。

三、医疗卫生。完善多元化办医体制,鼓励民间资本、境外资本兴办医疗机构，支持两岸合作兴办医疗卫生设施。规划建设城市综合医院、中医院、妇幼保健院等，完善社区卫生服务网络，继续加强农村卫生服务体系建设，提高医疗保健服务质量和水平。加强重大疾病防控、医疗救治等公共卫生机构和卫生监督体系建设，提高突发公共卫生事件应急处置能力。

第二节　生态建设和环境保护

坚持保护优先，加强海岛生态建设，严格保护海岛及周边海域生态环境，推进资源节约型、环境友好型社会建设，努力构建人居环境优美、生态环境良性循环的新兴海岛城市。

一、生态建设。加强近岸海域生态建设和环境保护，建设平潭岛礁海洋生态特别保护区，促进海岛自然生态良性循环。合理开发海岛生态旅游资源，建设海岛生态建设实验基地，加强湿地恢复与保护，维护海洋生态系统平衡。加强君山、南寨山等生态景区的强制性保护，严禁开展不符合功能定位的开发活动，加强水土流失综合防治。生产建设项目要严格执行水土保持方案制度，减少地貌植被破坏和可能的水土流失。加大植树造林力度，加快实施防风固沙林带更新改造工程，扎实推进防护林体系建设，努力构建保障有力、功能完整的沿海绿色屏障和生态安全保护体系。

二、环境保护。引进台湾先进节能环保技术，大力推行清洁生产，发展循环经济，降低排污强度。优先保护饮用水源地，重点开展三十六脚湖等饮用水源地的综合治理，加强集中饮用水源地水质监测，确保饮用水安全。开展海水淡化和海洋可再生资源的研究利用。加强大气污染联防联控工作，改善区域环境质量。加大海上养殖污染治理力度，推行近岸海域的环保养殖活动。加强台湾海峡海域环境综合治理，开展海漂垃圾污染治理，提升海域环境质量。加强环境安全危机防范，提高环境安全突发事件预警和处置能力。

第七章　改革开放

抓住海峡两岸经济合作框架协议（以下简称框架协议）签署的有利时机，发挥平潭在两岸交流合作中的"综合实验"作用，以两岸全面对接为突破口，加快创新体制机制，推动全方位开放，推进平潭开发建设，在两岸交流合作和对外开放中发挥示范作用。

第一节 创新管理体制

充分发扬敢为人先、大胆探索、改革创新的精神，进一步解放思想，更新观念，加快经济、社会、行政等体制改革，努力构建充满活力、富有效率、有利于开发开放的体制机制。

一、健全管理协调机制。按照精简、统一、效能的原则，健全平潭综合实验区管理机构，建立起机构精简、职能综合、结构扁平、运作高效的管理体制和运作机制，为平潭开发开放提供组织保障。

二、创新政府管理和服务方式。深化行政管理体制改革，加快政府职能转变，进一步强化经济调节、市场监管、社会管理和公共服务职能，构建服务型政府。创新政府管理模式，加快行政审批制度改革，完善行政审批方式，规范行政审批程序。加快电子政务平台建设，积极推行网上审批制度。推进行政事业性收费改革，率先实行审批管理"零收费"制度。开展社会管理综合改革试点，推进社会管理改革创新，完善社会管理和服务体系，提高社会管理的科学化水平。

三、优化发展环境。充分发挥市场配置资源的基础性作用，加快发展资本、产权、技术、土地和劳动力等要素市场，完善商品和要素价格形成机制。推进公共资源市场化配置改革，建立多元化的投资机制和规范高效的运营机制，逐步放开公用事业的建设和运营市场。创新市场监管模式，健全行政执法与司法相衔接的监管机制。规范市场经济秩序，营造公平、开放的发展环境。

第二节 探索建立两岸交流合作新机制

在框架协议下，积极推进两岸贸易投资便利化、人员往来便捷化、货物往来畅通化等方面的先行先试。按照先易后难、循序渐进的要求，选择具备条件的部分区域、部分领域，开展两岸共同规划、共同开发、共同经营、共同管理、共同受益的合作试点，积极探索建立扩大两岸交流合作新的体制机制。

在总体发展规划的框架下，借鉴境内外先进经验，组织两岸规划机构共同编制相关专项规划。吸引台湾企业和各界人士到平潭投资兴业，鼓励组成独资、合资或合作开发主体，共同参与开发建设。合理借鉴台湾在经济、社会管理等方面的经验，探索两岸经济、社会、文化更加紧密合作的具体途径和方式，鼓励台湾同胞参与相关经济组织、文化教育、生活社区等方面的经营管理服务，提升平潭经济社会事务管理水平。

依法保护台湾同胞的正当权益，实行对台先行先试措施，积极营造充满活力的创业环境，让在平潭工作生活的台湾同胞共同享受开发建设成果、获得实实在在的利益。

第三节 构建全方位开放格局

以开放促开发，实施更加积极的大开放战略，拓展对外开放的广度和深度，不断提升对外开放水平，形成全方位、多层次、宽领域的开放型经济新格局。

一、健全对外开放机制。按照市场经济和世界贸易组织规则要求，建立高效灵活、稳定透明、法律健全的涉外经济管理体制和运行机制，构建开放型经济发展模式，加快与国际惯例接轨，推动贸易投资便利化。

二、创新招商引资机制。建立对外招商统一平台和协调机制，加大招商选资力度，推动引资方式多元化，切实提高利用外资质量和水平。加强与跨国公司的合作，引导境内外特别是台湾地区资金、技术、人才等要素参与平潭开发建设。规范招商引资行为，创新外商投资管理方式，努力构建规范化、国际化的营商环境。

三、提高利用外资水平。在突出对台合作的前提下，全面推进与国际经济的对接和融合，积极参与全球经济分工合作。积极引进境内外企业到平潭创业投资，着力引进投资规模大、技术含量高、带动能力强、节能环保的重大项目，大力吸引世界500强企业和全球行业龙头企业投资，设立区域物流、营运和研发中心。加强经济、技术、旅游、贸易、园区管理、人才培训等方面的国际合作，推动更高层次的对外开放与交流。

第八章 保障措施

第一节 政策支持

平潭综合实验区开发开放是新时期深化两岸交流合作的重大举措，要切实加强统筹协调,加大支持力度,赋予特殊的政策措施,推动两岸全面对接、融合发展。

一 创新通关制度和措施

按照既有利于平潭开发和人员、货物、交通运输工具进出方便,又有利于加强查验监管的原则,实施"一线"放宽、"二线"管住、人货分离、分类管理的管理模式。

(一)"一线"放宽。将平潭与境外的口岸设定为"一线"管理,承担出入境人员和交通运输工具的出入境边防检查、检疫功能,承担对进出境人员携带的行李物品和交通运输工具载运的货物的重点检查功能,承担对进出平潭货物的备案管理功能,以及承担对枪支弹药、国家秘密文件资料等国家禁止、限制的进出境物品的管理功能。

(二)"二线"管住。平潭与内地之间设定为"二线"管理,主要承担货物的报关等查验监管功能,并承担对人员携带的行李物品和交通运输工具载运的货物的检查功能。

(三)人货分离。对从境外进入平潭与生产有关的货物实行备案管理,区内货物自由流转。平潭与台湾地区之间的人员通关按现有模式管理。对从境外经"一线"进入平潭和经"二线"进入内地的旅客携带行李物品的具体规定和通关管理办法,分别由财政部、海关总署会同有关部门制定。

(四)分类管理。允许平潭居住人员,允许平潭建设商业性生活消费设施和开展商业零售等业务,发展符合平潭功能定位的产业。

(五)监管模式。设置环岛巡查及监控设施,确保有效监管。

上述分线管理模式,在条件成熟时予以实施。具体监管方案和通关管理办法,由海关总署、财政部等有关部门会同福建省人民政府制定。

二 税收政策

(一)对从境外进入平潭与生产有关的货物给予免税或保税,生活消费类、商业性房地产开发项目等进口的货物以及法律、行政法规和相关规定明确不予保税或免税的货物除外。货物从平潭进入内地按有关规定办理进口报关手续,按实际报验状态征税,在"一线"已完税的生活消费类等货物除外。内地与生产有关的货物销往平潭视同出口,按规定实行退税,生活消费类、商业性房地产开发项目等采购的内地货物以及法律、行政法规和相关规定明确不予退税的货物除外。平潭企业将免税、保税的货物（包括用免税、保税的料件生产的货物）销售给个人的，应按规定补齐相应的进口税款。在"一线"不予免税或保税、"二线"不予退税的具体货物清单由财政部、税务总局、海关总署会同有关部门审定。

（二）对设在平潭的企业生产、加工并经"二线"销往内地的货物照章征收进口环节增值税、消费税。根据企业申请，试行对该内销货物按其对应进口料件或按实际报验状态征收关税政策，经实际操作并不断完善后再正式实施。具体操作办法由海关总署会同财政部、发展改革委和商务部制定。

（三）对平潭企业之间货物交易免征增值税和消费税。具体政策措施及操作办法由财政部、税务总局商有关方面制定。

（四）在制定产业准入及优惠目录的基础上，对平潭符合条件的企业减按15%的税率征收企业所得税。产业准入及优惠目录分别由发展改革委、财政部会同有关部门制定。

（五）对注册在平潭的航运企业从事平潭至台湾的两岸航运业务取得的收入，免征营业税；对注册在平潭的保险企业向注册在平潭的企业提供国际航运保险业务取得的收入，免征营业税；注册在平潭的企业从事离岸服务外包业务取得的收入，免征营业税；注册在平潭的符合规定条件的现代物流企业享受现行试点物流企业按差额征收营业税的政策；积极研究完善融资租赁企业的税收政策，条件具备时，可进行试点。

（六）在平潭工作的台湾居民涉及的个人所得税问题，暂由福建省人民政府按大陆与台湾个人所得税负差额对台湾居民给予补贴，纳税人取得的上述补贴免征个人所得税。

（七）在平潭设立出境开放口岸的前提下，按现行有关规定设立口岸离境免税店。参照现行大嶝对台小商品交易市场模式，支持在平潭设立一个台湾小商品交易市场。

三 财政和投资政策

（一）中央财政加大转移支付力度，支持福建省加快平潭综合实验区开发建设。

（二）中央投资加大对平潭综合实验区基础设施建设的支持力度。

（三）结合海峡两岸经济合作框架协议后续商谈，积极研究放宽台资市场准入条件和股比限制等政策，支持在平潭综合实验区先行先试。

四　金融政策

（一）支持台湾金融机构在平潭设立经营机构，支持银行业金融机构在平潭设立分支机构。

（二）允许福建省内符合条件的银行机构、外币代兑机构、外汇特许经营机构在平潭综合实验区办理新台币现钞兑换业务。

（三）支持符合条件的台资金融机构根据相关规定在平潭设立合资证券公司、合资基金管理公司，支持平潭综合实验区在大陆证券业逐步扩大对台资开放的过程中先行先试。

（四）允许在平潭综合实验区的银行机构与台湾地区银行之间开立人民币同业往来账户和新台币同业往来账户，允许平潭综合实验区符合条件的银行机构为境内外企业、个人开立人民币账户和新台币账户，并积极研究具体操作办法。

（五）允许平潭综合实验区内的台商投资企业在境内发行人民币债券，探索在香港市场发行人民币债券。

五　方便两岸直接往来政策

（一）支持设立平潭水运口岸，并在东澳和金井湾设立两岸快捷客货滚装码头，列为对台海上客货直航点，构建两岸直接往来快捷通道。

（二）允许符合条件的平潭居民及在平潭投资、就业的其他大陆居民经批准办理往来台湾地区一年有效多次签注。根据两岸人员往来和平潭综合实验区建设的实际需要，适时简化两岸人员出入境手续，进一步便利两岸人员往来。

（三）在现行境外驾驶人、境外车辆的相关管理规定基础上，将办理临时牌照权限下放至平潭车辆管理部门；允许台湾地区机动车在临时牌照有效期内多次自由进出平潭。

六　方便台胞就业生活政策

（一）允许台湾地区的建设、医疗等服务机构及执业人员，持台湾地区有权机构颁发的证书，在其证书许可范围内在平潭综合实验区开展相应业务。

（二）在平潭综合实验区内就业、居住的台湾同胞可按国家有关政策规定参加当地养老、医疗等社会保险。

七　土地配套政策

（一）支持平潭综合实验区开展土地管理改革综合试点，积极探索土地管理改革新举措、新政策。

（二）优先保证平潭综合实验区开发建设用地，其用地计划指标由福建省人民政府单列并予以倾斜。

（三）允许平潭综合实验区按照国家规定合理开发利用海坛岛周边附属海岛及海域，对重大项目用海的围填海计划指标给予倾斜。

在新的通关制度实施前，要先行落实不受其约束的其他优惠政策。

第二节　组织实施

福建省人民政府要切实加强对规划实施的组织领导，加大对平潭综合实验区建设的支持力度，推动产业、资金、人才向实验区集聚，为其长远发展奠定坚实基础。要完善工作机制，落实工作责任，按照规划确定的发展定位、空间布局和发展重点，组织编制实施产业发展、基础设施等专项规划，选择和安排建设项目，有序推进开发建设。

国务院有关部门要按照职能分工，制定支持平潭综合实验区开发建设的具体政策措施。要加强部门之间的沟通和协调，指导和帮助解决规划实施过程中遇到的问题。

平潭综合实验区的开发开放事关两岸关系和平发展大局，福建省人民政府和国务院有关部门要充分认识平潭综合实验区开发建设的重大意义，以规划实施为契机，以更高的站位、更大的魄力、更实的举措，加快推进平潭综合实验区开发建设，为推进两岸关系和平发展和祖国和平统一大业发挥更大作用。

附录5
《平潭综合实验区旅游发展总体规划》纲要

一 《平潭综合实验区旅游发展总体规划》编制的基本情况

国务院《关于支持福建省加快建设海峡西岸经济区的若干意见》明确提出"在现有海关特殊监管区域政策的基础上，进一步探索在福建沿海有条件的岛屿设立两岸合作的海关特殊监管区域，实行更加优惠的政策"和"探索进行两岸区域合作试点"，为平潭在更宽领域、更高层面上开展两岸区域合作提供了重要政策依据。根据这一精神，省委、省政府在深入调研的基础上，省委八届六次全会作出设立平潭综合实验区（以下简称平潭实验区）的决定。随后进行的《平潭综合实验区总体发展规划》中指出，旅游业是平潭实验区的重点发展产业，将平潭实验区打造成为具有国际竞争力的海岛旅游休闲胜地。为科学指导平潭实验区旅游的开发建设，实现平潭旅游业跨越式发展，2009年9月，平潭综合实验区旅游局委托中国科学院地理科学与资源研究所开展编制《平潭综合实验区旅游发展总体规划》（以下简称《总体规划》）。其间，福建省旅游局与平潭综合实验区管委会对《总体规划》的初稿举行三次征求意见会，为规划的编制提出修改意见与进一步的工作要求。

二 促进平潭实验区旅游发展的战略意义

平潭实验区建设是探索两岸合作新模式，建设两岸同胞的"共同家园"的重要载体。旅游业是平潭实验区开发建设的重要产业支撑。主要体现在以下七个方面：第一，促进海峡两岸经贸交流，推进先行先试实验区建设。以旅游促商贸、以旅游促基础设施建设、以旅游营销扩大知名度。第二，促进城市化进程，助力新兴海岛城市建设。以海岸开发带动滨海城市建设。第三，促进对外开放，打造海西旅游前沿阵地。"以旅为媒"参与海峡西岸经济区建设，凸显出"海峡旅游"的品牌效益。第四，促进生态环境保护，打造世界自然遗产地。通过旅游业发展加强自身的生态环境建设，通过申报世界自然遗产，增强平潭实验区的综合竞争力。第五，促进产业结构优化，迈入休闲城市新时代。通过旅游业的乘数效益，来促进一、二产业的发展，最终实现产业结构的优化升级。第六，促进闽台文化传承，建设人文平潭。彰显平潭地方人文特色，推动平潭城乡社会主义精神文明建设。第七，促进全岛一体发展，建设和谐平潭。兼顾社区居民利益，真正实现"强岛富民"的目标。

三 旅游发展优势与机遇

平潭实验区拥有优美的自然风光。四面环海，自然条件优越，素有"百岛千礁"之称，集海岛风光、滩湾沙景、海蚀地貌和山地森林等自然景观于一体。平潭具有优越的旅游资源优势。沙滩型、岛屿型、山岳奇石型、保护地与遗迹型、工农商贸型、军事与红色旅游型、宗教与民俗型七大类资源各具特色。平潭具有悠久的闽台文化传承。当地继承闽越文化的遗风和古代中原文化的精髓，同时又受到佛教与基督教的影响，中原与海外文化习俗的冲突，形成独有的海洋文化。平潭岛型取义"麒麟"，素有"吉祥岛"之称。平潭与台湾具有深刻的历史渊源。壳丘头遗址表明早在 4000 年前台湾海峡曾出现"陆桥"，是海峡两岸亲缘关系的见证。平潭人移居台湾人数众多，在台湾的同胞多达数十万。台湾与平潭岛具有相同的地名"苏澳"，也有相同的街名"北厝"。平潭实验区拥有得天独厚的区位条件。平潭地处海峡西岸经济区的核心地带，是西太平洋国际航线的中点，规划建设有平潭海峡大桥、平潭高速公路、京台铁路、环岛路以及多个港口，通过海运、铁路、航空、公路与周边地区形成了立体的交通网络。平潭实验区具有旅游发展的优势机遇。台海关系的改善为开展区域旅游合作提供了良好契机。平潭岛距台湾新竹港仅 68 海里，在未来两岸经贸交流中，起着桥梁沟通作用。综合实验区建设启动，政策优势显现，发展逐渐受到各级政府的重视，"海峡旅游"品牌凸显。交通瓶颈突破，平潭旅游发展迎来重大机遇。

四 平潭旅游发展面临问题与破题

平潭实验区旅游发展面临着困难与考验。海岛环境具有脆弱性。淡水资源匮乏，生物种群的抗干扰能力差，自我恢复能力较低，易受台风、大风、暴雨等自然灾害的影响，因此岛屿的生态系统十分脆弱。海岛型旅游资源存在同类旅游地的竞争，国内的海南岛、舟山群岛、湄洲岛、厦门岛、玉环岛、南澳岛，国外的普吉岛、巴厘岛、塞班岛、夏威夷岛等国内外同类旅游地在气候、环境、水文及资源等方面与平潭相似。上述岛屿开发时间早、旅游设施完善、服务和管理水平高、旅游产品多样，已经树立了稳固的海滨海岛旅游地形象，在国内外旅游客源市场上具有很强的竞争力。因此，平潭旅游发展亟须破解三大课题：找到旅游发展的突破口，破解旅游淡季设施闲置的难题，利用实验区开发加快旅游基础设施建设。

五 总体定位与发展目标

发挥平潭旅游资源优势、生态优势与区位经济优势，以海岛风光、尚品购物、康体运动、海洋文化为支撑品牌，采用重点突破战略、基础设施先行战略，加快先行先试政策制定。最终将平潭建设成为生态环境优美、旅游要素齐全、产业结构先进、商业贸易活跃的港口城市和集观光、休闲、度假、疗养、会议、商贸、娱乐于一体的国际海岛旅游目的地。

比肩"滨海度假胜地"海南岛与"尚品购物天堂"香港，以"滨海度假新天地，尚品购物新天堂"为旅游发展蓝图，打响"东海麒麟宝岛，商品购物天堂"的口号，以尚品购物旅游发展统领旅游产品建设，积极争取灵活的自由贸易政策，建设亚洲最大的国际名品购物城与集散中心，参照国际先进经验，引进多种购物业态。重点发展冲浪运动为主要内容的康体运动产品，全面发展海岛观光、休闲度假、文化体验旅游产品，最终形成平潭旅游以尚品购物与冲浪运动为核心吸引力的多种产品形式协调发展的特色。

通过不断努力，以旅游业促进海洋渔业、房地产业、对台贸易、物流产业和高新技术产业的发展，带动海岛城市建设。将旅游业打造成为平潭实验区国民经济的战略性支柱产业与先导产业，促进城市化质量提升的重要支撑。

到 2015 年，全区旅游接待总人数突破 180 万人次，年均增长 40%；国内旅游综合收入达 36.3 亿元，旅游外汇收入达 0.25 亿美元；旅游业总收入相当于 GDP 的比重达到 10%。全区基本形成了初级的旅游产业体系，宾馆床位达到 11000 张，旅游基础设施得到明显改善，旅游业成为平潭现代服务业的先导产业，带动特色渔业与现代服务业的发展。建成国家 AAAAA 级景区 1 处。平潭成为海峡西岸旅游区的前沿阵地和国内著名的海岛度假胜地。

到 2020 年，全区旅游接待总人数突破 590 万人次，年均增长 25%；国内旅游综合收入达 165.9 亿元，旅游外汇收入达 2.3 亿美元；旅游业总收入相当于 GDP 的比重达到 15%。全区基本形成了较为完善的旅游产业体系，旅游设施完善，宾馆床位达到 49000 张，旅游服务质量和管理水平达到国际先进水平，旅游产业结构更趋合理，旅游产业链基本形成，产业竞争优势得到进一步提升，成为平潭的主导产业。通过建成世界自然遗产地和世界地质公园，使其成为东南亚知名的海岛度假胜地。

到 2025 年，全区旅游接待总人数突破 1000 万人次，年均增长 13%；国内旅游综合收入达 468.8 亿元，旅游外汇收入达 9.17 亿美元；旅游业总收入相当于 GDP 的比重达到 20%。平潭旅游经济与国民经济互动持续发展，全区形成了完善的旅游产业体系，宾馆床位达到 87000 张，旅游基础设施先进，旅游产业结构优化，旅游业的产业功能和经济优势得以充分有效的发挥，成为国民经济的主导产业与战略性支柱产业。平潭将被打造为国际知名的海岛度假胜地。

六　分区功能定位

依据平潭旅游资源分布特征、城市未来发展方向以及现有的旅游业发展条件，着力打造四大区域：城市休闲旅游板块、坛南湾度假旅游板块、泮洋生态旅游板块和幸福洋乐活旅游板块。

城市休闲旅游板块在空间上占据平潭老城区域，包括潭城组团、岚城组团和澳前组团。完善城市旅游接待服务功能，建设海峡旅游集散中心、休闲娱乐中心与接待服务中心。依托龙凤头海滩的优质滨海旅游环境，加快滨海旅游产品开发的创新，积极建设龙凤头滨海观光休闲旅游带，引入商务酒店、滨海城市休闲、大众滨海娱乐项目。依托澳前组团区位和贸易合作优势，发展为游客提供综合旅游服务的、具有台湾风情的渔人码头。以亚洲最大尚品购物城为板块引爆点，通过打造具有台湾风情的特色酒店、闽台建筑风格时尚购物街区和多元化餐饮服务，形成澳前组团尚品购物品牌，与潭城共同树立"台海贸易大港·海岛风情小城"的旅游形象。

附录5 《平潭综合实验区旅游发展总体规划》纲要

坛南湾度假旅游板块以坛南湾旅游度假区、山岐澳沙地运动旅游区和南海康体运动岛为三大主体,以"阳光海岸·海上休闲"为总体定位,形成功能定位鲜明、旅游产品差异化发展的旅游功能板块。依据沙滩特征合理进行功能区划,整合坛南湾13座沙滩打造国家级旅游度假区。引进国际著名度假集团,开发度假酒店集群、分时度假酒店、度假海滩、游艇俱乐部等品牌项目,形成坛南湾高端海滨度假旅游产品,同时辅以海滨浴场和中档度假酒店等大众休闲娱乐旅游产品,把坛南湾建设成以度假、休闲、观光和娱乐为主要功能的滨海休闲度假区。敖东组团以海上冲浪基地、帆船帆板运动基地、沙地运动基地和沙雕为引爆点,重点发展冲浪运动与赛事,加入帆船帆板、风筝、沙滩排球等沙滩娱乐项目,联合将军山独特的山海风光旅游资源,积极打造山岐澳运动旅游区。整合草屿与塘屿旅游资源,以海坛天神为海洋福音文化符号,建设海上高尔夫会所、马术俱乐部、商务会所等高端度假产品。利用南海组团周边的无人岛屿,建设世界海岛博览主题公园。

泮洋生态旅游板块涵盖海岛西岸以石牌洋风景区为龙头的石牌洋海上丝路旅游区、长江澳君山生态旅游区和以王爷山为主体的东海览胜自然风景区,通过三大景区的开发建设树立"海上扬石帆·东海览仙境"的旅游形象定位。石牌洋海上丝路旅游区以海蚀地貌观光、海上丝路航线为重点项目,发挥苏澳组团海洋产业、渔业经济优势,结合社会主义新农村建设,大力发展渔家乐形式的第三产业,将海坛岛东北部打造为一处融合观光、娱乐为一体的海上观光旅游区和游客接待服务中心。北部长江澳风能发电产业和君山自然旅游资源,形成以科普教育、山林野趣、步行登山为主要旅游功能的综合旅游区。东海览胜自然风景区以"仙人井"海蚀地貌景观和王爷山现代军事遗迹为重点旅游资源,面向周边城市休闲旅游市场和专项旅游市场,建设以山海览胜、军事野营教育、野地拓展基地为主要活动内容的生态观光区与风景游览区。

幸福洋乐活旅游板块以火烧港新城组团、幸福洋新城组团与南寨山郊野公园为核心,打造"清雅闲适郊野·乐活宜居岛城"的形象。围绕南寨山石景群和植物资源体系,以生态旅游产品为主导,开展自然观光游览和专项郊游活动,形成南寨山自然郊野游憩空间,保护三十六脚湖的自然环境,维护平潭建成区的生态安全。幸福洋围垦区是城市发展新区,通过科学规划,引入现代都市休闲元素,开展跑酷、电子竞技、营地闯关活动,建设健身会所、快餐集群、休闲水吧,建设乐活城市娱乐综合体。发挥火烧港地区的交通优势，建设商务休闲中心区，发展高端商务酒店、酒吧街等都市休闲项目。

七　近期重点建设项目

平潭实验区旅游发展总体规划共涉及四大板块的建设开发工程，在时间和空间的发展时序上，需要综合考虑城市规划、旅游资源特征以及政策方针，立足现状、大胆假设、谨慎安排，以稳健和有序的发展步伐实现旅游产业的跨越式发展。规划近期，着力打造城市休闲旅游板块，以龙凤头滨海休闲带和澳前名品购物城为引爆点，树立海岛城市与购物天堂旅游品牌，完善游客集散中心与接待服务中心的建设，发挥全区游客接待的核心旅游功能。尽快启动坛南湾度假旅游板块的建设工程。近期选址建设高星级海景商务酒店，引导中高端游客向坛南湾集中。形成拳头旅游产品，并逐步带动山岐澳海上运动与娱乐旅游区和南海康体运动岛的发展。构建基础的观光旅游产品，推出"三山一线"：将军山、王爷山、猴岩山与海上丝路观光线。

规划近期建设13项重点项目。其中观光项目4项：将军山景区、王爷山景区、猴岩山景区与海上丝路观光航线；度假项目3项：龙凤头海滨欢乐浴场、世界海岛博览公园、海上高尔夫；接待设施建设4项：海峡旅游集散中心、龙凤头游客中心、坛南湾酒店、南海旅游码头；娱乐项目2项：名品购物城与龙凤头滨海休闲带。13个项目共需旅游建设用地约14平方公里、投资金额55亿元。通过13个近期重点项目的建设，能够满足游客的观光、度假、娱乐、交通、商务、购物需求，同时通过基础设施建设、标识系统完善、"数字平潭"信息化网络构建，近期可形成较为完备的目的地旅游产品体系。

八　旅游产品与市场营销

平潭将成为以尚品购物旅游产品与滨海休闲度假产品为龙头，以海上运动旅游产品、海岛休闲度假旅游产品与滨海山地观光旅游产品为特色的旅游产品体系，彰显平潭的海峡品牌；并以探险旅游产品、海洋主题公园产品、现代产业旅游示范点、平潭渔家特色乡村旅游产品为补充，完善旅游产品谱系。

近期重点推出八大主题旅游产品。打响"免税贸易"品牌，创新亲情海峡购物之旅；彰显海岛特色，主推阳光海岸度假之旅；推出"三山一线"，发展浪漫山海观光之旅；举办冲浪赛事，引爆蓝色东海冲浪之旅；开发野地拓展，发展军事遗址探秘之旅；延伸风电产业链，发展绿色产业科普之旅；结合新农村建设，优化民俗美食体验之旅；串联远洋遗迹，发展海洋文化寻踪之旅。

逐步推进旅游市场开发，以海西经济区、泛长三角与珠三角地区为一级核心市场，以环渤海地区为国内重点开发的二级市场。近期辐射到我国东部主要客源市场，远期辐射到中西部主要客源市场。在国际市场方面，近期开拓台湾市场、华人华侨探亲访友市场、港澳市场和日韩市场。通过平潭旅游形象评选活动、平面媒体与网络媒体促销、电视广告与影视剧促销、旅游标识系统建设、举办沙滩节与祭海节、举办帆船帆板与冲浪赛事、参加旅游交易会等营销策略积极推广"平潭旅游"。

九　旅游交通规划

加快干线快速通道建设步伐，全面策划旅游交通线路，构筑综合立体旅游交通网络，逐步建成体系完备、设施先进、服务优良、功能齐全的旅游交通网络。第一，打造畅通的对外交通。加快规划二桥、京台高速、京台高铁、支线机场与平潭火车站的选址建设。第二，打造便捷的海岛水上游览体系。建设1个邮轮码头：姜山码头（建议）；4个游船停靠码头：苏澳码头、竹屿码头、平潭客运码头与南海码头。第三，打造宜游的旅游公交系统与步游径系统。开通环岛旅游观光巴士，建设4条景观步游径。第四，发展低碳旅游交通模式。通过海峡旅游集散中心沟通对外交通，以公交系统连接集散中心，鼓励旅游区内自行车与电瓶车的应用。第五，打造信息化的旅游引导系统。建设"目的地管理系统（DMS）"与"数字平潭"，实现游客与目的地的无障碍信息交流。

十　旅游环境保护规划

将"低碳理念"融入旅游发展的各个环节。注重水环境、大气环境、人文环境的保护，通过噪声监测与预警、污水处理扩容、垃圾分类、星级公厕建设、景区容量控制、整岛分区保护、宣传与教育等手段保护平潭的旅游环境。

建设五大景观绿化组团（猫头乾山-龙头山-芙蓉寨山组团、君山-杨梅山组团、莲花山组团、南寨山组团、程安山-跨海山-牛寨山组团）

与四大景观廊道（环岛景观廊道、君山－莲花山景观廊道、君山－杨梅山－程安山景观廊道、程安山－南寨山－大腰山景观廊道），为旅游发展提供良好的景观背景。

十一　规划实施的保障措施

为将平潭打造成国际海岛目的地，旅游发展的保障措施涉及以下五个方面：第一，通畅快速的管理保障。成立旅游发展委员会与旅游行业协会组织，试点旅游资源与旅游管理一体化。第二，先行先试的政策保障。争取免税购物政策与落地签自由行政策，尝试旅游项目创新。第三，合力兴旅的资金保障。加快小额信贷体系建设，成立旅游发展基金，鼓励民间旅游借贷融资。第四，创新优先的人才保障。建立旅游专家智库，制定完善的旅游人才引进政策，加强从业人员的培训与考评。第五，科学有序的法制保障。制定平潭实验区的旅游地方法规与旅游行业标准。

图书在版编目(CIP)数据

平潭岛两岸"共同家园"示范区的构建战略/李碧珍著.
—北京:社会科学文献出版社,2014.5
(马克思主义理论与现实研究文库)
ISBN 978-7-5097-5815-1

Ⅰ.①平… Ⅱ.①李… Ⅲ.①岛-区域发展战略-研究-福建省 Ⅳ.①F127.57

中国版本图书馆 CIP 数据核字(2014)第 058686 号

·马克思主义理论与现实研究文库·
平潭岛两岸"共同家园"示范区的构建战略

著　者 / 李碧珍

出 版 人 / 谢寿光
出 版 者 / 社会科学文献出版社
地　　址 / 北京市西城区北三环中路甲29号院3号楼华龙大厦
邮政编码 / 100029

责任部门 / 社会政法分社 (010) 59367156　责任编辑 / 单远举　关晶焱
电子信箱 / shekebu@ssap.cn　　　　　　　责任校对 / 史晶晶
项目统筹 / 王绯　　　　　　　　　　　　责任印制 / 岳阳
经　　销 / 社会科学文献出版社市场营销中心 (010) 59367081　59367089
读者服务 / 读者服务中心 (010) 59367028

印　　装 / 三河市尚艺印装有限公司
开　　本 / 787mm×1092mm　1/16　　印　张 / 18.5
版　　次 / 2014年5月第1版　　　　　字　数 / 320千字
印　　次 / 2014年5月第1次印刷
书　　号 / ISBN 978-7-5097-5815-1
定　　价 / 65.00元

本书如有破损、缺页、装订错误,请与本社读者服务中心联系更换
▲ 版权所有　翻印必究